永明延壽「一心」思想

之內涵要義與理論建構

胡順萍◎著

永明延壽「一心」思想之內涵要義與理論建構

目　　次

序 言

　　佛學自印度傳入中國後，歷經譯經、格義而逐步深入佛學之義理思想，此一歷程不可謂不短。義理之闡發所憑藉是對經論之解析，此大抵與智慧、洞見有較密切之關係。由代表所謂「中國佛學」之天台宗開山大師智顗，與後之華嚴宗法藏大師，此兩位高僧皆有解析經典、闡述敷陳之能力，隱然有「學者」之樣態，其所呈現的是：哲學之氣重，實踐之行微，此乃相較言之，並非意指智顗與法藏兩位大師不重實踐。或因於對佛經之闡述有高度之成就，且備受肯定，再加上唐之帝王對佛教大都予支持之態度，故佛學在隋唐確是大放異彩，此期間佛教之宗派紛紛成立，已絕非是譯經、格義之期所可想之。於各宗派中，大抵分為教家與禪家：重經論、好敷陳、善解析是教家之所長；不立文字、注重「生活即是道」乃禪家之特色。本各宗派皆有其立宗宗旨與宗風，可互不干擾，然或正如先秦之百家爭鳴般，為各揚所宗，則不得不批判他派。佛教在教家與禪家互相責難中，其相較之範圍並非如先秦是不同思想根源之互爭，教禪皆同歸「佛」，此可謂是自家圍牆內之爭，故不論任何一方有傷，皆是「佛教」之失，而宗密之「教禪一致」可謂是應時、應機而興發，是為求佛教內部之和諧而產生之一種主張。

　　「物極必反」此是原理，更是一種現象，也可說是事實。當佛經被闡述敷陳而成「繁瑣」時，此雖言是佛經之特色，然在中國人好簡易之心態下，天台、華嚴之龐大思想論陳，終不為人所好，取代者乃禪宗「直指人心、見性成佛」之論調廣為大揚，且

自惠能五家傳燈後，佛教在中國可謂是禪宗之天下。所謂「禪」代表靜慮、思惟修；講求「言語道斷、心行處滅」；所重者是「真佛只論家常」，此皆是「禪」之風格。然此禪風一旦落於「偏」，則所謂「不立文字」可變成不需讀經閱典；所謂「教外別傳」可解釋為惟禪宗為尊；所謂「見性成佛」可能成為不需尋訪善知識、因「心即是佛」之論點，而「狂禪」之封號正代表著禪已走入末流、偏執。

延壽所處之唐五代間，正是禪宗已歷興盛發展而逐步走下坡時，佛教在中國思想所代表之「隋唐佛學」之意義，亦隨朝代更迭而有不同之思維出現。延壽所代表之意義，是如何將佛教內部統合起來，佛學所呈現並非是各宗派各自獨立為一個個小「一」，而是佛教就是一個大「一」，是一個一致性、整體性的「一」。此「一」即代表有一主軸縱線可貫串各經論之義理思想，各宗派在此一主軸思想中，所呈現者是一整體性的一致。此「一」於延壽而言即是「心」，其一生力主「立一心為宗」，以「一心」而會歸諸宗派，此思維稱之為「普會」，即以融合為重，但見整體之一致，不詳析彼此之差異。

思慮整個佛學在中國發展至延壽時，是否亦應了「合久必分，分久必合」之歷史循環式呢？今欲探究延壽，對於延壽所採之「會歸一致」之方法，是否正意謂著佛學發展之「分久必合」之歷史天命，還是佛學發展至此不得不如此之必然性呢？思想之發展必與當世之時局、政治、社會、民心等有密切之關係，換言之，思想之闡述無法完全隔開個人所處之環境、遭遇與種種經歷等。如今欲討論延壽，除其個人之生平歷程當有了解外，首要思慮的是：其一生最大之貢獻為何？此即「以一心而統萬法」可謂是延壽一

生最大之致力處，此亦是本書所欲深入研究之重點與旨趣處。

　　延壽是一位大家，研究其思想者當不在少數。今觀前人已具有之研究基礎：其中冉雲華先生之《永明延壽》是一全面性論述延壽之專著，內容除生平、時代之考證（文末附有〈年表〉），於思想闡述之著重部份有一心、觀心、戒律、唯心淨土等，且對《宗鏡錄》所包含之天台、華嚴、禪宗、唯識思想之引用皆有論說，此作堪稱對延壽大師整體之思想有較全面性之研究。另有專就延壽某一思想而深入探究者：如：孔維勤先生《永明延壽宗教論》，是書主要著力於「根、識、境」之剖析，於唯識之理有甚細微之闡述敷陳。在有關延壽唯識思想之部份，尚有施東穎先生《宗鏡錄的法相唯識思想》等，此皆是專著。於編錄上，有梅光義先生所編《宗鏡錄法相義節要》，惟此書僅是將《宗鏡錄》中有關唯識思想部份「摘錄」而已，並無再就唯識之義予之分析論述。在延壽之著作中，百卷《宗鏡錄》甚受清·雍正皇帝喜愛，曾御錄為《宗鏡大綱》，然此書亦僅是「摘錄」而已，惟前有雍正皇帝之〈序〉一篇；今有陳立中先生為之注述，稱為《宗鏡錄大綱筆記》，惟此書可謂只是另一種之注解闡述。另尚有諸多專著、論文等，實無法一一詳述之。惟縱觀有關延壽大師之研究，大略可分為幾個方向：

一、傳記研究方面：即有關生平、宗風、細行等。

二、文獻方面之研究：即就《宗鏡錄》中所引用各種經論文獻及其思想探討等。

三、專題思想研究方面：如理事觀、心性論、戒律、唯識思想等。

四、思想上之交涉方面：如禪與淨、性與相、禪與律等。

　　對於延壽思想之探究，前人之著力已頗多，惟本書之研究重

點在延壽之「一心」思想上。大抵在談延壽之「一心」思想，多以普會、融合為重點，此為延壽之心態。本書主要在探究延壽之所以立一心為宗，其所謂之「一心」思想，其內涵要義究竟為何？於此部份，本書將於延壽以「心」為立題之著作中，如《唯心訣》、《註心賦》與《觀心玄樞》等，一一剖析，條例說明，以展現延壽「一心」思想之內涵要義，此為本書之一主要論述部份。另探究「心」是延壽最主力處，且為印證其立一心為宗是有經論之根據，是與諸佛諸祖之示語相為一致，故其百卷《宗鏡錄》實為展現其之所以「立一心為宗」，是有其理論之建構來源。惟《宗鏡錄》所引用之資料文獻甚多，但主要思想則可歸為來自於天台、華嚴、禪宗與唯識宗等，然本書並非單就延壽所引用各家思想做一論述而已，本書主要在嘗試就延壽所引用某宗派之思想時，逐一尋出其主要對延壽思想之影響部份，且延壽之思想又如何在引用各宗思想中，而另發展出自己之思想理論或觀點，此則為本書所欲探究之另一部份。故本書訂名為《永明延壽「一心」思想之內涵要義與理論建構》，其核心點當是「一心」；在「一心」思想內涵要義之剖析上，則可見延壽「一心」思想之內容論點；在「一心」思想理論建構之溯源裡，則能展現延壽立「一心」為宗之目的與心態，另一方面則亦能凸顯延壽之《宗鏡錄》表面雖是彙集之作，實內中蘊含延壽之發明心要處，其「一心」思想之理論建構可謂是有本有源有新意。

在探究延壽思想之過程中，尤其欲展現其「一心」思想之內涵要義與理論建構時，首當涉及之部份即是「心」。「心」「一心」在延壽著作中是常見之用語，所謂「立心為宗」、「以心為本」更是延壽所一再強調的。延壽在《宗鏡錄》中廣引各宗經論，依延

壽之意其所引之部份，即是各經論之精華，大抵所引之內容一皆不離「心」；換言之，其所引用經論之重點，實為成其立「一心」為宗之目的。此雖是延壽思想之目的，然延壽以「一心」而統整各宗各派各經論，其背後更大之目的在求佛教整體之和諧與一致，思慮探討至此，不得不論及延壽之用心是否可以得償？而各宗在「一心」之統籌架構下，是否即可會歸為一？在「一心」思想下是否佛教即可「思想圓融一致」？而延壽之「一心」思想又當如何定位之？如是種種皆在探究延壽「一心」思想時，不得不思之。凡以上所言，本書所呈現之整體架構約略如下：

第一章：記敘延壽之生平行誼，以見一代大師之德範與家風。

第二章：主要在探討延壽「一心」思想之內涵要義，以延壽立「心」為題之主要著作，如：《唯心訣》、《註心賦》與《觀心玄樞》等之內容為討論中心，並暢論延壽由唯心、一心以至觀心法門之確立。

第三章：代表延壽普會思想之鉅作是百卷《宗鏡錄》，本章先論述有關《宗鏡錄》之特色與架構，以為下面各章將欲討論立一心為宗之理論建構做一舖設。

第四章：由第四章起至第七章，共四大章，將分別探討延壽立「一心」為宗之理論建構。第四章先探討延壽「一心」思想與天台宗思想之關係。

第五章：主要在探討延壽立「一心」為宗有得自於華嚴宗之理論與精神者。

第六章：延壽立「一心」為宗，其思想理論有由禪宗所得之啟示，以見禪宗思想予延壽之影響性。

第七章：探討延壽對唯識思想之批判，以見延壽立「一心」

為宗所採取之立場。

　　結論：總論永明延壽立一心為宗之意義與所可能引發之問題。

　　對於延壽大師一生之貢獻與定位，以及其立一心為宗於後世之影響性，站在佛學發展之時勢所趨觀之，其出現確是一時代之象徵。以統整、融合、普會之精神為最高指標，如是之精神意義，貫串在其立「一心」為宗之思想上，亦展現在其實踐修行中。其一生學與行兼重，尤以精進修行而聞名，在佛教強調「無緣大慈、同體大悲」之包融精神為原則下，其所暢之「立一心為宗」，以一心、一法而圓融一切佛教之各宗派，此是延壽圓融精神之「行」，且依此「行」而敷展於學理中，則有百卷《宗鏡錄》之出現，若能以此「圓融」而視延壽，則延壽大師所象徵之意義是：佛教和諧、融合精神之時代展現。

永明延壽大師

（摘錄自《佛光大辭典》）

朱明善大師

上海，《神州大觀》

第一章　永明延壽之生平記敘

永明延壽大師（904～976）其一生之最大貢獻，即致力於以「一心」、「一法」而統攝整個佛法。在其《宗鏡錄・序》有云：

> 研一法之根元，搜諸緣之本末，則可稱宗鏡以鑒幽微，無
> 一法以逃形，則千差而普會，遂則編羅廣義，撮略要文，
> 鋪舒於百卷之中，卷攝在一心之內。能使難思教海，指掌
> 而念念圓明；無盡真宗，目覩而心心契合。[1]

其一心、一法之普會思想，或因應時代之機而發明心要，或受唐・宗密大師教禪一致思想之影響等，然要約言之，思想之產生，往往與其一生之經歷與環境有密切之關係，故欲探討永明延壽大師之思想前，則對其生平事蹟必當有所了解唯是。

有關永明延壽大師之史傳記載，重要之參考資料有：

1. 宋・贊寧《宋高僧傳・宋錢塘永明寺延壽傳》。[2]
2. 宋・道原《景德傳燈錄・杭州慧日永明寺智覺禪師延壽傳》（以下簡稱《傳燈錄》）。[3]

---

[1]　大正 48・416 中～下（凡本文所引之「大正」係指《大正新修大藏經》，依次注明為「冊、頁、欄」。以下所引皆同此。）1996 年 12 月修訂版，台北・新文豐出版公司。

[2]　大正 50・887 上～中。

[3]　大正 51・421 下~422 上。

3. 宋・曇秀《人天寶鑑・永明壽禪師傳》。[4]

4. 宋・宗曉《樂邦文類・大宋永明智覺禪師傳》。[5]

5. 宋・惠洪《禪林僧寶傳・永明智覺禪師傳》。[6]

6. 宋・志磐《佛祖統記・永明智覺法師傳》。[7]

7. 宋・普濟《五燈會元・杭州慧日永明延壽智覺禪師傳》。[8]

8. 宋・王日休《龍舒增廣淨土文・國初永明壽禪師傳》。[9]

9. 宋・文沖《智覺禪師自行錄》。[10]

10. 元・念常《佛祖歷代通載・杭州慧日永明智覺禪師傳》。[11]

11. 元・普度《廬山蓮宗寶鑑・永明壽禪師傳》。[12]

12. 明・大壑《永明道跡》。[13]

13. 清・周克復《淨土晨鐘・吳越智覺禪師傳》。[14]

14. 清・彭希涑《淨土聖賢錄・延壽傳》。[15]

以上有關延壽大師不同之史傳資料，以下皆簡稱為〈延壽傳〉，早期之史料如《宋高僧傳》、《傳燈錄》等之記事皆較簡略；成書稍晚者，較之則或多詩偈與事蹟，或再增廣其文之記敘，唯

---

[4] 卍續 148・71a～71c（凡本文所引之「卍續」，係指《卍續藏經》，依次注明為「冊、頁、欄」，以下所引皆同此。）1967 年，中國佛教會影印《卍續藏經》委員會。

[5] 大正 47・195 上～中。

[6] 卍續 137・239c~241a。

[7] 大正 49・264 中～下。

[8] 卍續 138・183d~184b。

[9] 大正 47・268 中～下。

[10] 卍續 111・77b~84d

[11] 大正 49・658 上～中。

[12] 大正 47・325 上～中。

[13] 卍續 146・488c~494a。

[14] 卍續 109・151a~b。

[15] 卍續 135・121d~122d。

彼此間亦多有相似之處。有關延壽大師之生平年表，冉雲華先生已有編撰。[16]對於延壽大師之時代與生涯，冉先生亦頗多論述。[17]唯本文將在現存之史傳中，分列爲成長緣起、行持教化、永明家風、著作流傳與示寂涅槃等方面，大要展現延壽大師一生之歷程，以爲探討其「一心」思想前之預備鋪路。

第一節　成長緣起

有關永明延壽大師，其家世背景、成長經歷之主要論述約有如下幾段：

宋·贊寧《宋高僧傳·延壽傳》）有云：

> 釋延壽，姓王，本錢塘人。兩浙有國，時爲吏，督納軍須。其性純直，口無二言。通徹《法華經》，聲不輟響。[18]

宋·道原《傳燈錄》將延壽列爲行思禪師第十世前天台山德韶國師法嗣之下，其文曰：

> 杭州慧日永明寺智覺禪師延壽，餘杭人也，姓王氏。總角之歲，歸心佛乘。既冠，不茹葷，日唯一食。持《法華經》，七行俱下，才六旬，悉能誦之，感群羊跪聽。年二十八爲

---

[16] 冉雲華《永明延壽》，頁251~256，1999年6月初版，台北·東大圖書公司。
[17] 同前注，頁31~67。
[18] 大正50·887中。

華亭鎮將。[19]

宋・曇秀《人天寶鑑・延壽傳》曰：

> 永明壽禪師，先丹陽人，父王氏，因縻兵寇，歸吳越為先
> 鋒，遂居錢塘。師生有異才，及周，父母有諍，人諫不從，
> 輒於高榻奮身于地，二親驚懼，抱泣而息諍。長為儒生。[20]

宋・宗曉《樂邦文類・延壽傳》曰：

> 師諱延壽，本丹陽人，後遷餘杭。總角之歲，誦《法華經》，
> 五行俱下，經六旬而畢。嘗為北郭稅務專知官，見魚蝦輒
> 買放生。後盜官錢，並為放生用，事發坐死，領赴市曹。
> 錢王使人視之，若悲懼即殺之，否則捨之。而彼澹然無異
> 色，乃捨之。[21]

元・普度《廬山蓮宗寶鑑・延壽傳》曰：

> 師名延壽，字沖玄，號抱一子，丹陽人，父王氏，生而早
> 異。……長為儒，十六歲獻吳越王〈齊天賦〉，眾推間世之
> 才。欲出家，父母不聽，遂刺心血，濡毫斷齏，

---

[19] 大正 51・421 下。
[20] 卍續 148・71a。
[21] 大正 47・195 上。

終期副心。[22]

由以上所列數段資料，約可了解延壽大師之出生與成長背景如下：

1. 俗姓王，字冲玄，號抱一子。

2. 祖先為丹陽人。父親因靡兵寇，歸吳越為先鋒，遂居錢塘。

3. 唐昭宗天復四年（904）生於臨安府餘杭縣。（據《宋高僧傳・延壽傳》與《傳燈錄》等資料，並沒有明記延壽大師出生之年，唯涅槃之年則有較詳細之記載，以開寶八年，乙亥十二月，春秋七十二為所推算。）

4. 本性純直，口無二言。

5. 總角之歲，歸心佛乘，持《法華經》，聲不輟響。

6. 長為儒生，十六歲獻吳越王〈齊天賦〉，眾推間世之才。[23]

7. 既冠，不茹葷，日唯一食，有出家之志。

8. 曾擔任之官職：督納軍須、北郭稅務專知官，年二十八為華亭鎮將。

9. 傳說感應事蹟：及周，為息父母之諍，輒於高楊奮身於地。持《法華經》，感群羊跪聽。以官錢買魚蝦放生，因事坐死，澹然無異色，故赦之。

　　一位大師之生命歷程，將隨著後人仰慕其名，而傳說感應之事蹟亦將增多，若暫捨此類之傳說，可大略得知延壽大師早年之

---

[22] 大正 47・325 上。
[23] 有關獻賦之事疑點甚多。可參考同注 16，頁 35。

成長背景：深受儒學之教化，亦積極入世爲官，其佛學因子或可歸之於讀誦《法華經》之緣。

第二節　行持教化

永明延壽大師，慧根深植，自幼即歸心佛乘，行持《法華經》不輟，並遠離葷腥。雖習儒學亦爲官，然不改其悲憫天性，行放生之舉，欲出家之意堅定，終感得吳越文穆王，知其慕道，故依其志而放令出家。有關其由儒入佛後之參師行持等事蹟，記載之資料有：

宋·贊寧《宋高僧傳·延壽傳》曰：

> 屬翠巖參公盛化，壽捨妻孥，削染登戒。嘗於台嶺天柱峰九旬習定，有鳥類尺鷃，巢棲于衣褶中。乃得韶禪師，決擇所見。遷遁于雪竇山，除誨人外，瀑布前坐諷禪默。衣無繒纊，布襦卒歲，食無重味，野蔬斷中。漢南國王錢氏最所欽尚，請壽行方等懺，贖物類放生，汎愛慈柔。或非理相干，顏貌不動。誦《法華》計一萬三千許部。多勵信人，營造塔像，自無貯畜，雅好詩道。[24]

宋·道原《傳燈錄·延壽傳》曰：

屬翠巖永明大師，遷止龍冊寺，大闡玄化。時吳越文穆王，
知師慕道，乃從其志，放令出家，禮翠巖為師，執勞供眾，
都忘身宰。……暨謁詔國師，一見而深器之，密授玄旨。
仍（或應為「乃」）謂師曰：汝與元帥有緣，他日大興佛事。
密受記。初住明州雪竇山（咸平元年賜額曰資聖寺），學侶
臻湊。……開寶七年，入天台山，度戒約萬餘人。常與七
眾受菩薩戒，夜施鬼神食，朝放諸生類，不可稱算。六時
散華，行道餘力，念《法華經》一萬三千部。[25]

宋·曇秀《人天寶鑑·延壽傳》曰：

年三十四，往龍冊寺出家，受具後，苦行自礪。……至建
隆元年，忠懿王請居靈隱新寺，為第一世。明年請居永明
道場，眾盈二千，皆頭陀行，願為僧師，師即奏王與度牒
剃染。……開寶七年，謝事歸華頂峰，頌曰：渴飲半掬水，
飢餐一口松，胸中無一事，高臥白雲峰。偶讀《華嚴》，至
若諸菩薩不發大願，是菩薩魔事。遂撰〈大乘悲智願文〉，
代為群迷，日發一編。在國清修懺，至中夜旋繞，次見普
賢像前供養蓮華，忽然在手，從是一生散華供養。感觀音
大士，以甘露灌口，獲大辯才。[26]

宋·宗曉《樂邦文類·延壽傳》曰：

---

25 大正 51·421 下～422 上。
26 卍續 138·71a～b。

於國清行法華懺，夜見神人持戟而入。師呵：其何得擅入。對曰：久積淨業，方到此中。又中夜旋遶，次見普賢前供養蓮華，忽然在手。因思夙有二願：一願終身常誦《法華》，二願畢生廣利群品。憶此二願，復樂禪寂，進退遲疑，莫能自決。遂上智者禪院作二鬮：一曰一心禪定鬮，二曰誦經萬善莊嚴淨土鬮。冥心自期曰：儻於此二途，有一功行必成者，須七返拈著為證。遂精禱佛祖，信手拈之，乃至七度。並得誦經萬善生淨土鬮。由此一意，專修淨業，遂振錫金華天柱峰。誦經三載，禪觀中見觀音以甘霖灌于口，從此發觀音辯才。日課一百八事。……日暮往別峰行道念佛，旁人聞山中螺貝天樂之聲。忠懿王嘆曰：自古求西方者，未有如此之切也。遂為立西方香嚴殿，以成師志。[27]

宋・惠洪《禪林僧寶傳・延壽傳》曰：

初說法於雪竇山。建隆元年，忠懿王移之于靈隱新寺，為第一世；明年又移之于永明寺，為第二世。眾至二千人，時號慈氏下生。[28]

宋・志磐《佛祖統紀・延壽傳》曰：

居永明十五年……常與眾授菩薩戒，夜施鬼神食，晝放生

---

[27] 大正 47・195 上。
[28] 卍續 137・239d。

命，皆悉迴向莊嚴淨土，時人號為慈氏下生[29]。

宋‧王日休《龍舒增廣淨土文‧延壽傳》曰：

住持雪竇、永明，日課一百八事，精進以修西方。[30]

元‧普度《廬山蓮宗寶鑑‧延壽傳》曰：

因覽《智度論》云：佛世，一老人出家，舍利弗不許。佛觀此人，曩劫採樵，為虎所逼，上樹失聲，念南無佛。有此微善，遇佛得度，獲羅漢果。師念世間，業繫眾生，不能解脫，惟念佛可以誘化。乃印彌陀塔四十萬本，勸人禮念。……越王叛淨慈寺命住持，賜智覺禪師號。[31]

宋‧文冲《智覺禪師自行錄》曰：

請問所行，或因師自說，編紀二三。既自治之行可觀，則攝化之門弗墜，有斯益故，乃敢敘焉。今具錄每日晝夜中間總行一百八件佛事，具列如後：第一，一生隨處常建法華堂，莊嚴淨土。第二，常晝夜六時，普為一切法界眾生，代修法華懺。第三，常修安養淨業，所有毫善，悉皆念念普為一切法界有情，同迴向往生。……第一百八，常纂集

---

[29] 大正 49‧264 下。
[30] 大正 47‧268 中。
[31] 大正 47‧325 上。

製作祖教妙旨《宗鏡錄》等，法施有情，乃至內外搜揚，寄言教化，共六十一本，總一百九十七卷。……右總前每日所行一百八件佛事。乘戒兼急，權實雙行，體用相收，理事無礙。[32]

對於延壽大師出家之因緣與個己行持、教化度眾之記載，可整理爲如下之數點：

1. 禮翠巖令參禪師（先後住持永明寺與龍州寺）爲師，吳越文穆王錢元瓘從其志，放令出家。[33]
2. 於龍冊寺出家受具足戒，修頭陀苦行。
3. 入天台山天柱峰九旬習定，有鳥類尺鷃，巢棲于衣褶中。
4. 向德韶禪師請益，一見而深器之，密授玄旨。
5. 在天台國清寺修懺，頗有感悟，精修淨業，有許多感應之事蹟流傳。
6. 遷遁於明州雪竇山，或誨人，或瀑布前坐諷禪默，聲名已播，學侶臻湊。
7. 除《法華經》外，一生受甚多經典之啓發，如《華嚴經》、《大智度論》等。
8. 於建隆元年（960）忠懿王錢俶請師住持靈隱寺。隔年（建隆二年）請師住持永明寺，賜「智覺禪師」號。
9. 開寶七年（974）謝辭永明寺住持之職，歸天台華頂峰。
10. 一生度戒約萬餘人，又常與七眾受菩薩戒，並畫行放生，

---

[32] 卍續 111．77d~84b。
[33] 有關延壽大師出家之年推測臆說，同注 16，頁 40。冉雲華先生以爲：「延壽 939 年受具足戒爲正式僧人的說法，較爲可信。」時年約 36 歲。

夜施鬼神食等之舉，時人號慈氏下生。

11. 日課一百八事，權實雙修，體用相收，理事無礙。

有關延壽大師出家行持教化之歷程中，踐履之行為其所特重。條列「日課一百八事」，此或為後人所增添，[34]然其所呈顯之義，在於表達師言行一致，身心合一之旨。師一生習定、修懺、念佛、放生、施食等，已將佛教各宗之修持法門會歸一味。在其心中，禪觀與念佛可並持無礙，唯在一心耳！故其法嗣除隸屬法眼宗青原行思一系外，淨土宗更列其為蓮社七祖中之第六祖，[35]另宋·王日休《龍舒增廣淨土文》卷 5，將師歸入「感應事跡篇」，[36]又元·普度《廬山蓮宗寶鑑》卷 4，將師納編為「念佛正派」裡，[37]皆可看出延壽大師在後人心目中之地位。而所流傳之事蹟，如見普賢像前供養蓮華，忽然在手；感觀音大士，以甘露灌口，獲大辯才；於智者禪院拈著誦經萬善莊嚴淨土鬮；於行道念佛中，旁人聞山中螺貝天樂之聲等，更是展顯後人仰慕延壽大師行誼所呈現之華彩。

第三節　永明家風

要談延壽大師，除其一生念茲在茲於踐履之行外，其主要核

---

[34] 有關「日課一百八事」之疑難，詳見注 16，頁 66。

[35] 宋·志磐《佛祖統記》卷 26，淨土立教志之蓮社七祖，見於（大正 49·260 下～265 上）。

[36] 大正 47·252、268。

[37] 大正 47·305、319、325。

心思想是「一心」，而代表性之著作可謂是《宗鏡錄》，其於〈序〉
中有言：

> 今詳祖佛大意，經論正宗。削去繁文，唯搜要旨。……舉
> 一心為宗，照萬法如鏡。編聯古製之深義，撮略寶藏之圓
> 詮。[38]

「舉一心為宗」顯然是他一生之弘揚主旨，本文在未進行其
「一心」思想之理論探源前，將先就史傳資料記載，其接引弟子
門人之方法與公案，以一窺永明之家風。

宋·道原《傳燈錄·延壽傳》：

> 師上堂曰：雪竇遮裏，迅瀑千尋，不停纖粟，奇巖萬仞，
> 無立足處，汝等諸人向什麼處進步？時有僧問：雪竇一徑，
> 如何履踐？師曰：步步寒華結，言言徹底冰。……僧問：
> 如何是永明妙旨？師曰：更添香著。曰：謝師指示。師曰：
> 且喜勿交涉。師有偈曰：欲識永明旨，明前一湖水，日照
> 光明生，風來波浪起。問：學人久在永明，為什麼不會永
> 明家風？師曰：不會處會取。曰：不會處如何會？師曰：
> 牛胎生象子，碧海起紅塵。問：成佛成祖亦出不得，六道
> 輪迴亦出不得，未審出箇什麼不得？師曰：出汝問處不得。
> 問：承教有言，一切諸佛及佛法，皆從此經出，如何是此

經？師曰：長時轉不停，非義亦非聲。曰：如何受持？師
曰：若欲受持者，應須用眼聽。問：如何是大圓鏡？師曰：
破砂盆。[39]

　　《傳燈錄》有關延壽大師與門人間之問答記載，大抵較晚出之
資料皆與此內容相類似。在此段之記述中，約可理解爲如下數點：

1. 延壽大師遷遁於明州雪寶山時，常於瀑布前靜坐，提出
   迅瀑流逝不停、奇巖無立足處，學人應向什麼處進步之
   悟參話語。實要學人勿向外物而尋，唯返求自心才可能
   有立足進步處。

2. 學人問到：如何履踐雪寶之徑時，師以「步步寒華結，
   言言徹底冰。」爲答，此真義在說明履踐之行，當步步、
   言言謹慎小心。另在《五燈會元》記載雪寶履踐之問答
   後，有一偈曰：「孤猿叫落中巖月，野客吟殘半夜燈，此
   境此時誰得意，白雲深處坐禪僧。」[40]「孤」與「野」代
   表著自在無拘，加以月夜相伴，坐禪之得意妙境，唯有
   深悟者始能會之。此亦意謂延壽大師對禪觀之踐行用心
   深刻。

3. 師以「門前一湖水，日照光明生，風來波浪起。」來說
   明永明妙旨。此意謂「湖水」或照耀光明、或興起波浪，
   皆來自於外物——日或風，而湖水依然如是。此真義在
   說明「心」（以湖水爲喻）本是清淨，唯當心生則法生，

---

[39] 大正 51・421 下～422 上。
[40] 卍續 138・184a。

心滅則法滅，永明妙旨唯在「一心」。

4. 師以「牛胎生象子，碧海起紅塵。」來回答如何學會永明家風。實謂永明家風不需學就「會」，故曰「不會處會取」。向外學，則有「會」、「不會」之問題，此將漸離永明家風漸遠。

5. 成佛成祖或六道輪迴皆在「一心」之差耳！一有「執着」即「出不得。」故師曰：出汝問處不得。意謂一旦執着於成佛成道或六道輪迴，皆是自縛手腳，永無法解脫自在。

6. 「諸佛及佛法，皆從此經出。」此經即是人人本自具有之「心經」，此「心經」非關文義解說與音聲唱誦。若欲受持此「心經」，當用「眼聽」。就常人而言，眼僅能視不能聽，唯當「心」通，則六根皆通，故眼可聽，聽無聲之「心經」。

7. 佛法以「大圓鏡」代表最圓融無礙、通曉明徹。然大圓鏡智之證悟在於不執不着，故師以「破砂盆」之反方向回答，要學人深悟，唯打破大圓鏡之迷思執着，返歸自心，才能有徹悟之期。

宋·曇秀《人天寶鑑·延壽傳》有一記載延壽大師於開寶七年謝辭永明寺住持之務後，返歸天台華頂峰之一首偈：

　　頌曰：渴飲半掬水，飢餐一口松，胸中無一事，高臥白雲峰。[41]

---

[41] 卍續 148·71b。

　　這是歷經人生種種過程、磨練與責任後，所渴望之自在逍遙生活。「胸中無一事，高臥白雲峰。」更可看出其淡泊寧靜之心境。

　　宋‧宗曉《樂邦文類‧延壽傳》載有：

　　　學者參問，指心為宗，以悟為決。[42]

　　對於各宗之義，延壽大師以「心」爲其權衡，並依之而平其義，故有「以悟爲決」之語。《人天寶鑑‧延壽傳》對於以「心」爲權衡與準平有一段記述：

　　　所以開曉自心成佛之宗，而明告西來無傳之的意也。禪師
　　　既寂，叢林多不知名。熙寧（宋神宗年號）中，圓照禪師
　　　始出之普，告大眾曰：昔菩薩晦無師智、自然智，而專用
　　　眾智，命諸宗講師自相攻難。獨持心宗之權衡，以準平其
　　　義，使之折中，精妙之至，可以鏡心。[43]

　　延壽大師之永明家風，高倡「唯一真心」，一切萬法皆會歸於一心，以「心」爲一切萬法之「宗」。《宋高僧傳》言其「雅好詩道」，並獲德韶禪師之「決擇所見」[44]我們在其接引學人之公案中，其詩句極富禪機，已可看出其禪悟與詩學相融之境。其指導學人勿向外尋，唯能返歸「一心」，並自修心，自能雲遊法界，一切各宗諸經不相妨礙。故在永明家風中：教與禪一致；念佛與坐禪皆

---

[42] 大正 47‧195 上。
[43] 卍續 148‧71b。
[44] 大正 50‧887 中。

可頓成佛道；各宗之證悟或有異，然「一心」則平等，唯能以「真心」自修待他，則各種法門與經論皆可相融合一。延壽大師是永明家風之倡導人，亦是踐履力行最有力之代表者，其一生苦行自勵，廣讀經論，著作豐富，念佛、坐禪並行。後人當能由其文而知其行，亦能由其行而知其人矣！

第四節　著作流傳

　　據宋·文冲《智覺禪師自行錄》所錄日行一百八件佛事中之第一百八事，記錄延壽大師之著作「共六十一本，總一百九十七卷」[45]文中雖有著作目錄之名列，唯考今收錄於《大正大藏經》第48冊中有：《宗鏡錄》百卷。《萬善同歸集》3卷，後附〈垂誡〉。《永明智覺禪師唯心訣》（以下簡稱《唯心訣》）1卷，後附〈定慧相資歌〉與〈警世〉。收錄於《卍續藏經》中有：第105冊《受菩薩戒法》1卷。第111冊《註心賦》4卷。第114冊《觀心玄樞》1卷。以上為延壽大師最主要之著作，本文以下所將探討其思想核心，亦將以此著作為主要之參考依據。另有一篇提名〈神棲安養賦〉，收錄於宋·宗曉《樂邦文類》第5卷中。[46]另據冉雲華先生之考證，尚有《山居詩》等。[47]以下將引史傳資料中，對延壽大師著作之記述：

---

[45] 卍續 111·83b～d。
[46] 大正 47·214 下～215 上。
[47] 同注 16，頁 60～62。

宋·贊寧《宋高僧傳·延壽傳》曰：

著《萬善同歸》、《宗鏡》等錄數千萬言。高麗國王覽其錄，遣使遺金線織成袈裟、紫水精、數珠、金澡罐等。[48]

宋·道原《傳燈錄·延壽傳》曰：

著《宗鏡錄》一百卷，詩偈賦詠凡千萬言，播於海外。高麗國王覽師言教，遣使齎書敘弟子之禮。……彼國僧三十六人親承印記，前後歸本國，各化一方。[49]

宋·曇秀《人天寶鑑·延壽傳》曰：

著《宗鏡》一百卷。寂音曰：切嘗深觀之，其出入馳騖於方等契經者六十本，參錯通貫，此方異域聖賢之論者三百家。領略天台、賢首而深談唯識，率折三宗之異義，而要歸於一源。[50]

宋·惠洪《禪林僧寶傳·延壽傳》曰：

智覺以一代時教流傳此土，不見大全。而天台、賢首、慈恩性相三宗，又互相矛盾，乃為重閣館。三宗知法比丘，

---

[48] 大正 50·887 中。
[49] 大正 51·422 上。
[50] 卍續 148·71b。

更相設難，至波險處，以心宗旨要折中之，因集方等秘經
六十部，西天此土聖賢之語三百家，以佐三宗之義，為一
百卷，號《宗鏡錄》。[51]

宋·志磐《佛祖統紀·延壽傳》曰：

師道播海外……又集大乘經論六十部，兩土聖賢三百家之
言，證成唯心之旨，為書百卷名曰《宗鏡》，又述《萬善同
歸集》，指歸淨土，最得其要。[52]

元·普度《廬山蓮宗寶鑑·延壽傳》曰：

會三宗師德，製《宗鏡錄》一百卷。《萬善同歸集》、〈神棲
安養賦〉等九十七卷，並行于世。師志誠殷重，專以念佛
勸人同生淨土，世稱宗門之標準，淨業之白眉。[53]

史傳資料中所載有關延壽大師之著作流傳，約可了解為如下
幾點：

1. 一生之著作豐富，以《宗鏡錄》百卷，最為世人所重。
此書以「心」為宗，折天台、華嚴、唯識等宗異義，而
要歸於一源。延壽於《宗鏡錄·序》中有言：「分為百卷，
大約三章。先立正宗，以為歸趣。次申問答，用去疑情。

---

[51] 卍續 137·240a。
[52] 大正 49·264 下～265 上。
[53] 大正 47·325 上。

後引真詮，成其圓信。」[54]所立之三章分別是：標宗章（爲立大旨）、問答章（爲決疑情）與引證章（爲堅信力）。

2. 另一代表作爲《萬善同歸集》，此書多論禪定與念佛各有其功，不可單執一門以爲究竟，其卷上有論曰：「如坐禪昏昧，須起行道念佛，或志誠洗懺，以除重障，策發身心，不可確執一門以爲究竟。」[55]故後人常以此書爲禪淨合一之作。

3. 深受高麗國王所敬重，遣使贈物，且道播海外。

延壽大師之著作，若依文冲《智覺禪師自行錄》所載「總一百九十七卷」，如是之著作量着實驚人，唯其中許多書目已無從得知。但今僅依現存之資料，亦能看出其一生讀書多、立著亦勤勉。其心態趨向於包容、融合，於各宗經論採會歸方式，着重於彼此之會通融貫，將彼此之差異以「心」而折中。佛學傳衍至唐代，是各宗派、各經論發展之高峰，待延壽大師之出現，其所代表之意義，可謂是佛學之一大集成者，冉雲華先生稱其爲：「正合乎世界哲學思想的大潮流——多樣模式的一元論。」[56]

第五節　示寂涅槃

延壽大師之卒年，《宋高僧傳·延壽傳》載：

---

[54] 大正 48·417 上。

[55] 大正 48·963 下。

[56] 同注 16，〈自序〉，頁 8。

以開寶八年乙亥，終于住寺，春秋七十二，法臘三十七。
葬於大慈山，樹亭誌焉。[57]

另據《傳燈錄‧延壽傳》所載：

以開寶八年乙亥十二月示疾，二十六日辰時焚香告眾，跏
趺而亡。明年正月六日塔於大慈山，壽七十二，臘四十二。
太宗皇帝賜額曰壽寧禪院。[58]

宋‧志磐《佛祖統紀‧延壽傳》有一段延壽大師示寂後之傳
說記載：

師既亡，起塔山中。有僧來自臨川曰：我病中入冥，得放
還，見殿室有僧像，閻羅王自來頂拜。我問此像何人？主
吏曰：杭州壽禪師也，聞已於西方上品受生，王敬其人，
故於此禮耳！崇寧中追謚宗照禪師。[59]

宋‧王日休《龍舒增廣淨土文‧延壽傳》所載與《佛祖統記》
之內容相仿，唯差異是：

既坐化，焚畢為一塔，有僧每日遶塔禮拜，人問其故，僧
云：我撫州僧也，因病至陰府……我聞之故，特發心來此

遠塔作拜。以此見，精修西方者，為陰府所重。[60]

元·普度《廬山蓮宗寶鑑·延壽傳》載：

臨終預知時空，殊勝甚多，荼毘舍利鱗砌於身。[61]

有關延壽大師示寂涅槃之說，約可了解為：

1. 延壽大師之卒年詳載為：開寶八年乙亥十二月二十六日，相當於公元九七六年一月二十九日，[62]示寂於永明寺。

2. 於開寶九年正月六日，將其舍利塔於大慈山，宋太宗賜額曰「壽寧禪院」。

3. 有關法臘不同之記載，依《宋高僧傳》較為可信。[63]依法臘三十七計算，其受具足戒當在公元九三九年，時年三十六歲。

4. 於宋徽宗崇寧中，追諡為宗照禪師。

5. 淨土宗為彰顯師精修西方之殊勝功德，有師已上生上品等傳說流佈。

延壽大師一生活動之年為公元九〇四至九七六年，正值晚唐、五代以至宋初。就佛學發展而言，唐至宋初可謂是禪宗之天下，尤以惠能大師後之五家傳燈，更使禪宗有獨秀之勢。除禪宗外，唐代之佛學可謂煥然多采，天台、華嚴、唯識、淨土等宗，

---

[60] 大正 47·268 中～下。
[61] 大正 47·325 中。
[62] 參見同注 16，頁 62。
[63] 參見同注 16，頁 40。

在此時皆有興盛之發展。唯因中國人好圓融與簡易之心態，使本擁有濃厚分析性理論之天台、華嚴與唯識宗，相較於禪宗，則信仰承繼之人才較少。然由教禪之爭，或可看出各宗派、各經論間，皆有各為其所力主之思想核心而爭位之心態，此或為紛然多采思想發展中所必經之歷程，唯經此階段，才能予各思想之價值判斷與定位。而宗密（780~841）之出現，其「教禪一致」之主張，會禪三宗與教三家，[64]不但有意調和佛教內部之紛爭，更有將佛教思想融會之用意。延壽大師雖值晚唐政治分裂之局，幸在吳越（都：今浙江杭州）偏安之下，得受王室敬重，而其一生之主要活動範圍亦多在吳越一帶。由於王室之鼎助，使得佛法能興揚不衰；再加上延壽大師一生苦行自勵、精進修持、博學著作、傳法授戒等，更促使佛學雖在政治紛局之下仍然稱揚當世，並傳播海外。而代表延壽大師之重要普會思想——「一心」，除是因應佛教內部發展之所致外，或在紛亂之政局中，亦有要求一統之心態，則延壽之一心思想，更可謂是具時代之大意義。

---

[64] 見拙著《宗密教禪一致思想之形成與影響》，1995 年 6 月，輔仁大學中國文學系博士論文。

第二章　永明延壽「一心」思想之內涵要義
──以「心」為題之著作探究

　　據《智覺禪師自行錄》所具錄之一百八件佛事中，前四事分別為：建法堂、修懺、念佛與坐禪，至第五是：

> 每夜上堂說法，普為十方禪眾法界有情，同悟心宗一乘妙旨。[1]

　　延壽大師是一位著作豐富之哲學家，更是一代高僧，其生命是富含宗教生活之實踐，建法堂、修懺、念佛與坐禪等，皆是「行」之實證；而行之背後理論──「解」，即展現在其說法理論中，「同悟心宗一乘妙旨」為其說法之核心。在延壽之作品中，以「心」為書名之重要者有三：《唯心訣》、《註心賦》與《觀心玄樞》，今將依次剖析此三著作之理論要旨。

第一節　《唯心訣》之中心主旨

　　據《智覺禪師自行錄》所具錄之延壽大師「共六十一本」作品中，並無《唯心訣》，僅有列名為《唯心頌》一卷，[2]此《唯心

---

[1] 卍續 111・77d。
[2] 卍續 111・83c。

頌》或即是《唯心訣》。冉雲華先生推測《唯心訣》之成書是延壽
之早期作品，並推測爲「是他（延壽）拜會其師德韶以後的著作」
[3]，且依據《宗鏡錄》卷 46 所引《唯心訣》有關「破一百二十種
見解」[4]之文，更能印證《唯心訣》成書於《宗鏡錄》之前。[5]我
們且觀整卷《唯心訣》所欲說明之理：

一、一心與一法

（一）「心」非言語文字所能辨說完盡。

據《唯心訣》起首所云：

> 詳夫心者，非真妄有無之所辨，豈文言句義之能述乎！然
> 眾聖歌詠，往哲詮量，非不洞明，為物故耳。[6]

　　「心」是既抽象又超越，實無法以真或妄、有或無來論辨，
更無法以「文言句義」可闡述詳明。雖言如此，此不可辨、不能
述之「心」，歷來之聖哲亦總費盡心神於「歌詠」、「詮量」，對於
有關「心」之涵義剖析，「非不洞明」，唯因應不同之「物」，即爲
應合不同之因緣，故有千差萬別之說法。

---

[3] 同第一章注 16，頁 72。
[4] 大正 48・688 中。
[5] 同注 3，頁 54。
[6] 大正 48・993 下。

（二）千途異說，皆指歸於一法。

《唯心訣》云：

> 是以千途異說，隨順機宜，無不指歸一法而已。故《般若》
> 唯言無二。《法華》但說一乘。《思益》平等如如。《華嚴》
> 純真法界。《圓覺》建立一切。《楞嚴》含裹十方。《大集》
> 染淨融通。《寶積》根塵泯合。《涅槃》咸安祕藏。《淨名》
> 無非道場。統攝包含，事無不盡；籠羅該括，理無不歸。[7]

釋尊一生之教法，是為令眾生開示悟入佛之知見，以佛之圓智而言，當周備圓滿，故一但契入佛智則是無二、一乘、平等、融通、泯合，所涵括之範圍必是一切、十方，所證之境界必為純真，而所在無非道場。延壽引十部重要經典為例說明，法之開設是「隨順機宜」，故有「千途異說」之產生，然其目的皆在指歸入於「一法」（心）之中，唯入一法（心），才能統攝籠羅，理事圓盡，入真如之境地。

（三）若悟一法，則萬法皆圓通。

《唯心訣》云：

> 是以一法千名，應緣立號；不可滯方便之說，迷隨事之名。
> 謂眾生非真，諸佛是實。若悟一法，萬法圓通。塵劫凝滯，
> 當下冰消。無邊妙義，一時通盡。深徹法源之底，洞探諸

---

[7] 大正 48・993 下。

佛之機。[8]

　　「一法」即是「心」，「應緣立號」故有「千名」。「千名」之產生是緣於「方便」、「隨事」，然不可「滯方便之說」與「迷隨事之名」，將眾生與諸佛劃分為二，以為「眾生非真，諸佛是實」，此是「塵劫凝滯」，終難窺探「法源之底」、「諸佛之機」。若能了悟千名實為一法，則千名萬法皆本是圓通為一（心），則可「不動微毫之功，匪移絲髮之步，優游沙界，遍歷道場。何佛刹而不登，何法會而不涉。無一相而非實相，無一因而非圓因。……處一座而十方俱現，演一音而沙界齊聞。……」[9]於《唯心訣》中對於悟一法後之圓通境界有甚多之描繪。

二、唯心與觀心

（一）普會為萬法之王──唯心。

　　《唯心訣》云：

> 普會為萬法之王，三乘五性，而冥歸作。千聖之母，獨尊獨貴，無比無儔。實大道源，是真法要。玄蹤不定，任物性以方圓。妙應無從，逐機情而隱顯。是以本生末而末表本，體用互興。真成俗而俗立真，凡聖交映。此顯彼而彼分此，主伴齊參。生成佛而佛度生，因果相徹。[10]

---

[8] 同注7。
[9] 同注7。
[10] 大正48‧994中。

如何看待現象界之一切事物，則決定整個佛法之觀照態度。佛法以善觀因緣而論證一切現象皆無自性，故曰「空」，能去執則能入「空」之境界。現象世界真實在眼前，唯有透過觀照智慧，才能雖處現象中而能超越之，而「心」如何應世則成為重要之關鍵。延壽以「心」為萬法之王，在普會智慧之觀照下，本末、體用、真俗、凡聖、此彼、主伴、生佛、因果等皆互興互顯以互成。此「心」是萬法之王，不但是三乘五性之終歸處，更是「獨尊獨貴」，且「無比無儔」，正因此心呈「獨」且無法比類詳述，故曰「唯」，唯此心、唯心。

（二）萬法由人，唯在正觀。

由唯心以契入萬法皆圓通，則觀照現象界之一切事物，自不會有真妄之別、厭欣之舉，延壽稱之為「正觀」，依「正觀」自能領會不同俗見之境界，如《唯心訣》云：

> 門門而皆開甘霖，味味而純是醍醐。不出菩提之林，長處蓮華之藏。……語默常合，終始冥通。……是以心空則天地虛寂，心有則國土崢嶸。念起則山岳動搖，念默則江河寧謐。機峻而言言了義，志徹而念念虛玄。器廣而法法周圓，量大而塵塵無際。意地清而世界淨，心水濁而境像昏。舉一全該，坦然平等，宛爾具足，唯在正觀。萬法本只由人，真如自含眾德，無念而殊功悉備，無作而妙行皆圓。不運而成靈智，法爾無求自得，妙性天真方知。[11]

---

[11] 大正 48．994 下。

　　依正觀則能「語默常合，終始冥通」，所見一切無一不是相合相通，所處之地無一不是菩提之林、蓮華之藏，所演之法無一不是甘露之門、醍醐之味。延壽以「心」、「念」來闡明所見現象事物之狀況，實則來自於吾人之起心動念。當心空、念默，則天地江河亦一片虛寧；反之，若心有、念起，則國土山岳即顯得崢嶸動搖。「心」是最主要之關鍵，其或「機峻」，或「志徹」，或「器廣」，或「量大」，所展現而出之法界亦將隨之不同。當「意地清」時，則自然「世界淨」；反之，若「心水濁」，則是「境像昏」。延壽以「心念」為例而論，主要在強調「萬法由人」，而一切關鍵唯在「正觀」而已。並提出人人本具「真如」（心），以此更進一步闡明「真如」本「自含眾德」，故無念、無作、不運、無求即是正觀之道，而殊功、妙行、靈智皆不需造作而得，因「妙性天真方知」耳！

（三）欲知妙理，唯在觀心。

　　延壽提出一百二十種邪宗見解，並說明一旦障於本心，則將永在昇與沉、取與捨、斷除與捨離間徘徊，永不入於中道，故無法深悟：「理即生死，恆與道冥。妄本菩提，從來合覺。明常住暗，水不離冰。靈智常存，妙用無盡。」[12]之見地，延壽標舉「唯心」，以一切法皆可融入於此「心」中，故理與生死、妄與菩提、明與暗、水與冰等看似相反之事物，在「心」之全體大用下：則生死本是一理之循環，故生死恆與道冥合；妄念歇時即菩提，故妄與菩提本是合覺；明與暗是事物一體之兩面；而水與冰之本質相同。

---

[12] 大正 48・996 中。

延壽以「靈智常存，妙用無盡」說明人人本具（常存）之「靈智」
（心），涵蓋一切之事理，妙用無盡，故若起或遏或求、或斷或證，
皆是妄作妄為，背離本心、中道，故提出「唯在觀心」之論點，
如《唯心訣》云：

> 靈覺之性，本非祕密。如來之藏，實不覆藏。故知圓常之
> 理不虧，信解之機難具。……不知萬法無體，一切無名。
> 從意現形，因言立號。意隨想起，言逐念興。想念俱虛，
> 本末非有。是以三界無物，萬有俱空。……欲知妙理，唯
> 在觀心。恆沙之業，一念而能消。千年之暗，一燈而能破。
> 自然不立名相，解惑寂然。豈有一物當情，萬境作對。取
> 捨俱喪，是非頓融。眾翳咸消，豁然清淨。無非不思議解
> 脫，盡是大寂滅道場。[13]

「靈覺之性」與「如來藏」是人人本具，並非是祕密或覆藏；
而圓常之理本昭昭朗朗，唯能信解者少，故產生許多捨真逐妄之
事，延壽謂之為「遺金拾礫，擲寶持薪。」[14]此乃肇因於「不到
實地，未達本心」[15]所致，人一旦不明本心，自會隨妄識而浮沉，
則無明染心一起，便執於「巧偽」與「外塵」，唯能「返照迴光」，
才能了知「名」由人定，究其根源實「一切無名」。延壽提出「萬
法無體，三界無物」實要否定對外物（名）之執着所產生之對待、
取捨與是非之念，如是自能回復清淨、解脫，而是否能勘破名相

---

[13] 大正 48・996 中～下。
[14] 大正 48・996 下。
[15] 同前註。

只是暫時之假藉，則有待返迴「觀心」之上。

《唯心訣》內容之量，較之於延壽大師其他作品而言，可謂「短篇」，唯一卷而已，然卻是代表其思想模式之最早雛型。於本文中，除提出「心」無法詳辨外，更一再反覆明示任何經論之義理思想，其最終之目的，皆是指歸於一法（心）而已，且以重要之經籍爲例，明證其看法。延壽以「心」而欲會歸諸宗經論，是否會混淆各經論思想之脈絡，此並非是延壽之主要觀照點。延壽在《唯心訣》中舉《般若經》、《法華經》、《華嚴經》、《圓覺經》、《楞嚴經》等，其目的並非在展現各經之思想，而是以「無二」、「一乘」、「平等」爲其主要關懷點，就「心」而言，則皆是平等無二，任何經典之主旨，皆爲此「心」服務，故主張千途異說，皆指歸一法。延壽之論述重點在整異爲一，而廣引諸經是爲其思想找一根據明證。

《唯心訣》中以悟一法（心）而萬法皆圓通，今較之於佛學中，則有修學「般若波羅蜜多」，即能以一法而通達一切法，如《大般若波羅蜜多經》（以下簡稱《大般若經》）卷 566 所云：

> 最勝天王白佛言：世尊！云何諸菩薩摩訶薩修學一法，能通達一切法。爾時世尊告最勝曰：天王當知，諸菩薩摩訶薩修學一法，能通一切法者，所謂般若波羅蜜多。若菩薩摩訶薩修學般若波羅蜜多，則能通達布施、淨戒、安忍、精進、靜慮、般若方便善巧妙願力智波羅蜜多。[16]

---

[16] 大正 7．922 中。

由修學般若波羅蜜多則能具有菩薩六度萬行之善巧方便，此乃因般若波羅蜜多之法，是以「無二無別，自性離故」[17]觀一切法，修習般若波羅蜜多，其重點不在展顯我能為、我能行，而是「以淨心無所希願，為他說法，不求名利，但為滅苦。」[18]故亦無有另一所受、所得之對象存在。般若波羅蜜多是泯除對待，去捨人我之執，此即般若波羅蜜多之智。牟宗三先生有言：「《大般若經》主要地是講般若智之妙用。般若智之妙用即是蕩相遣執。經中所提到的法數，是要就著這些法數而表示：實相一相，所謂無相，即表示般若智之妙用。」[19]般若波羅蜜多之智是了知「一切法自性本空，無生無滅。」[20]故才能以一法而通達一切法，如《大般若經》卷566云：

> 以一法知一切境，達一切境不離一法。所以者何？真如一故。是諸菩薩修此智時，不見能修及所修法，無二無別，自性離故。是名諸菩薩摩訶薩修學般若波羅蜜多，能通達智波羅蜜多。是名菩薩修學一法，能通達一切法。[21]

一法與一切法，其之所以能相契通達，在於以「真如」觀一切法，則法法必相融為一。蓋「真如」為法之實相，而實相無相；以一切萬物真實不變之本性而觀一切法，則一切法自性本空，故

---

[17] 大正7‧922中。
[18] 同前注。
[19] 牟宗三《佛性與般若（上）》，頁3，收錄於《牟宗三先生全集》3，2003年4月初版，台北．聯經出版公司。
[20] 大正7‧925下。
[21] 同前注。

能「學一法，而通達一切法」，亦能「淨修一行，即備眾法。」[22]
然此一切皆在行深般若波羅蜜多之上而呈顯。延壽於《宗鏡錄》
卷 93 引「般若」之重要性有云：

> 以般若是一切世出世間凡聖之母，猶如大地，無物不從地
> 生。或若謗之，則謗一切佛地三寶功德。如十法界中一切
> 眾生，若昇若沉，若愚若智，無不皆從般若中來。若不得
> 般若威光，實無一塵可立。如《般若經》云：欲尊貴自在，
> 乃至欲得菩提，當學般若。[23]

《唯心訣》以「唯心」為其標目，然全文並未有「唯心」連
同之辭彙出現，反以「一法」出現者為多，並強調以悟「一法」
（心）即萬法盡圓通，顯然延壽所重者是如何將一切法完全圓滿
通達起來。就「法」而言本因應不同眾生而開設，故「法義」必
有其歧異，然一切法其目的皆為治眾生煩惱之病，則終究之關懷
目的則同，故延壽力求諸經皆指歸於一途。「般若波羅蜜多」有「蕩
相遣執」之妙用，更有「佛母」之稱，於宋·施護所譯《聖八千
頌般若波羅蜜多一百八名真實圓義陀羅尼經》有一讚頌：

> 歸命最勝諸佛母，般若波羅蜜多法；過去未來及現在，一
> 切諸佛從是生。[24]

---

[22] 大正 7·939 下。
[23] 大正 48·919 下。
[24] 大正 8·684 下。

延壽於《宗鏡錄》中，引《般若經》以「般若為世出世間凡聖之母」，一切眾生之昇沉或愚智，皆依「般若」而決定之，《唯心訣》為延壽之早期作品，文中以「一法」為主要用詞，並以悟一法（心）而萬法皆能圓通，與「般若波羅蜜多」以「無二無別」觀一切法，進而能通達一切法，雖無法強言兩者一樣，但兩者皆有以「一」而通達「一切」之論。

三、正邪之辨在「心」

（一）迷宗背旨之一百二十種邪宗見解。

延壽之宗旨是「法性融通，一旨和會。」[25]一旦背離此宗旨，即是邪宗見解。於《唯心訣》中，共舉一百二十種邪宗見解。各以「或」字為其標目，今略舉其中數項：

> 或捨離而保持偏正。……或積德望滿於三祇，不知全體現前，猶希妙悟，豈覺從來具足，仍待功成，不入圓常，終成輪轉。只為昧於性德，罔辯真宗。捨覺循塵，棄本就末。掛有無之魔羂，投一異之邪林。宰割真空，分羅法性。依塵生滅，隨境有無。執斷迷常，驟緣遺性。謬興知解，錯倒修行。……或求靜慮而伏捺妄心。……或澄心泯色，住果於八難之天。……或迷性功德，而起色心之見。或據畢竟空，而生斷滅之心。……或執心境混雜，亂能所之法。……或起有得心，談無相大乘。……或起身精進，而滯有為。……

或進求而乖本心。……或著無著心學，相似般若。……或
起了知心，而違背法性。[26]

延壽以「心」而和會法性，將本體、現象融合為一，其主旨
在顯法界繁盛之狀，一一皆是本體之展現，性與法之間是相融無
礙，本是「一旨和會」，故偏執一方皆是邪宗見解。一旦有捨離某
方而欲成就某行皆為延壽之所破斥，且以「心」本具含眾德，若
有望求功德之積累，是為畫蛇添足，不知萬德莊嚴已在吾身，本
「全體現前」，實不待即成。延壽以「唯心」而論證有無、一異、
本末、覺塵、法性、斷常等本圓融一體不可分，若只「昧於性德」，
則有種種執迷之知解產生，此即邪宗見解。延壽列舉甚多有關對
於「心」之邪見，如「伏捺妄心」、「澄心」、「起色心之見」、「生
斷滅之心」、「起有得心」、「起身心精進」、「起了知心」等，一有
執著則背離「心」之全體大用，延壽對如是之舉，認為是「失湛
乖真，捏目生花，迷頭認影，盡迷方便，悉溺見河。障於本心，
不入中道。」[27]

（二）不動真如之人生境界──本體與現象融一。

《唯心訣》云：

相入而物境千差，相即而森羅一味。不從事而失體，非共
非分。不守性而任緣，亦同亦別，是以即性之相，故無妨

建立。即理之事，故不翳真常。以空之有故，豈礙繁興。
以靜之動故，何虧湛寂。[28]

闡述本體與現象之複雜關係，是華嚴宗之理論重心。就事而
言「物境千差」，就理而言「森羅一味」，然理與事、性與緣之關
係是「非共非分」、「亦同亦別」。延壽舉「即性之相」、「即理之事」、
「以空之有」、「以靜之動」來說明現象世間之繁興建立，皆不礙
真常、湛寂之本體。延壽循華嚴宗之相即相入理論，闡述本體與
現象是一非二，故於《唯心訣》中又論曰：

雖起而常滅，世相含虛。雖寂而恆生，法界出現。任動而
常住，萬化不移。任隱而恆興，一體隨應。無假而幻相和
合，無實而真性湛然。無成而異質交輝，無壞而諸緣互絕。
境雖現而無現性，智雖照而無照功。寂用非差，能所一際。
狀同淨鏡，萬像而不能逃形。性若澄空，眾相而不能離體。
為常住藏，作變通門。湛爾堅凝，恆隨物化。紛然起作，
不動真如。[29]

由起而滅，由寂而生，由動而住，由隱而興，此一連串看似
相反之概念，亦正說明本體與現象之互動關係，唯有透過彼此之
相反相成之互補，才能成就整體，故寂與用，能與所皆是一。延
壽以「淨鏡」為喻，說明萬像照於淨鏡中，無一形而不現，然「境

---

[28] 大正 48‧994 上。
[29] 大正 48‧994 上～中。

雖現而無現性」，則表明境現（現象）並不礙原本之淨鏡（本體），故常住中有變通，用之於處世態度，即使面對紛然之事，亦能永保不動真如之境界。唯有本體與現象融一，才能超越人生之困局，以達「妙體常住，靈光靡沉，至德遐周，神性獨立，眾妙群靈」[30]之心性最高修養。

由上之論述《唯心訣》之大義可明，然對於《唯心訣》之論述缺點，冉雲華先生曾提出：

> 《唯心訣》中並沒有對唯心理論作全面而深入的討論。如何歸於「一法」？《訣》對此一關係問題，未加論證。如何觀心，《訣》文未談。[31]

我們對《唯心訣》之看法，可視之為延壽早期思想之一重要綱骨，主要架構是心、唯心、一法、正觀、觀心與普會等，並詳舉各宗於「心」之邪見，以為「心」學立一標宗。延壽於《唯心訣》中，將主要理論先建構，再於其他著作中，廣引各經論來充填其思想綱骨，而使其理論體系能周圓完整。

---

[30] 大正 48・994 中。
[31] 同注 3，頁 95。

第二節　《註心賦》之思想義涵

於《智覺禪師自行錄》中，有關延壽著作之目錄有「心賦一道七千五百字」[32]之記載。今收錄於《卍續藏經》第 111 冊有題名：延壽述《註心賦》四卷，足見《心賦》為延壽之原作，《註》為晚述。於《智覺禪師自行錄》文首有題名清‧蔣恭棐記《自行錄》刊行之緣起云：

> 永明壽禪師顯跡五代宋初，我世宗憲皇帝嘉其專修淨業，普利眾生，錫封妙圓正修智覺禪師，標為佛門正宗，其書如《宗鏡錄》、《萬善同歸集》、《心賦》已入大藏。……又得師《山居詩》及《永明道蹟》，既梓於維揚，而《自行錄》一編，為師百八實修，尤下學上達之筏。[33]

蔣文主要述說之內容，是為延壽著作受清世宗（雍正）所讚許，並以《自行錄》之「百八實修」為延壽一生之實踐內容，然於蔣文中有關《心賦》之著作，並未有《註》之字樣，且錄列於《宗鏡錄》與《萬善同歸集》之後，此或代表《心賦》本為延壽之著作，至於是否加《註》之問題，顯然已不是那麼重要了。「心」為延壽思想之核心，於《自行錄‧跋》題名梅嶼比丘有云：

---

[32] 卍續 111‧83d。
[33] 卍續 111‧77a。

> 夫心者，乃萬法之本源，智慧之靈府也。只因歷劫染習深
> 厚，障蔽妙明。種種幻妄，紛紛不息，故生生汩沒於輪迴
> 之中，備受楚毒，昇墜不常，何可而得已也。[34]

　　延壽思想以「心」為宗旨，顯然是一致公認之看法。此「心」
是一切萬法、智慧之源，其本妙明，然染習、幻妄將使此「心」
障蔽，故人之昇墜是由此「心」決定之。延壽以「心」為《賦》，
試觀《心賦》之主要重點如下：

一、「心」之特點

（一）「心」卓絕通靈不可名狀。

《註心賦》卷1云：

> 聽而不聞，觀之莫見。常在而莫更推尋，本瑩而何勞熏
> 鍊。……寂寂虛沖，無事不融。靡減靡增，綿綿而常凝妙
> 體。非成非壞，績績而不墜玄風。……非有而非空，故稱
> 卓絕；不出而不在，實謂通靈。[35]

　　「心」是萬法之本，然此「本」既超越又普遍，故實不可形
容之。其非由視可得，此謂心無形相。不待「推尋」，謂心本在吾
身而不離。不需「熏鍊」，言心本清淨無染。言心之絕待性，故能

---

[34] 卍續 111‧84b

[35] 卍續 111‧8a～34d。

超出增減、成壞、空有之對待。心雖「虛沖」似靜止，卻活活潑潑、綿綿續續，無一物、一事而不相融。延壽總名「心」是「卓絕通靈」，言心所具有之神妙不可測之作用。

（二）「心」為諸佛親傳。

《註心賦》卷 1 有云：

> 覺王同稟，祖胤親傳。大開真俗之本，獨標天地之先。常為諸佛之師，能含眾妙；恆作群賢之母，可謂幽玄。靈性有珠，該通匪一，千途盡向於彼生，萬象皆從於此出。事廓恆沙，理標精實，吞滄溟於毛孔，唯是自因，卷法界於塵中，匪求他術。任機啟號，應物成名。[36]

延壽以《心賦》為著作之名，顯然此《賦》唯標「心」旨，然其起句並未直明「心」之意義，以「覺王」、「祖胤」代表歷來祖師所傳唯在於「此」，而祖祖相傳者，即是以「心」印「心」，此即如元·宗寶編《六祖大師法寶壇經·行由品》（以下簡稱宗寶本《六祖壇經》）所云：「自古佛佛唯傳本體，師師密付本心。」[37] 此正說明延壽所標之「心」宗，是與諸佛「同稟」，是諸師之「親傳」。「心」是恆轉「真如」或「生滅」之源頭，其雖無形無相，卻是「天地之先」、「諸佛之師」、「群賢之母」，此意涵一切「法」之產生皆來自於「心」，故稱之為「幽玄」。「靈性有珠」是延壽對

---

[36] 卍續 111 · 1a～4b。
[37] 大正 48 · 349 中。

「心」之另一種描述。此「心」靈妙應用無窮，盡虛空、遍法界，「千途」、「萬象」皆由此生、此出，故滄溟可納歸於一毛孔中，全法界皆為此心之所現；此「心」本在人人之身上，不用外求尋覓，而一切法本無名，唯應物而立名，故一切名實皆是「心」之另一種稱號。

（三）「心」為色空之體。

《註心賦》卷2云：

> 紛然起作，冥冥而弗改真如。谺爾虛凝，歷歷而常隨物化。大象無形，洪音絕聲，三光匿曜，河嶽齊平。向九居六合之中，隨作色空明闇之體。於七大四微之內，分為色香味觸之名。[38]

　　現象界之萬物興作，千差萬別，且萬事萬物皆將隨時間而遷流變化，然此一切由「起作」而「物化」之過程，皆真如之妙用。依真如而視一切萬事萬物，其本皆一，故「大象」與「無形」是一；「洪音」與「絕聲」是一；「三光」可「匿曜」；「河嶽」能「齊平」，此正說明真如具有不變（冥冥）與隨緣（紛然）之不同質性。真如是現象界中之「色空明闇」之本體，而一切「色香味觸」之定名，亦由真如隨緣應物而立之。

---

[38] 卍續111・35d～36a。

(四)「心」為解脫之門。

《註心賦》卷2云:

> 吞苦霧而浸邪峰,須澄性海。降四魔而夷六賊,應固心
> 城。……畫出山河國土,意筆縱橫,分開赤白青黃,心燈
> 照耀。……從心而出心,猶蘭生蘭葉,因意而發意,任檀
> 孕檀枝。[39]

人之煩惱由心起亦由心滅,性海澄明、心城固守,自能度一
切苦厄,解脫煩惱、入寂靜涅槃。八十卷本《大方廣佛華嚴經》
(以下簡稱八十《華嚴經》)喻「心」如工畫師,[40]一切五陰世間
皆由心起,自心若光明,則覺照無盡世界一切皆光明。一切境由
自心所變,若能息心,則一切境終不在「心」中住。延壽舉「蘭
生蘭葉、檀孕檀枝」比喻心與境之關係,心為本,境為末,唯當
了知「心」本寂靜,則一切依心(根本)所生之境(枝葉),自能
返歸寂靜(根本)一心。

(五)「心」為悟宗之源。

《註心賦》卷4云:

---

[39] 卍續 111・37c〜42b。
[40] 《華嚴經》卷19云:「心如工畫師,能畫諸世間,五蘊悉從生,無法而不造。
如心佛亦爾,如佛眾生然,應知佛與心,體性皆無盡。若人知心行,普照諸
世間,是人則見佛,了佛真實性。心不住於身,身亦不住心,而能作佛事,
自在未曾有。若人欲了知,三世一切佛,應觀法界性,一切唯心造。」(大
正 10・102 上〜中)。

性非造作,理實鎔融。明之而心何曾動,昧之而路自迷東。[41]
順法界性,合真如心,智必資理而成照,理不待發而自深。[42]
任延任促,但當唯識之時。大矣圓詮,奇哉正轍。……傳
印而盡繼曹溪,得記而俱成摩竭。可謂履道之通衢,悟宗
之真訣。[43]

「性」本現成非由造作,「理」能鎔融其事,萬法終歸一「心」,
能絕善惡之思量,自然能真心不動,此唯識一心即是圓詮、正轍,
亦是曹溪法門之真訣。《註心賦》提出「性」、「理」、「心」之詞,
此三者看似不同,然所顯之義在「心」未啓動之前,此「心」與
「性」、「理」是一非三,故「明之」則「心何曾動」,「昧之」則
「自迷東」。六祖惠能大師(638～713)於宗寶本《六祖壇經・行
由品》有云:「菩提自性,本來清淨,但用此心,直了成佛。」[44]
惠能大師肯定自性之清淨,而此清淨之性即是成佛之心。於「性」
與「心」之界定上,顯然已合用,整部宗寶本《六祖壇經》於「性」
與「心」上,特別強調「自性」、「自本性」、「自心」、「自本心」[45],
此中之「自」在於說明一切皆在「己」,提出「自」有反求諸己之
義,亦蘊涵更積極之意向。

《註心賦》以「法界性」、「真如心」、「理自深」言明「性」
遍法界、「心」本真如不動、「理」是自深,此性、心、理之特色,

---

[41] 卍續 111・64b。
[42] 卍續 111・65a。
[43] 卍續 111・73d～74d。
[44] 大正 48・347 下。
[45] 見拙著《六祖壇經思想之承傳與影響》頁 109～114,1988 年 6 月,國立臺灣師範大學國文研究所碩士論文。

若以儒家之《中庸》言，可謂是：「放之則彌六合，卷之則退藏於密」[46]，而這大之（延）與小之（促）之間，皆依憑「心」而成，故言「任延任促，但當唯識之時」，以唯識之一心，即可統整法界之一切。並以如是之「心」門，是傳印、得記、履道與悟宗之源，而延壽大師以「心」為總持之門亦更顯明現之矣！

二、「心」、「識」與「法」

（一）萬法由「心」起。

《註心賦》卷1云：

> 十二因緣之大樹產自玄根，五千教典之圓詮，終歸理窟。截瓊枝而寸寸是寶，析栴檀而片片皆香。[47]

「十二因緣」為佛法之根本，「五千教典」是佛學之法義，一切法之開設皆由人起，而人之本為「心」，故唯「心」是「玄根」，是「圓詮」，法義教典各有不同，然終歸於「心」之「理」則同。延壽舉瓊枝與栴檀為例，說明寸寸之枝與片片之香，無一不是由「玄根」而成，此謂萬法不離「心」之門而生。

---

[46] 宋·朱熹《四書集註·中庸章句》頁1：「子程子曰：其書始言一理，中散為萬事，末復合為一理。放之則彌六合，卷之則退藏於密。其味無窮，皆實學也。」1980年10月25版，台北·世界書局。

[47] 卍續111·7c~d。

（二）感現善惡肇因於心識所變。

《註心賦》卷1云：

> 無纖塵而不因識變，道理昭然。非一種而罔賴心成，言思
> 絕矣。動靜之境，皆我緣持。如雲駛而月運，似舟行而岸
> 移。……感現而唯徇吾心，美惡而咸歸我識。[48]

《心賦》以「心」為名，然《心賦》全文至卷1中間，才有
「心」字之出現。纖塵皆由識變、心成，此正是唯識宗「三界唯
心，萬法唯識」之理論。由我之主體心識觀一切現象動靜之境，
實只是一種「徇吾心」而已，對事物產生美惡之感，亦皆歸之於
我識罷了，延壽以「雲駛月運，舟行岸移」形容於視覺感官上所
產生之錯覺，此亦說明現象界之種種，本無美醜之分，好惡皆肇
因於心識。

（三）一切修證依「心」而成。

《註心賦》卷1云：

> 大士修之而行立，覺帝體之而圓成，聲聞證之為四諦，支
> 佛悟之詣緣生，天女之華無着，海慧之水澄清，執謬解而
> 外道門開，邊邪網密，役妄念而凡途業起，生死波橫。括
> 古搜今，深含獨占。五乘道，鍊出於沖襟。十法界，孕成
> 於初念。虛聲頓息，法空之正信旋生。猛燄俄消，靈潤之

真誠立驗。陞沉表用，體具靈知。惺惺不昧，了了何虧，
湛爾而無依無住，蕭然而非合非離。一字寶王，演出難思
之法海。群生慈父，訓成莫測之宗師。任性卷舒，隨緣出
沒，挺一真之元始，總萬有之綱骨。[49]

　　佛門重在聞思修慧，以何方法修證而成是最重要之關鍵，菩
薩、緣覺、聲聞、辟支佛等之證悟一皆不離「心」。而五乘道、十
法界之起源，實來自「沖襟」、「初念」，以「鍊出於沖襟」、「孕成
於初念」，代表由一念之心生則一切法生；反之，若一念心之「虛
聲」能頓息、一念心之「猛燄」能「俄消」，則將證悟「法空之正
信」與「靈潤之真誠」。「心」之特性是「靈知」、「不昧」，此正說
明心具有超越性；心也是「陞沉表用」、「了了何虧」，此亦表明現
象界之興作是由「心」而起，「心」是既超越又普遍；是「無依無
住」，也是「非合非離」，此亦皆在說明「心」之特性，無法以現
象界之有無而論辯。「心」是「一字寶王」，由此一字才能大開法
海，而一切修證亦由此一字而成，延壽以「一真之元始」、「萬有
之綱骨」總要說明「心」同具「一真」與「萬有」之特性。

（四）唯識唯心，無二無別。

《註心賦》卷2云：

心若不分法，法終無咎。從因緣而生起。……大體焉分，
隨機自別，萬派而豈有殊源，千車而終無異轍。……故知

---

[49] 卍續 111・4b～7b。

> 唯識唯心，無二無別。一旨而已絕詮量，萬法而但空施設，
> 虛生虛想，唯情想而成持。似義似名，但意言而分別。[50]

　　依心之真實義而言，則本是一心、一法。今人於法上分高低是非，實皆依不同因緣而起分別對待，不知此乃是「隨機自別」而已，萬法之源（心）則無有不同。延壽之「一旨」是唯識唯心，是本無差別，一旦確立一旨，則詮量與萬法皆不是暫設而已，然常人卻總在情想名義上強言分耳！

（五）心、法、我是一非三。

《註心賦》卷2云：

> 道在心而不在事，法由我而不由君。
> 明斷由人，斯言可聽，運意而須契正宗，舉步而莫行他
> 徑。[51]

　　萬法由心生，一心即萬法；萬法皆由「我」起，延壽旨在強調是否會產生煩惱，並非在所遇之事，主要在於自心之執着；而是否能解脫煩惱，關鍵在於「我」而非他人之開導。對一切事理之明斷亦在人之心上，換言之，遇事唯在「運意」要契「正宗」，若能了悟境由心起，返歸正宗心源，一念不生，心即清淨自在。

---

[50] 卍續 111‧44c~46c。
[51] 卍續 111‧58d。

三、「心」之證成

（一）「通心」則理事圓融。

《註心賦》卷 1 云：

> 理體融通，芳名震烈。瞻時而別相難窮，入處而一門深
> 徹。……非異非同，盈剎而坦然平現，不大不小，遍空而
> 法爾圓成。……入不二之門，廓然無諍。……如一金分眾
> 器之形，不變隨緣之道；猶千波含濕性之理，隨緣不變之
> 門。……通心而莫更餘思，群賢性命。[52]

　　就主體之「理」而言是「融通」，是「一」，就客體之「相」
而言則是「別」。延壽舉「金」與「金器」為例，說明不變之「金」，
與隨緣之「金器」彼此間之關係;眾金器（隨緣）雖有不同，但同
屬於金體（不變）則是一。此不變隨緣與隨緣不變之思想，正是
華嚴宗之理論課題。理與相「非是非同」，亦無法論其大小。依心
之不二之門而論，則一切皆「坦然平視」、「法爾圓成」。

（二）「心平」「正觀」則成聖。

《註心賦》卷 2 云：

> 萬彙雖分，還歸一總。……莫尚他宗，須遵此令。出世之
> 大事功終，入禪之本參學竟。……會萬物為己而成聖

---

[52] 卍續 111・17b~24d。

人。……既在正觀，須當神聽。……心地平而世界平。[53]

「心」為一總，是一切之所本，萬事萬物皆依之而起，此「心」亦決定聖凡之別，若能以心為宗，則已然把握住「出世」與「入禪」之根本，亦必當有最後「功終」、「學竟」之成就。延壽提出「正觀」、「神聽」，所謂神聽，當指聽之於心，以「心」觀一切事物本相融為一，如是之觀是謂「正觀」，故當心地平，則所觀之世界亦是平等不二。而所謂成就聖人之境，亦在能「會萬物為己」，即以己心與天地萬物相融相入。

第三節　《觀心玄樞》之內容重點

延壽思想以一心為宗而展開其理論敷陳，就宗教生活而言，「如何實踐」是宗教別於哲學之重要關鍵處，由一心而如何「觀心」，正是延壽所立之實踐法門。今據《卍續藏經》第 114 冊所收錄之《觀心玄樞》共 1 卷，探討其內容大要。

一、觀心之首要與作用

（一）「契」為觀心之首要。

《觀心玄樞》起首云：

---

[53] 卍續 111・25d～34c。

契即鄰，不在身近。如福人出世，則琳瑯現矣。薄福者出，荊棘生焉。皆由自心，有現不現。如月上女偈答舍利子云：我雖內室中，尊如目前現，仁稱阿羅漢，常隨而不見。故須菩提不起石室，親睹法身，阿難為佛侍者，不見佛面。[54]

　　延壽提出「觀心」在於強調「心」之見地與狀態，「心」可無遠弗屆，可神遊萬方；同樣地，亦可咫尺千里，亦可天涯比鄰，此乃說明「心」能超越時間，不受現象界之所限，亦言「心」具有超出三界外，不圍五行中之特性。《觀心玄樞》在尚未提及「觀心」之方法與作用時，先引《佛說月上女經》[55]有關月上女與舍利弗對闡深義之事，說明是否能親睹法身、見佛面，是否能與佛「近」、居佛「鄰」，不在於身，而在於「心」。心能與佛相「契」，即在佛旁；反之，若心不相契，雖在佛旁，亦與佛相隔千里。佛法重於宗教實踐，所謂「從佛轉輪」[56]即是依法而行，非僅隨侍佛之左右而已。「契」是觀心之首要條件，唯能心靈相契，才能入於「玄樞」之地。

（二）觀心之作用——可脫境縛。

　　《觀心玄樞》玄：

---

[54] 卍續 114．424a。

[55] 《佛說月上女經》收錄於（大正 14．615 中～623 下）。

[56] 《大佛頂如來密因修證了義諸菩薩萬行首楞嚴經》（以下簡稱《楞嚴經》）卷 1：「佛子住持，善超諸有。能於國土，成就威儀。從佛轉輪，妙堪遺囑。嚴淨毘尼，弘範三界。應身無量，度脫眾生。拔濟未來，越諸塵累。」（大正 19．106 中）。

　　若不觀心，何脫境縛？以不知自識變而復自緣。……此觀
　　心法，可以現知。如夜夢唯心，覺亦如是。且夢中見者，
　　是夢中意識；現在見者，是明了意識；過未之境，是獨散
　　意識；定中見者，是定中意識。是以若夢若覺，若散若定，
　　皆不出四種意識。……如眼識率爾任運見時，未分皁白，
　　剎那流入意地，方執成境，以意緣時。眼識以過，世人多
　　執，我眼現見，全無道理見。……大聖示教，境是自心，
　　下愚冰執，塵為識外。……一切境界，唯心妄動，若心不
　　起，一切境界相滅。唯一真心，遍一切處。又依唯識，境
　　本無體。境既不生，心亦隨滅。以心是所依，境是能依。
　　所依既滅，能依不起，則疑銷能所，藤蛇於是併空，見息
　　對治，形名以之雙寂。[57]

　　延壽《觀心玄樞》其全文架構，主要在闡述「觀心法」所產
生之作用。其所採用之語法是：若不（觀心），何……？其義在說
明，唯有「觀心」才能成就佛之萬德莊嚴。延壽首先說明「心」
與「境」之關係，並依次列出四種意識——夢中意識、明了意識、
獨散意識、定中意識，以此四意識總括一切意識分別。舉「眼識」
為例說明，眼識觸物（時），首先「流入意地」，唯此意識之興起，
實緣於觸物之時，故曰「以意緣時」，唯不明之人，會執成外境，
實則離開眼（識），（境）亦不可能獨立存在。延壽依唯識宗之三
界唯心，萬法唯識之理路，萬法之境皆緣於識而有，「境」之本身
並無常體之存在，唯凡夫多執境而生煩惱，故當「心」不起動時，

---

[57] 卍續 114・424a~c。

外境亦自然平息，延壽主要在說明，境不擾心，唯自心動耳！

二、觀心之證成

（一）觀心以證修行——六度與三十七道品。

　　延壽是思想家，更是宗教實踐者，其思想是為修行之基石，而思想需能落實於宗教生活上，才是延壽之根本主張。

　　《觀心玄樞》云：

> 若不觀心，何以行施？以無可與者，名為布施，心外有法，有可與者，能所不亡，不得三輪體空，入施法界故。
> 若不觀心，何以持戒？以大乘大菩薩戒，謂觀唯心。本無外色，無色可破，相空亦無，離取相過，故名持戒。故云：一切凡聖戒，盡心為體。
> 若不觀心，何以忍辱？是知唯心，無外境對持，方名為忍。故云辱境若龜毛，方成真忍矣！
> 若不觀心，何成精進？若能心不起，精進無有涯。是知起心，即有境所緣。了心境俱空，方成精進。
> 若不觀心，何成禪定？若不分別諸境，是真調伏心。了一切法空，即常在三昧。所以云：大菩薩定，謂觀唯識，不見境時，心無緣念，則是真空。
> 若不觀心，何成般若？心性無生，能成妙慧，所以智慧者大菩薩皆觀自心。[58]

---

[58] 卍續 114・424d~425b。

布施、持戒、忍辱、精進、禪定、智慧之六度，爲菩薩行持之主要六大方向，由六度可具足一切之萬行，故有「六度萬行」之稱。此六度之成就，有淺深之階差，以布施而言，唯達三輪體空之布施是爲究竟。持戒需能至戒無戒相之境地，是謂真持戒。忍辱以能體悟一切諸法自性空寂、本來無生之「無生法忍」，是爲真忍辱。精進要能心境具空，且無有涯盡，才謂真精進。禪定之成就重在「心無緣念」，唯能調伏「心」才是真禪定。般若智之具足，在於觀一切諸法性相本空，才能成就妙智慧。延壽以六度之成就在於「觀心」而得，以「心」無所着、無所執才能將六度究竟實證，故云「空心不動，具足六波羅蜜」。[59]有關三十七道品之修證，《觀心玄樞》云：

> 若不觀心，何具道品？以身受心法，但一真心，俱無自性，了不可得，即四念處觀。善不善品法，從心化生，即四正勤。心性虛通，隱顯自在，即四神足。信心堅固，湛若虛空，即五根、五力。覺心不起，即七覺支。直了心性，非邪非正，即八正道。故云：心淨無垢，則爲受決。[60]

三十七品爲佛門修行之重要項目，延壽一一將之導入「一心」中，以心生法生、心外無法、離心別無法，統言「心」爲一切法之根本，故三十七道品之關鍵，唯在能明「具無自性」、「心性虛通」、「覺心不起」、「直了心性」而得成。六度與三十七道品是有

---

59 卍續 114‧425b。
60 卍續 114‧428d。

條目與階序，然此種種之法門開設，雖言是應眾生不同之機而生，唯其根源皆在眾生之「心」上。延壽將各種修證之法門會歸為「一心」，或有籠統之嫌，唯延壽主要在強調「第一義諦者，但唯是心。」[61]「心」是一切之根源，實並非是否定六度與三十七道品之修證階次內容，強調「心」之重要性，可謂是延壽思想之主要特色。

（二）觀心以成諸佛事。

《觀心玄樞》云：

> 若不觀心，何成佛事？以萬法隨心迴轉，善成一切。能令凡聖交徹，大小相含，隱顯互成，一多融攝，故云：觀心空王，玄妙難測。[62]

就宗教實踐而言，一切由修行以至成佛之歷程，皆是「佛事」，若依此而言「佛事」，則其內容當包含甚廣。由延壽《觀心玄樞》所列舉之觀心以成何「事」之項目中，約可分為若干方向：

1. 於證立成就之項目有：
　　成方便、成大願、成力、成智、成多聞、成菩提、成解脫。
2. 於護持利眾之項目有：
　　行慈、運悲、護正法、弘法、立道場、伐苦（說法）、報恩。
3. 於去惡遷善之項目有：

---

[61] 卍續 114・429a。

[62] 卍續 114・429b。

懺悔、滅罪、降四魔、殺六賊。

4. 於明辯法義之項目有：

明法相、明三寶、了四諦、明三乘、明三藏、辯染淨、達二諦。

5. 於自修身成之項目有：

受持讀誦、莊嚴、運神通、生淨土。

6. 於自處應世之項目有：

稱富（知足）、稱貴（道在即貴）、和光。

延壽以「萬法隨心轉，善成一切」言明「心」可融攝一切法，不論自證立、利眾生、遠罪惡、明法義、自修身或應世間等事情，一一皆要在「觀心」中而得成。並以「觀心空王，玄妙難測」點出「心」雖無形相，卻最具有大作用，而心之所以玄妙難測，其重點在於「空」。

三、離心之弊

（一）離心則成疏外。

觀心可成就諸佛事，反之；若不觀心，則是「離心」，一旦背離修證之主體「心」，不僅佛事不成，亦將落於疏外顛倒。《觀心玄樞》云：

> 若不觀心，皆成疏外。所以天下至親，無過於心。故偈云：汝言與心親，父母非可比。汝行與道合，諸佛心即是。若心外有見，則二法生，二則成疏，念念違背。若得一則無諍，得一則冥宗。是以十方諸佛，常正念無二之法，故云：

一即是心，心即是一。[63]

　　延壽主暢「觀心」可以成就諸佛事，換言之，一旦離「心」，則一切皆不具成。「心即一，一即心」為延壽「觀心」法門之要旨。離「心」則為二，有「二」即與「心」疏，故唯「一」是親，唯「一」是心。延壽之理論核心在「一」，「心」外若見「法」，則「心」與「法」是二，有「二」即有彼此兩端，有兩端則有距離，就是「疏」。一旦產生「疏」，則有諍，無法契入「冥宗」。延壽力主「常正令無二之法」，所謂無二即不二，即離兩邊；「二」代表區別、相對，而佛法之真實妙理是超越相對、兩邊，是一平等如如之絕對真理，此非可經由外相而追求之。有關「不二法門」之闡述，於《維摩詰所說經·入不二法門品》（以下簡稱《維摩詰經》）中載有三十三種之不二法門，[64]然此其中，唯維摩詰「默然無言」，受文殊師利讚曰：「善哉！善哉！乃至無有文字語言，是真入不二法門。」[65]然延壽之「正念無二之法」，顯然並非僅是離兩邊之「無二」而已，更非是「默然無言」之義，他主要在強調「一」，並以「一」即是「心」而成為其思想重點。

（二）離心則成顛倒。

　　若不觀心，皆成顛倒。以心外見法，名為顛；理外別求，名為倒。若着境、若滅法，二俱成倒。覺但是內心，不滅

[63] 卍續 114·433b。
[64] 大正 14·550 中～551 下。
[65] 大正 14·551 下。

　　於外法。轉虛妄分別，即是中道法。唯心無可見，離於心
　　不生，即是中道法。[66]

　　延壽以「離心」則所見之法、所求之理，不論是着境或滅法，
亦必然是顛倒。其一方面以「心」為「無二之法」，一方面也強調
「中道法」，唯其「中道法」是：「覺但是內心，不滅於外法，轉
虛妄分別」、「唯心無可見，離於心不生」，此其中「但是內心」、「唯
心」才是延壽之「中道法」。當「心」是唯一之時，若有「外法」
可見則成虛妄，心與法有對待則是分別，顯然延壽所謂「中道」
其內涵是「心」，而並非《中論・觀因緣品》所言之中道義：「不
生亦不滅，不常亦不斷，不一亦不異，不來亦不去（原為出）。」
[67]龍樹菩薩之中道觀，是以「般若波羅蜜」之不執不着而呈現因
緣法畢竟成空而說中道義，雖列舉八事，實代表總破一切空，故
《中論》緊接著又言：「能說是因緣，善滅諸戲論，我稽首禮佛，
諸說中第一。」[68]能善觀因緣法，能不落於兩邊，不落於戲論中，
才能真正契入般若波羅蜜之中道義。延壽在承續前人之思想中，
將不同理論思路完全會歸入其「一」「心」之主旨中，「一心」是
無二之法，「一心」也是中道法，以「一心」欲涵蓋包容各種思想，
此為延壽一生之理念，亦是其一生之奮鬥。

[66] 卍續 114・433d。
[67] 大正 30・1 中。
[68] 同前注。

第四節 由唯心、一心至觀心
——「觀心」法門之確立

「心」之複雜性難以一言而詳辨，然法門之萬端無非在治此「心」，此為延壽大師會歸千種異說而為一法之宗旨。其「一法」在「心」，悟一法則萬法盡圓通，然「心」如何悟得始能圓通一切法，延壽提出「觀心」之行持，於《唯心訣》中，延壽於「觀」之義曾有言曰：

> 萬境齊觀，一際平等。[69]

外境雖有千差萬別之不同，然若能「齊觀」，則可「一際平等」。由萬境而達一際平等，此顯然並非就觀察客體之實際萬境而言，其要點在「齊觀」，然如何之「觀」是謂「齊」？且唯有「齊」，才能成就「一際平等」之境，於此延壽大師於《唯心訣》中再提出：

> 養育凡聖，而無質像可觀。[70]

凡聖於人而言是德性成就上之差異，然此差異性，實在「無質像可觀」，換言之，「齊觀」一方面就是無外在之質像可觀。因凡聖之名由「人」而制定，人之本在「心」，故「齊觀」另一方面

---

[69] 大正 48．994 上。
[70] 同前注。

即是「心觀」，以心而觀外境，則「境雖現而無現性」，[71]若能以「心」而觀萬境，萬境本是「齊」、「一」、「平等」，因外境雖現，卻只是暫時之幻相，唯「心」，才是「本」、才是「性」。然「心」之「觀」萬「境」，其主體在「心」，延壽就心、觀、境三者之關係提出如下之見地，如《唯心訣》云：

> 心水濁而境像昏，舉一全該，坦然平等，宛爾具足，唯在正觀，萬法本只由人。[72]

「心」一旦「濁」，即有無明、有雜染，所產生之「境像」即「昏」昧不明，顯然延壽所提出之觀心性，在於強調「心」要「正」，則所「觀」之法才能真正「坦然平等」。正因「觀心」之行持在於「正觀」，故在《唯心訣》中，延壽所提之 120 種邪宗見解中，有關「觀」法之偏執上，有如下之闡述：

> 或覺觀思惟，墮情量之域。[73]
> 或弘禪觀，而斥了義之銓。[74]
> 或立無相觀而障翳真如。[75]

「正觀」之法必然無偏無執，任何於法之執見皆為延壽之所

---

[71] 大正 48・994 中。
[72] 大正 48・994 下。
[73] 大正 48・995 下。
[74] 大正 48・996 上。
[75] 大正 48・996 中。

斥,他強調「法性融通,一旨和會。」[76]在觀心法之行持正觀中,
人之所以會產生上下分別之心,其理在於「觀鏡像分妍醜之心」,
[77]「妍醜」之分緣於「觀鏡像」當下,心(識)所產生之好惡之
別,然於此之時,心已受鏡像之障而濁,故已無法入於中道,此
即延壽於《唯心訣》中所言:

　　　盡迷方便,悉溺見河,障於本心,不入中道。[78]

　　　一旦本心受障,則於法之方便上極易有「弘」某法而「斥」
某義之事產生,如是則非延壽所言之「和會」之旨。「心」是觀妙
理之重點,延壽於《唯心訣》之最後有總結而言:妙理之悟得,
主要在「觀心」,由「觀心」才能入不思議解脫、大寂滅道場之境;
然「觀心」行持之法,首需泯除一切之對待,唯當取捨、是非等
萬境皆能返歸於「心」之本真中,則「自然不立名相,解惑寂然。」
[79]延壽一再論「唯心」、「一心」以融通和會法性,以觀心之正觀
為入於清淨究竟之地。在其有關以「心」為題之著作探討中,《唯
心訣》與《註心賦》是「唯心」、「一心」之主要理論宗旨提出,
而《觀心玄樞》則直明「觀心」是通往知一切妙理之重要關鍵。
正因由唯心、一心而至「觀心」終使實證工夫透顯,宗教之修持
生活亦於焉展開。以下將先探討有關各經論對「觀」與「觀心」
所提出之理論要義。

---

[76] 同前注。
[77] 大正 48・996 下。
[78] 大正 48・996 中。
[79] 大正 48・996 下。

一、「觀」之義

> 觀，觀察妄惑之謂，又達觀真理也，即智之別名，梵之
> vipas'yanā，音譯毗婆舍那。[80]

佛門之「觀」，顯然非僅是觀察而已，其要旨在於如何觀妄惑
以達觀真理，換言之，能「達觀真理」才是重點。對佛教行持實
證而言，以能證悟阿耨多羅三藐三菩提爲最高之境，而如是證悟
之境需仰賴般若妙智，故「觀」是智之別名。再舉《佛光大辭典》
之所述：

> 伺，梵語 vicāra，舊譯爲觀，即細心伺察思惟諸法名義等
> 之精神作用。[81]

觀是一種精神作用，此精神作用是對諸法名義之思惟與觀
察，且需具有持續不斷與慎重之態度，此即所謂「細心」之強調。
對所「觀」之範圍是有所限定的，即限定在諸法名義之上。就佛
門而言，對諸法名義之細心伺察思惟，其目的無非是要證悟無上
正等正覺之境，故依此而論，「觀」是一種智慧之表現，是通往證
悟之重要門徑。除此，於「觀」尚有如下之解釋：

---

[80] 丁福保編《佛學大辭典》「觀」條，頁 2979，1986 年 11 月 2 版，台北・天華
出版公司。
[81] 《佛光大辭典》「伺」條，頁 2604，1989 年 2 月 3 版，高雄・佛光出版社。

觀，謂定心運想。[82]

此「觀」之義，着重於由心之定於一事、一處而運心觀想。如：不淨觀等，由觀事物之不淨相以心生厭惡，此觀法通常是為修行者止息貪欲之法。依如是而所論之「觀」，則是一種定心之修行方法。以「定心運想」而言「觀」，其使用之範圍甚廣，對於各種事物皆可運用之，如：日想觀、水想觀等，[83]以達所欲成就之境。各種淨土法門所強調在念佛者當定心憶念於淨土世界之莊嚴殊勝，唯至一心持念不斷即可往生其所定心憶念之境地。

「觀」顯然是智慧之表現，亦是修行之方法，而其終究目的在於轉惑以證真理。

(一) 觀是繫念思察。

隋·慧遠《觀無量壽經義疏》：

> 繫念思察，說以為觀。[84]

慧遠大師（334～416），是我國淨土宗初祖，一生力主念佛法門，念佛着重於持念佛號至一心不亂，必得佛之加持助力而往生佛之淨土。慧遠以「繫念思察」釋「觀」，義在強調「觀」之重點

---

[82] 同前注，「二種觀」條，頁241。

[83] 《佛說觀無量壽佛經》（以下簡稱《觀無量壽經》）列有十六觀：日想觀、水想觀、地想觀、樹想觀、八功德水想觀、總想觀、花座觀、像想觀、色想觀、觀觀世音菩薩真實色身想觀、觀大勢至色身相觀、普觀想、雜想觀、上輩生想觀、中輩生想觀、下輩生想觀。見於（大正12·341下～346上）。

[84] 大正37·173中。

在「繫念」，即定心一處、一念，唯能定心一念於事物之思惟憶念上，始可謂之「觀」。依「觀」而言，當是主體之我，故慧遠續言：

> 無量壽者，是所觀佛。[85]

主體能觀者是「我」，我觀之對象是「所觀」，唯依《觀無量壽經》而言，無量壽（佛）為我所憶念之佛，故曰「所觀佛」。《觀無量壽經》為淨土之三部經之一，[86]慧遠大師之「繫念思察，說以為觀」，顯然是專指繫念於所觀之佛上，其義特有所向。

（二）觀是細思、現知、散心微少。

隋・慧遠《大乘義章》卷2，對於「義法聚」二十六門釋「有為義」中，曾對「覺觀」有如下的論說：

> 麁思名覺，細思稱觀。……言覺觀者，論釋多種，一隨定以說，麁思名覺，細思名觀。二隨慧以說，未知事中比知名覺，現知稱觀。三就亂心以說，散心數起名覺，散心微少稱觀。[87]

「覺」是對事物第一反應之思考，故曰「麁思」；而「觀」是

---

[85] 大正 37・173 中。

[86] 淨土三部經：《佛說阿彌陀經》共 1 卷，收錄於（大正 12・346 中～348 中）。《佛說無量壽經》共 2 卷，收錄於（大正 12・265 下～279 上）。《佛說觀無量壽經》共 1 卷，收錄於（大正 12・340 下～346 中）。

[87] 大正 44・492 下～493 上。

在經過「覺」之後再進一層深入之思惟。《大乘義章》除以「思」之淺深來分別覺與觀之不同外，再以由未知之事中，經過類推而得之知（比知），稱為「覺」，換言之，「覺」是對事物尚未真正明白前之覺察而得之知；而「觀」是已然具有確實了解現況之知（現知），以此而論，「觀」是對事物較精確之探索真相。《大乘義章》並以「亂心」之起來分別覺與觀之差異：覺是「散心數起」，覺是粗淺之思惟，故其所具有之心思，較「散」，較「多」（數）；而「觀」是細深之思，故其所具有之心思，較穩定，相較而言，是「散心微少」，「觀」顯然是深入之思惟，由於定心力強，故對事物之觀察真相，較具正確性。

（三）觀是證悟法界洞朗大明。

隋・智顗《摩訶止觀》卷 5 上於「觀」有云曰：

> 觀者，觀察無明之心，上等於法性，本來皆空。下等一切妄想善惡，皆如虛空，無二無別。……法界洞朗，咸皆大明，名之為觀。[88]

智顗大師之「止觀」，是一修持法門。其對「觀」之解釋，主要在於能觀察無明之心與法性，本來無分無別，因一切妄想與法性本來皆空無所得。而「觀」之修持是為證悟一切法界性，本來皆空。在「觀」之修證下，法界之一切本來皆可互往互通，故（觀）

---

[88] 大正 46・56 中～下。

不但是具有「觀察」之義，其更重要目的即在於能證悟：法界洞朗，咸皆大明。

（四）觀是通達三諦圓融之理。

隋・智顗《維摩經玄疏》卷 2 云：

> 觀以觀穿為義，亦是觀達為能。觀穿者，（觀）穿見思恆沙無明之惑，故名觀穿也。觀達者，達三諦之理也。[89]

智顗大師（538～597）所著之「法華三大部」中，[90]《摩訶止觀》是一部專論修持之書，其對「止」與「觀」之關係有詳細之陳述。此處智顗大師於《維摩經玄疏》中，對觀有「觀穿」與「觀達」之不同列述，「觀穿」之「穿」字有穿透、看透、看穿之義，即觀察看透恆沙無明之惑。然如是之「穿」是為「觀達」，能達到明白「空、假、空三諦圓融」之理，是為目的。「觀達」是一種能觀之智，是能明達三諦圓融之理；而「觀穿」是所觀之境，所觀見之恆沙無明之惑。由觀穿以至觀達，是一修持、證悟之歷程；而觀達之智正是將觀穿推向證悟之境的最大力量。

「觀」之重要性，在於對事物之繫念思惟，以達證悟法界大明，然一切之「觀」不可孤起，它需立足於「教」門之上，此即

89　大正 38・525 下。
90　法華三大部：《妙法蓮華經玄義》（以下簡稱《法華玄義》）共 20 卷，收錄於（大正 33・681 下～814 上）。《妙法蓮華經文句》（以下簡稱《法華文句》）共 20 卷，收錄於（大正 34・1 中～149 上）。《摩訶止觀》共 20 卷，收錄於（大正 46・1 上～140 下）。

明‧智旭大師（1599～1650）[91]《教觀綱宗》所言：

> 佛祖之要，教觀而已矣！觀非教不正，教非觀不傳。有教無觀則罔，有觀無教則殆。[92]

「教」與「觀」之關係，恍若孔子所言：「學而不思則罔，思而不學則殆。」《論語‧為政》「教」（學）是本，而「觀」（思）是將教義、教行、教法加以深入思惟，使其更精微圓融而得以傳揚之重要工具。然「觀」又並非憑空觀察想像，需以「教」為其所依、所本，殆不流於妄想揣測而已，唯「教」與「觀」並重，才能確然符合佛祖立教傳法之宗要。

二、「觀心」之義

先舉丁福保《佛學大辭典》於「觀心」條之總說：

> 觀察心性如何，謂之觀心。心為萬法之主，無一事漏於心者，故觀察心，即觀察一切也。因而凡究事觀理，盡稱為觀心。[93]

---

[91] 智旭大師一生力求調和諸宗派，主張融合禪、教、律而歸入淨土，有關其生平所述，可見於清‧彭希涑《淨土聖賢錄》卷 6，收錄於（卍續 135‧151b～152b）。

[92] 大正 46‧936 下。

[93] 同注 80，頁 2980。

　　「觀心」依字義而言是觀察心性，然一切萬法之觀察者是「心」，「心」代表一切法，故觀察一切事理，即是觀心。「觀心」已由單純之觀察心性所現之無明，而至觀究一切事理，如是之「觀心」涵義，已然包括一切事物之理法，於此丁福保《佛學大辭典》於「觀心」條中再接續論說：

> 對於是而商量釋迦一代之教法，謂之教相。此二者，大乘諸宗無不具備。法相宗三時之判為教相，五重唯識為觀心，乃至天台之五時八教為教相，一心三觀為觀心。[94]

　　由於「觀心」是包涵觀察心性與觀察一切事理，以是各宗派對於釋迦一代之時教，有淺深之判攝，此乃就觀察事理而言之「觀心」。除依教相而言之「觀心」，各宗派顯然於「能觀之理」更有其義理之敷陳，此即就「觀察心性」而言之「觀心」。「觀心」由觀察心性以至包括觀察一切事理，如是之內涵意義已更形擴大。再舉《佛光大辭典》於「觀心」條之所述：

> 謂觀照己心以明心之本性。……觀察之對象有心、佛、眾生，其中自觀己心為最容易，且為最要，因心為一切事物之根本，亦為迷妄之根本，故強調應觀自心之本性。[95]

　　就所觀之對象而言，總括有三類，即心、佛與眾生，此中又

---

[94] 同前注。
[95] 同注 81，頁 6949。

以「心」爲一切事物、迷妄之本，而「觀己心」是爲最易、最要
之事，故「觀心」實謂「觀照己心」，然「觀照己心」之目的，是
爲「明心之本性」，以是言之，「觀心」可總謂是「觀自心之本性」。
雖言「觀心」是觀自心之本性，然以「心、佛與衆生，是三無差
別」，觀心除是觀自心之本性，且己心已等同於佛與衆生，可依之
而推衍，觀心除明白心之本性外，顯然亦包括一切之事理。天台
宗有「一心三觀」、「三諦圓融」、「一念三千」等思想特徵，即強
調於己之一心、一念之上，將遍涵一切之法門。

（一）觀心是一切教行之機。

宋・知禮《十不二門指要鈔》卷上云：

> 一切教行皆以觀心為要，皆自觀心而發觀心空，故一切法
> 空即所修諸行，所起諸教皆歸空也，假、中亦然。豈不以
> 觀心為樞機邪！[96]

知禮大師（960～1028）通學天台教義，後被尊爲天台宗第十
七祖。[97]其中有關「一心三觀」，即於一念妄心之上，觀其爲假、
爲空、爲中，若「發觀心空」，則一切皆空，假、中之理亦然，故
一切教行之所成唯在「觀心」之上而已矣！

（二）觀心是上定，能疾入菩薩位。

---

[96] 大正 46・705 下。
[97] 有關知禮大師之生平所述，可見於宋・志磐《佛祖統紀》卷 8，尊爲天台宗
第十七祖法智尊者知禮，收錄於（大正 49・191 下～194 中）。

唐・智顗《摩訶止觀》卷5上云：

> 能觀心性，名為上定。[98]
> 觀心具十法門：一觀不可思議境，二起慈悲心，三巧安止
> 觀，四破法遍，五識通塞，六修道品，七對治助開，八知
> 次位，九能安忍，十無法愛也。既自達妙境，即起誓悲他，
> 次作行填願，願行既巧，破無不遍，遍破之中，精識通塞，
> 令道品進行，又用助開道，道中之位，己他皆識，安忍內
> 外，榮辱莫着，中道法愛，故得疾入菩薩位。[99]

　　由定而生慧，或達慧者必知定之重要性，此兩者皆在闡明定
慧之互為關係。而「定」之法門當以靜心為最，故言「能觀心性，
名為上定。」於儒家《大學》中，強調「定靜安慮得」，其中「定
靜安」可相應於佛門中之「止」、「定」；「慮得」可相應於佛門中
之「觀」、「慧」。觀心以達「上定」是有一歷程，此即智顗大師以
「觀心具十法門」所論述之理，首在當自觀心，深悟不思議境時，
乃知一心具一切心，能由己苦而知眾亦苦，如是則能發真正菩提
心，大興慈悲，欲令他人同沾法喜，同受法益，為悲他故，必依
誓願而行持修證，日常必能善用止觀法門使心安定。心一旦能安
於清淨之法性，則智慧必得開發，即可破除一切顛倒令歸清淨之
無生法性。既能破顛倒，自能明行持過程之得失，必令眾塞可通，
一旦能除顛倒、識通塞，則必能調適各種道品之修持，將使根鈍

---

[98] 大正 46・50 上。
[99] 大正 46・52 中。

遮重者能轉鈍爲利，破一切遮障。遮障得以對治，則必能於自修學中，了然明白修證歷程之淺深與次位之不謬，能如是徹悟者，必能安忍於成道之位中而不退轉，至此，以上之九事皆已歷經過，則必然不執住於法，如是即能「得入於菩薩位」。[100]

「觀心」之法顯然是修持實踐中最重要之部份，是否可入真

---

[100] 《摩訶止觀》對於「觀心具十法門」之論釋如下：

一、 觀不可思議境（觀心是不可思議境者）：此不思議，何法不收？此境發智，何智不發？依此境發誓，乃至無法愛，何誓不具？何行不滿足耶！……行時一心中，具一切心。（大正 46・55 下）。

二、 起慈悲心（發真正菩提心者）：既深識不思議境，知一苦一切苦，自悲昔苦，起惑耽湎，麁弊色聲，縱身口意，作不善業，輪環惡趣……自惟若此，悲他亦然……即起大悲。（大正 46・55 下～56 上）。

三、 巧安止觀（善巧安心者）：善以止觀安於法性也。上深達不思議境，淵奧微密，博運慈悲，互蓋若此，須行填願，行即止觀也。（大正 46・56 中）。

四、 破法遍（明破法遍者）：法性清淨，不合不散，言語道斷，心行處滅，非破非不破，何故言破？但眾生多顛倒，少不顛倒，破顛倒令不顛倒，故言破法遍耳。（大正 46・59 中）。

五、 識通塞（識通識者）：亦名知得失，亦名知字非字。如上破法遍，應通入無生，若不入者，當尋得失必滯是非……今眾塞得通。（大正 46・86 上）。

六、 修道品（明道品調適者）：上來雖破法遍、識通塞，若不調停道品，何能疾與真法相應？真法名無漏，道品是有漏。有漏能作無漏方便，方便失所，真理難會。（大正 46・87 下）。

七、 對治助開（助道對治者）：根鈍遮重者，以根鈍故，不能即開三解脫門。以遮重故，牽破觀心，爲是義故，應須治道，對破遮障，則得安隱入三解脫門。大論稱諸對治是助開門法。（大正 46・91 上）。

八、 知次位（明次位者）：夫真似二位，有解脫知見，朱紫分明，終不謬。……華嚴云：初發心時，便成正覺，真實之性，不由他悟。……如是次第四十二位，究竟妙覺無有叨濫，是名知次位。（大正 46・97 中～99 上）。

九、 能安忍（安忍者）：能忍成道事，不動亦不退，是心名薩埵。（大正 46・99 中）。

十、 無法愛（無法愛者）：行上九事，過內外障，應得入真。而不入者，以法愛住着而不得前。（大正 46・99 下）。

位之佛果，必由「觀心」而來。在「觀心具十法門」之理論中，由觀境、發心、善巧、修道以至安忍而證悟，一一皆由「觀心」而興起，「觀心」所涵具之意義，可謂是超越一切法門之上，任何之修證法門，皆在「觀心」之下而開展，離「心」則一切將落空，此乃宗教法門之特色，宗教之爲宗教，即在於理論終必成爲修持證悟，而「心」是一切事物之源，此亦延壽《唯心訣》中所強調者：「欲知妙理，唯在觀心。」[101]冉雲華先生對「觀心」一詞於中國佛教之重要性，有多層面之觀察：

> 「觀心」一詞是中國佛教的特殊用語之一，一般參考書多以天台宗的詮釋，作爲觀心含義的代表。在隋末唐初之際，天台宗的觀心理論確是當時最成熟而富於代表性的思想。玄奘把唯識思想系統從印度介紹給中國佛教之後，中國佛教思想家成功的將此派思想再推前一步。唯識學派的大師們如窺基等在使用觀心一詞時，自然會將所觀之心化入唯識哲學範圍。淨土信仰本來是以宗教生活爲重點，……後來淨土信仰在提高其思想性的過程中，也引用唯識哲學中的某些思惟架構和名相，用以詮釋淨土觀想的層次和現象。[102]

依冉先生之所述，「觀心」是中國佛教所喜用之詞，並以天台宗之「一心三觀」爲最具代表性。而深具印度思想之唯識宗，亦

---

101 大正 48・996 中。
102 同注 3，頁 149。

強調「三界唯心，萬法唯識」。淨土宗更要求一心不亂持念佛之名號，則必可得佛之加被而往生其淨土。如是一來，不論是天台、唯識或淨土宗，其法門特色一皆不離「心」則亦昭然若揭。延壽大師所處之時代，是早已歷經中國佛教最為發展之唐朝，當其時各宗派紛紛成立，各有其立宗所依之經論，亦各有其理論之主張。對於佛教各宗教義之紛歧，雖有判教論之出現，尤以天台智顗大師「五時八教」於唐代是最具代表性。判教論之目的，是為將釋迦一生之教義做一淺深之判攝，借此統一佛教，雖言智顗大師或有其判教之主觀性，以《法華經》為最圓融之所判，但其欲令佛教各宗理論皆能有一安立，使佛教能和諧，則其用心並不因判教論效果不彰而被抹煞。顯然對佛教內部而言，要求合諧、統一、圓融是一種趨勢，而延壽大師立「觀心」法門，以心為宗之要旨，於思想上則不但是有所依循，其以「心」而統整各宗各派，較之於判教論，則涵容性更甚之。

　　延壽由唯心至觀心之理論建立，是由對「唯心」之提出，以至「觀心」之實踐標目。有理論、有實踐標目，其理路脈絡雖似明朗，但在「觀心」之行持上，《觀心玄樞》對於如何「觀」心之方法？所「觀」之過程或態度等，並未詳論，如欲了解其有關「觀心」之全面性理論，百卷《宗鏡錄》彙集多家之理論，將使後人能更進一步明晰其「一心」、「觀心」理論之架構。

三、延壽「觀心」之理論根據與方法

（一）延壽觀心之理論根據。

　　佛學是一種思想，也是一種理論，其內涵蘊藏豐富之哲理智

慧，但佛學之最終目標是「學佛」，如何成就「佛」？如何成為一位圓滿之覺者，才是佛學之最重要根本所在。依此方向而論佛學，則佛學是一門實踐之學，此亦是「佛學」終不可與「佛教」分割而言之。自釋迦創教以來至唐五代之延壽，所論者終不離「心性」二字，延壽於「一心」之上特有深悟，其思想由《唯心訣》、《註心賦》至《觀心玄樞》，所呈現者是由唯心至觀心，而「觀心」法門之確立，雖言是延壽宗教實踐之重要理論，但此「觀心」思想之提出是有其所根據之經典，如《宗鏡錄》卷2云：

> 《涅槃經》云：一切眾生具足三定，上定者，謂佛性也。能觀心性名為上定，上能兼下，即攝得眾生法也。[103]

以佛性為上定，故能「觀」心性必得上定，上定既已得之，則當具足攝化一切眾生之善權方法，此為據《涅槃經》所提之觀心理論。延壽又再舉《華嚴經》有關「觀心」之理論，同《宗鏡錄》卷2所云：

> 《華嚴經》云：遊心法界如虛空，則知諸佛之境界。法界即中也，虛空即空也，心佛即假也。三種即佛境界也。是為觀心仍具佛法。[104]

「遊心」可謂是「觀心」，依空、假、中三諦圓融而觀，則三

---

[103] 大正 48・425 下。
[104] 同前註。

者是一；以心、佛、眾生三無差別而言，則心即佛，故「觀心」
實具觀得一切佛法。延壽根據《華嚴經》之遊「心」法界，則知
諸佛之境，以此強調「觀心」之重要性。延壽於《宗鏡錄》卷28
再引各經典有關「觀心」思想之論：

> 《止觀》云：觀心攝一切教者。《毘婆沙論》云：心能為一
> 切法作名，若無心則無一切名字。當知世出世名字，悉從
> 心起。若觀心僻越，順無明流，則有一切諸惡教起。[105]

　　上之引文出自智顗之《摩訶止觀》卷3下，於「觀心攝一切
教者」有詳細之論說，[106]其對「心攝諸教」提出有兩意：「一者一
切眾生心中具足一切法門，如來明審，照其心法。按彼心說，無
量教法從心而出。二者如來往昔曾作漸頓觀心，偏圓具足，依此
心觀，為眾生說，教化弟子。令學如來，破塵出卷，仰寫空經。」
[107]法由心生，故心攝諸教，能觀心即能攝一切教；反之，無心則
無一切法、無一切名，如來即以此「心」當如何「觀」之而攝化
弟子，皆要學人由「心」而契入佛境。又《宗鏡錄》卷96云：

> 《持地經》云：佛言：持世，何謂菩薩摩訶薩修心觀心？
> 菩薩摩訶薩觀心生滅住異相，如是觀時作是念：是心無所
> 來去無所至，但識緣相故生。無有本體，無一定法可得。
> 是心無來無去，無住異可得。是心非過去、未來、現在，

是心識緣故。從憶念起，是心不在內、不在外、不在兩中
間。是心無一生起相，是心無性無定。無有生者，無使生
者起雜業故，說名為心。識雜緣故，說名為心。念念生滅，
相續不斷故，說名為心。但令眾生通達心緣相故，心中無
心相。是心從本已來不生不起，性常清淨，客塵煩惱染，
故有分別。[108]

　　菩薩摩訶薩以能「修心觀心」而得名為菩薩摩訶薩，其所觀
之心在於「是心無所來去、無所至」，而心之生滅住異相，實因識
與外緣相觸而生起。以「心」而言，其性本不生不起，常清常淨。
而「觀心」之目的，即要學人分辨「心」之名相雖多，或起雜業
名為心，或因識雜緣而言心，或以念念生滅、相續不斷為心等，
但「心」實無有心相，觀心者若能明「心無心相」，自是能明「觀
心」之義。延壽所引《持地經》之文，原出自《持世經》卷3〈四
念處品〉[109]之「循心觀心」。「循心」代表已然能掌握根本處——
「心」，而「觀心」即是正式契入修證之門。觀心思想顯然早已成
形，延壽立一心為宗，暢導觀心實踐之門，於《宗鏡錄》中多引
各經論有關「觀心」之理論，除為其觀心法門尋一理論根源背景
外，更為展現其所提倡之「觀心」是應合祖佛之本懷。延壽於觀
心之法甚是用心，除由佛典經籍中引觀心理論為之佐證外，更以

---

[108] 大正48‧934中。
[109] 《持世經》為後秦‧鳩摩羅什譯，共4卷，收錄於《大正藏》第14冊，上
　　之引文原出於（大正14‧658中）。延壽之文為「修心觀心」，而《持世經》
　　之文為：「循心觀心」。

中國天台智者大師之《觀心論》[110]為其所重視而引用，如《宗鏡錄》卷92云：

> 智者大師一生弘教，雖廣垂開示，唯顯正宗。如《止觀》中云：究竟指歸何處，言語道斷，心行處滅，永寂如空。又《觀心論》中云：復以傷念一家門徒隨逐積年看心稍久，遂不研覈問心，是以不染內法，着外文字。偷記注而奔走，負經論而浪行。何不絕語置文，破一微塵讀大千經卷。若能如上聽法講經，提宗問卷，方諧祖意，稱可佛心，如遇此機，可歸宗鏡。[111]

　　智者之《觀心論》文大部份皆被引入於《宗鏡錄》卷30中，[112]足見智者「觀心」思想在延壽心中之地位。延壽所強調者在「正宗」，其「正宗」之義顯然是「以心為宗」，「心」是最後之指歸處，真能觀心者，此「心」即是一部大千經卷，是經始可謂是「真經」（心經），已然超越有形有相之經典文字；真能觀心者，自能「提宗問答，方諧祖意，稱可佛心」之境地，是否能於問答中而應合祖意佛心，即可辨別觀心法門之行持高低耳！延壽之觀心主張，雖有各經論為其支柱，但其目的在「如遇此機，可歸宗鏡」，「能以心為宗，能以宗為鑑，才是其真正之究竟，而觀心得法即是「如遇此機」，自是歸入「宗鏡」矣。

---

[110] 有關智者《觀心論》之內容要義，將於第四章第三節之二「觀心即觀自心」中詳論之。

[111] 大正 48·919 下。

[112] 大正 48·589 下～590 上。

（二）延壽觀心所涵蓋之範圍。

依觀心而言，「心」當是主體，然前文已明言，《宗鏡錄》卷96引《持地經》（《持世經》）所論「是心無性無定」，且「心無所來去無所至，無有本體，無一定法可得」，且「觀心生滅住異相」之生起，實源於「客塵煩惱染，故有分別」，[113]則「心」之性本清淨，本人人具足之，不待外求，則至爲顯矣！且據各經論所言「觀」之義，有繫念思察、散心微少等涵義，則所謂之「觀心」必有其所欲觀察之對象，因「心」之本清淨，此約最終最勝言之，此爲觀心有成之究竟之地，即「心本清淨」；唯在契入此究竟清淨之本前，則觀心必當有其欲細思觀察所涵蓋之範圍，此即於《宗鏡錄》卷36有云：

> 約能觀之心，出體有四。一剋性出體，唯別境慧，此慧能揀去散亂、染、無記等，擇留善淨所變境故。二能所引體，定引慧故。三相應體，五蘊除色。四眷屬體，幷色五蘊。
> 問：相應四蘊，心王心所取，其何者爲能觀察？
> 答：先辯心正，次明心所。若八識心王，唯取第六。[114]

依觀心之法門而言，心當是主，故曰「能觀之心」，以能觀之心而面對之對象，當有四大方向或主體：[115]

　　一是「剋性出體」[116]，就別相而言則「唯別境慧」，此單就性之一部份「境慧」而言，慧是能觀之智慧，境是所觀之境界。而慧之功能是「揀去散亂、染、無記，擇留善淨所變境」，故以能觀之心所涵蓋之範圍，第一即是「境慧」。

　　二是「能所引體」[117]，能所具有相即不離之關係，且互為因果，以三無漏學而言之，則「定引慧」，定慧互為影響。以能觀之心而言，其所涵蓋範圍之第二部份，即是「能所」之關係，以前之「境慧」之「慧」而言，則「定」必與慧互為彼此之因果關係，此亦說明能引出「慧」者是「定」，且「定」之得當由「觀心」而來。

　　三是「相應體」[118]，法與法之間本互有和合不離之關係，故曰「相應」，唯此處特指「五蘊除色」，五蘊之中，離除物質性之「色」，僅就「受、想、行、識」之心靈活動而言之。以能觀之心而言，則當特重在心靈活動上，此為第三涵蓋之範圍。

　　四是「眷屬體」[119]，依「無漏淨慧必起之心所及四相」，則「眷屬體」必然包含物質世界之色蘊。以能觀之心而言，「心行」是主要觀察對象，但以法之相應性而言，心行與物質之「色」亦必為相互之關係，故觀心所涵蓋之範圍，當亦不離於色蘊。

　　延壽引「約能觀之心，出體有四」，以明觀心所涵蓋之範圍，

---

[116] 同注81，頁234，「二種勝行」條：「菩薩所修之福、智二行，就通相而言，一切皆福行，一切皆智行；就別相而言，如六度中之前五度屬於福，第六度屬於智，此為剋性出體。」

[117] 同注81，頁4296，「能所」條：「能與所具有相即不離與體用因果之關係。」

[118] 同注81，頁3912，「相應」條：「法與法相互間有和合不離之關係，特別指心與心所間之關係。」

[119] 同注81，頁4745，「眷屬」條：「隨附無漏淨慧必起之心所及四相。」

並以「先辯心王，次明心所」來辯明觀察之順序，此所採用之方
法實是唯識宗之說法，見唐·窺基《成唯識論述記》卷1有云：

> 總論出體，略有四重：一攝相歸性，皆如為體，故經說言：
> 一切法亦如也。二攝境從心，一切唯識，如經中說：三界
> 唯心。三攝假隨實，如不相應，色心分位，對法論說是假
> 立故也。四性用別論，色心假實，各別處收。[120]

　　《宗鏡錄》之特色是將各宗派、各經論之思想融為一爐，合
為一味，此一味即「心」，延壽引唯識宗思想以為其「觀心」法門
做說明，實為表明其「觀心」之提出，不但有諸經論為其理論之
根據，更呈顯「觀心」所包括之範圍方向，其論亦其來有自。窺
基所論之「出體四重」：攝相歸性、攝境從心、攝假隨實、性用別
論，皆在判別諸法性、相不同，而延壽之用意唯在「一心」上，「一
切法亦如」、「三界唯心」，為其所力主之，其論一皆不離以「心性」
為「實」，故攝相可歸性，攝境可從心，「心性」是本，可涵攝一
切法；於法有所論說皆是假立，而攝假可隨實，性與用是分別論
之。此唯識之「出體四重」若以延壽立場言之，則一皆可入於「心」，
但此中有其主從之別則甚為明顯，此即《宗鏡錄》卷21引裕公云：

> 心則諸佛證之以為法身，境則諸佛證之以為淨土，則二皆
> 所證，智為能證。[121]

---

[120] 大正 43 · 230 中～下。
[121] 大正 48 · 532 上。

「心」與「境」皆為諸佛之所證，然「心」之所證為「法身」，
「境」之所證為「淨土」，在「攝境從心」之背景下，「心」為主、
「境」為從，則判然可別，此約所證而言，故有所分別。「智為能
證」，此即依「約能觀之心」中之其一「唯別境慧」之能觀之智而
言之；依「智為能證」而言，則法身與淨土、心與境則無分無別，
即是後世所謂「唯心淨土」之論。

（三）延壽觀心之方法。

延壽於《觀心玄樞》中已然提出觀心可成就諸佛事，並對觀
心之相反面──離心，亦說明將造成之弊病等皆有論述。若言《觀
心玄樞》是就「觀心」之整體性做一觀照，則延壽於《宗鏡錄》
對「心」將如何「觀」之，有更全面性之解釋，其提出之觀心之
方法約有二：

1. 無觀之觀

《宗鏡錄》卷 36 云：

> 夫觀門略有二種：一依禪宗及圓教。上上根人，直觀心性，
> 不立能所，不能想念，定散俱觀，內外咸等，即無觀之觀，
> 靈知寂照。[122]

此處所言雖是「觀門」，然即是就「觀心性」而言之。第一之
觀即是「無觀之觀」，此乃已是泯絕能所之對待，是直觀心性，實
並無一可觀想之對象，故言「不作想念」，是已然契入自我之本心

---

[122] 大正 48・623 中。

性中。延壽於《觀心玄樞》中已提出「契」為觀心之首要,能直觀心性即是能「契」,唯此乃就上上根人而言之,相應如是之根性法門,延壽喻其為「禪宗及圓教」之觀心性之門。於此冉雲華先生云:「禪宗,指南宗禪法;圓教指華嚴教。」[123]此「無觀之觀」之觀心方法,其要點在「靈知寂照」,冉雲華先生以此是《壇經》及荷澤一系為代表的禪法精髓。」[124]所謂「靈知」當是「靈妙之知」,此「知」又是如何?依唐·澄觀(738~839)[125]《華嚴經疏》卷15云:

> 知即心體,了別即非真知,故非識所識。瞥起亦非真知,故非心境界。心體離念,即非有念可無,故云性本清淨。眾生等有或翳不知,故佛開示,皆令悟入。即體之用,故問之以知。即用之體,故答以性淨。知之一字眾妙之門,若能虛己而會,便契佛境。[126]

「靈知」之「知」是依性淨本體所展現之「用」,然此用並非是「了別」、「所識」或「瞥起」之分別境相,如是皆非「真如」。此「知」重在「虛己而會」,唯能「虛己」才能知而無所不知,是之謂「靈知」。「靈知寂照」之「寂照」義,據《大乘無生方便門》云:

---

[123] 同注3,頁148。

[124] 同前注。

[125] 據宋·志磐《佛祖統記》卷29,將澄觀列為「華嚴宗第四祖」,見於(大正49·293中~下)。另宋·贊寧《宋高僧傳》卷5,亦有其生平記述,見於(大正50·737上~下)。

[126] 大正35·612中~下。

寂而常用，用而常寂；即用即寂，離相名寂，寂照照寂。
寂照者，因性起相；照寂者，攝相歸性。[127]

「寂照」是因性起相，此「寂」當指空寂、寂靜，是智之本
體，依此「寂」之性可起「照」之相，則「照」當具有觀照之作
用；唯此「照」雖具觀照作用，但又不離其「寂」之性。「靈知寂
照」是「無觀之觀」下所呈現之真知鑒照，唐・宗密於《禪源諸
詮集都序》卷上之二將禪分為三宗，其第三是「直顯心性宗」中
有云：

妄念本寂，塵境本空。空寂之心，靈知不昧。即此空寂之
知，是汝真性。任迷任悟，心本自知，不藉緣生，不因境
起。[128]

心雖空寂卻能靈知而不闇昧，此正顯心體之「靈知不昧」；在
「妄念本寂、塵境本空」之下，一切鑒照本是空寂，雖是空寂卻
又具有鑒照之知，此正顯真性之「寂照照寂」。「靈知寂照」是悟
者「心本自知」，不需藉緣生，亦不因外境而起，此即禪宗之「直
顯心性宗」。延壽以「無觀之觀」為直觀心性之上上根人。另宋・
道原《傳燈錄》卷 28 有荷澤神會大師（668～760）示眾之文中有
關「心性」之義云：

---

[127] 大正 85・1274 中。
[128] 大正 48・402 下～403 上。

> 一切在心，邪正由己。不思一物，即是自心。非智所知，
> 更無別行。……心非生滅，性絕推遷。……自性如空，本
> 來無相。……心歸法界，萬象一如，遠離思量，智同法性。
> 千經萬論，只是明心。[129]

又於《傳燈錄》卷30荷澤大師〈顯宗記〉中有：

> 湛然常寂，應用無方。用而常空，空而常用。……無生即
> 無虛妄，乃是空寂之心。知空寂而了法身，了法身而真解
> 脫。[130]

由上之引文中，皆可看出延壽「一依禪宗及圓教……無觀之
觀」之用意，其所強調者，在於禪宗向以「教外別傳，不立文字，
直指人心，見性成佛」為宗旨，並高舉「言語道斷、心行處滅」，
若禪宗設有觀門，必當是以觀心性為上，而此正是延壽所謂「無
觀之觀」之觀心方法。神會之「心歸法界，萬象一如」、「千經萬
論，只是明心」，如是論說，皆為延壽「一心」法門所接納；而「知
空寂而了法身」亦正是無觀之觀之上上根人所證悟之「靈知寂照」
之境。

2. 有觀之觀

「無觀之觀」是就上上根人言之，然觀心法門之提出，顯是
為更廣大之一般凡夫眾生而設，如何「觀」？「心」又將怎麼「觀」？

---

[129] 大正51‧439中～下。
[130] 大正51‧459上～中。

恐才是常人所關心之所在。對於「觀」，延壽於《宗鏡錄》卷 36
云：

> 言觀一字，理有二種：一觀矚，二觀察。初觀矚者，如前
> 五識緣五塵境，矚對前境，顯現分別，無推度故，現量性
> 境之所攝故。次觀察者，向自識上，安模建立，伺察推尋，
> 境分劑故。今立觀門即當第二觀察。[131]

依第一「觀矚」而言，是「初」之觀，即五識緣於五塵當下
所現之分別境相，並無再進一步之推度。此「觀矚」是「現量」，
顯是初步之第一前境，此並非是延壽所要強調之「觀門」義。延
壽之「觀」，對凡人眾生言，初觀矚是人之常態，而是否能契入修
證之行，第二步之「觀察」才是關鍵處。若於依境起相後，能再
進一步伺察推尋，此即是「觀察」，而此觀察是有對象可伺察推尋，
故是「有觀之觀」，而有觀之觀即是延壽所欲立之「觀門」義。《宗
鏡錄》卷 36 於「有觀之觀」之觀門中論述其涵蓋之方法有：

> 二依觀門。觀心似現前境，雖權立假相，悉從心變。如《觀
> 經》中，立日觀、水觀等十六觀門。《上生經》中觀兜率天
> 宮彌勒內院等。[132]

相對於直觀心性之無觀之觀，延壽所立之「二依觀門」，顯然

---

[131] 大正 48・623 下。
[132] 大正 48・623 中～下。

是有一境現，並於此境現而伺察推尋，如「十六觀門」或「觀彌勒淨土」等。對於特立一對象來「觀」，可謂是後世大行其道之「觀門」之法，有一外相可觀之觀法皆是「有觀之觀」，然此有觀之觀實是一「觀心似現前境」，此意謂在契入真正「觀心」之前，有一「似現」之「前境」出現，此「似現前境」皆是「權立假相」，並無一實體存在，因一切「悉從心變」。此有觀之觀，實是爲眾生開一方便門，在一切由「心變」之觀察推尋下，終將可由「有觀之觀」而契入「無觀之觀」，此即是延壽真正之目的。後世所流行之觀淨土法門，無非亦要學人明曉一切由心變，在「觀心」之下實並無外在之一切，故延壽重視「一心」，有云：「本乎一心。修一心而成道。」[133]此中之「修一心」即「觀心」，「觀心而成道」終是宗教實踐之最高目標。

---

[133]　《宗鏡錄》卷 2，見於（大正 48・425 中）。

第三章　永明延壽「一心」思想之普會鉅作──《宗鏡錄》之特色與架構

第一節　《宗鏡錄》之特色

一、有「百科全書」之稱

　　延壽主倡一心、觀心之理論，為敷展如是之思想基礎，更為表達個人之貢獻，百卷《宗鏡錄》可謂是其對「一心」思想所呈現之鉅作，若言是書為延壽之重要著作亦是恰當。由於本書浩浩共百卷，內容徵引之經論繁多，覽閱時不免有嘆資料彙集之博雜而迷失其旨；但細審其組織架構，亦能展現其欲統整各宗入於「一心」之用心，冉雲華先生稱《宗鏡錄》為「百科全書」，其云：

> 《宗鏡錄》一百卷，是中華佛教哲學篇幅最長的百科全書。這本書中所包納的教義，乃是集天台、華嚴、唯識及禪宗四家之教義，而加綜合討論的長篇編著，但卻不是一本資料彙集。全書的組織設計，當是延壽的貢獻。此書又名《宗鑑錄》或《心鏡錄》，但內容全同。書中旁徵博引大乘佛經一百二十種，聖賢文集六十種，禪宗禪師語錄一百二十種，主張禪教並重，性相合一，以一心而統萬法，頓悟漸修以證道，對後世的中國佛教發展，有重大的影響。[1]

---

[1]　同第一章注 16，頁 55。

　　以《宗鏡錄》爲「百科全書」，實謂是書爲一全面性有系統之
理論探討：「以一心而統萬法」，正說明此書之義理方向；不同於
「資料彙集」，正展現延壽之用心。冉先生論《宗鏡錄》之編著是
一「百科」、「綜合」、「旁徵博引」之書，此正是《宗鏡錄》之特
色。試觀延壽所處之時代是唐末五代間，此時佛教宗派之發展可
謂已達顛峰，當其時天台、華嚴宗各有其判教之圓教，追求「圓
教」儼然是一趨勢，牟宗三先生曾對圓教之「圓」提出兩個意義
之看法：「一方面是指般若的圓通無礙，另一面則是指華嚴宗所說
的圓滿無盡，主伴俱足。」[2]惟因不執故能通達無礙，惟因包容故
可無所不遍，然此是就法義之上而言，實則依圓教之所判，並不
足以消弭佛教內部之紛爭，至宗密力主教禪一致時，爲解決佛教
內部因教義之歧見，已不循分判之方法，而是趨向採一致、兼容
之立場，主張教家——天台、華嚴等宗與禪家可會歸爲一。延壽
大師承會歸一致之態度，所編著之百卷《宗鏡錄》，正是彙整前代
各宗之教義而成之鉅作，內容方向是「禪教並重」、「性相合一」，
正代表和會之心態；而採「頓悟漸修以證道」，正展現理悟與修證
兼蓄，不使成佛工夫落於簡易，而此亦是延壽一生雖著作甚豐，
卻又以日課修持爲重，故《宗鏡錄》之完成，不僅是代表延壽一
生之貢獻，爲佛教立下一重要方向，即以佛陀之本懷而論，一切
法皆爲眾生根機不同而設，依攝化眾生而言，僅能言「法」有對
治之不同，然「法」之間卻又平等無分高下，此謂一切法皆爲治
疾，「疾」之種類或有千萬，然爲使千萬之疾得癒，則任何法門之

2　同第二章注 19，牟宗三《中國哲學十九講》，頁 323，收錄於《牟宗三先生
　全集》29。

用心皆同。中國佛教之發展，因應時代條件而各具不同之特色，始由對般若學之吸收與認識，[3] 而天台、華嚴之判教，再教禪一致，至延壽倡以一心為宗，主張一切返歸於「心」而統整萬法，此雖是延壽之心態，實際亦是佛陀之本懷，因為，如何使生命達寂靜涅槃而解脫自在，是佛法之宗旨，一旦談及生命之解脫，亦必涉入「心」，《宗鏡錄》雖有「百科全書」之稱，唯環遶「一心」之旨卻十分明確，此亦可看出本書是別有用心之作。

二、以「心」為宗

錢俶（929～988）曾為《宗鏡錄》寫〈序〉，於〈序〉中稱《宗鏡錄》為《心鏡錄》，並明指「自心修」為儒、道、釋之共通處，更標舉延壽是「明了一心」之大師，其〈序〉文云：

> 詳夫域中之教者三。正君臣、親父子、厚人倫，儒，吾之師也。寂兮寥兮，視聽無得，自微妙升虛無，以止乎乘風馭景，君得之則善建不拔，人得之則延賑無窮，道，儒之師也。四諦、十二因緣、三明、八解脫，時習不忘，日修以得，一登果地，永達真常，釋，道之宗也。惟此三教，並自心修。《心鏡錄》者，智覺禪師所撰也。……師之智慧辯才，演暢萬法，明了一心。[4]

3　湯用彤《漢魏兩晉南北朝佛教史上》：「自漢之末葉，直訖劉宋初年，中國佛典之最流行者，當為《般若經》。」頁167，1979年7月5版，台灣商務印書館。

4　大正48‧415中。

　　此《宗鏡錄·序》，提名「天下大元帥吳越國王錢俶製」。錢
俶受「大元帥」之職，當在宋太宗建隆元年（960）。[5]錢序主在說
明儒、道、釋各有其宗旨目標，然三者之高下，錢俶是有所判：「儒，
吾之師也」、「道，儒之師也」、「釋，道之宗也」，依錢俶之判順序
排列，則由高至低依次為釋、道、儒，此中雖有高下之別，但「惟
此三教，並自心修」，則如何自身修「心」是三家之本。錢序點出
「自心修」之重要性，而《宗鏡錄》亦名《心鏡錄》，正應合「以
心為宗」之義。以「一心」而統萬法（整個佛法），是延壽之貢獻，
而錢俶之「三教並自心修」，更為日後發展儒釋道三教合一隱然已
窺見端倪。萬法要統整並非易事，唯架構入於「一心」中，或可
言之會通處。惟「心」之難解古今皆然，在日趨會通、統整之心
態上，又該如何把握或看待此「心」？今舉高柏園先生一段話：

> 儒釋道三教在根本精神上、智慧形態上及外王之要求上，
> 皆有會通之可能，其中焦點乃在自由無限心之肯認，亦即
> 在智的直覺之肯認上。而此會通之義的擴充，亦可對應今
> 日中西文化相會通與開發之要求。[6]

　　若單言「心」或「一心」，往往令人易產生不知入手處之迷惑
感。此「心」當該維持在「心念未起」前之清淨狀態嗎？然「心」
之應照萬物本為自然，即便閉眼之當下，亦能感週遭之氣氛，如

5　楊家駱主編《宋史·世家三·吳越錢氏》：「建隆元年，授天下兵馬大元帥」，
　　頁13898，1983年11月3版，台北·鼎文書局。
6　高柏園《禪學與中國佛學》，頁159~160，2001年3月初版，台北·里仁書
　　局。

是強抑「心」之觸受，豈非不合人性、人情，更非聖人所追求之念念清明心。然所謂「人心不同，恰如其面」，已說明「心」之複雜性，每個人之心思絕無法相同，如是「多心」又該如何會通、統整呢？高先生以「自由無限心之肯認」點出儒釋道會通之可能所在，人之生命雖有限，然此心卻是可自由、可無限。就道德追求上而言，佛言三千威儀、八萬四千細行，如是之數看似有限，亦蘊含無限之義，因威儀、細行之完成將無法有一終極之點，恍若追向虛空之盡處，向前一步，盡處即往後退一步，追求之過程雖看似無可奈何，卻也代表生命奮鬥之無限性。生命有限是一事實，亦可謂是一「現實」，令人不得不面對之，但若能認此「自由無限心」，則人生亦可成無限，人一旦能無限，則「智的直覺」[7]即代表追求成聖、成佛的價值之所以可能。儒釋道或有理論、修證歷程上之差異，但向上、向善之要求則為一致，此亦即凸顯三家之標目皆不離嚮往「自由無限心」之開展方向。

三、以「宗」為鑑

為《宗鏡錄》作〈序〉尚有題名：「宋左朝請郎尚書禮部員外郎護軍楊傑撰」，此〈序〉之重點，在於除指出《宗鏡錄》「以心為宗」之主旨外，更再進一步強調眾生是否能「信道」，則在於是否能以此「心宗」為鑑（鏡），〈序〉文云：

7　同注2，牟宗三《智的直覺與中國哲學》，頁169~207，詳論「智的直覺之意義與作用」，收錄於《牟宗三先生全集》20。案：牟先生以「智的直覺」為「我智的自我直覺」，亦表示此為「我為一具體的存在」，並強調此「智的直覺」為儒釋道三家肯定人皆能有之，不同於西方傳統，以此「智的直覺」純屬於上帝。

諸佛真語，以心為宗；眾生信道，以宗為鑑。眾生界即諸
佛界，因迷而為眾生。諸佛心是眾生心，因悟而成諸佛。
心如明鑑，萬象歷然。佛與眾生，其猶影像，涅槃生死，
俱是強名。鑑體寂而常照，鑑光照而常寂。心佛眾生，三
無差別。國初吳越永明智覺壽禪師……因讀《楞伽經》云：
佛語心為宗。乃製《宗鑑錄》……指歸妙源，所謂舉一心
為宗，照萬法為鑑矣。若人以佛為鑑，則知戒定慧為諸善
之宗。人、天、聲聞、緣覺、菩薩、如來，由此而出，一
切善類莫不信受。若以眾生為鑑，則知貪瞋癡為諸惡之宗，
脩羅、旁生、地獄、鬼趣，由此而出，一切惡類莫不畏憚。
善惡雖異，其宗則同。返鑑其心，則知靈明湛寂，廣大融
通。無為無住、無修無證，無塵可染、無垢可磨，為一切
諸法之宗矣！[8]

　　楊傑之〈序〉文中，強調「以心為宗」為諸佛之真語，並舉
《楞伽經》「佛語心為宗」之主旨，以印證「一心」為諸法之宗。
然此僅就「佛語」而敷陳之，佛之演法是為引眾生開示悟入佛之
知見，能「入」佛之知見是終究之境，而「入」必以「行」為基
礎，「行」之根據則來自於「信」，眾生由信而行而入，其源始於
「心」。「以心為宗」是佛之真語，眾生必依佛之真語而信道與行
道，故「心宗」可謂是眾生邁往修行證道之指標。「心」決定德性
之昇降，亦即決定上昇佛界或下墜三塗苦之關鍵；於十法界中，
包括佛界之善法，及菩薩界以下九界之惡法，此十法界具善惡諸

---

[8]　大正 48・415 上。

法，其昇降唯在「一念」，此即天台宗「一念三千」之思想。〈序〉文中所云：「眾生界即諸佛界，因迷而為眾生。諸佛心是眾生心，因悟而成諸佛。」皆在表明「心」是一切諸法之要門，「心」如明鏡，佛照之則鏡中現佛，反之，眾生亦然。以「心如明鑑（鏡）」而言，則鏡（心）體本寂然，雖寂然又常照；且鏡（心）體才是根本，則佛與眾生皆是依此鏡（心）體所現之影像耳！《宗鏡錄》或言《宗鑑錄》，其宗是「心宗」，以「心」為「鏡」、為「鑑」，則心照萬法，萬法歷然分明。以佛或以眾生為鑑，則所衍生之善或惡類亦皆不同，然此不同是就善類或惡類而分，若返歸其源之心（宗）則同，且此心（體）本「靈明湛寂，廣大融通」，故是「無為無住、無修無證，無塵可染、無垢可磨」，此皆就心（鏡）（體）而言「心」之本然狀況。善惡兩類雖外相截然不同，但「心」之本然狀況則同，本不需修證，亦無任何塵垢，於此，牟宗三先生曾論述有關〈德行底優先性〉有云：

> 佛具九界（菩薩、緣覺、聲聞，加六道眾生，為九界）而為佛，則雖處地獄餓鬼，亦非無幸福也。……孔子自稱曰「天之戮民」，豈有幸福與德性之隔絕耶？……是故聖者作平等觀，說吉，一是皆吉，說凶，一是皆凶，德性與幸福本無隔絕，即本非綜合，是則絕對地言之也。煩惱即菩提，菩提即煩惱，固即是圓善也。如是，則人即有無限性，而且即是一無限的存在。[9]

9　同注 2，牟宗三《現象與物自身》，頁 29，收錄於《牟宗三先生全集》21。

　　正因佛具九界而成佛，且成佛是就德性而言之，以佛之德而視眾生，當能憫眾生之苦難，故就佛而言，德性與幸福必不能有隔絕，此即是「佛即眾生」義。然相反之，「眾生即佛」，正象徵「人雖有限而可無限」[10]，惟其要在「心」，此心體是寂然，是清淨義；此心體是常照，是無限開展義。延壽依稟圓教精神，確立「心宗」方向，並以此「心宗」為鏡、為鑑，令學人信道修證有一圭臬準繩。

第二節　《宗鏡錄》之架構

一、標宗章——立「標宗」之要旨

　　百卷之《宗鏡錄》，雖言是延壽引據各家理論而會歸為一爐，然全書架構分明，共分「標宗」、「問答」、「引證」三章，延壽於《宗鏡錄·序》中曾就全書三章架構做一總說明如下：

> 今詳祖佛大意，經論正宗，削去繁文，唯搜要旨。假申問答，廣引證明。舉一心為宗，照萬法如鏡。編聯古製之深義，撮略寶藏之圓詮，同此顯揚，稱之曰錄，分為百卷，大約三章。先立正宗，以為歸趣；次申問答，用去疑情；後引真詮，成其圓信。[11]

---

[10] 同前注，頁 24。
[11] 大正 48 · 417 上。

　　《宗鏡錄》之「三章」中，〈標宗章〉之內容約僅佔全書不到
1 卷，[12]其旨在確立「祖佛大意，經論正宗」，是明道修證之大方
向，是理論之核心，故首列之。《宗鏡錄》卷 1 起首列明〈標宗章〉，
文云：

> 詳夫，祖標禪理，傳默契之正宗。佛演教門，立詮下之大
> 旨。則前賢所稟，後學有歸，是以先列標宗章。[13]

　　「標宗」義含禪理之宗與教門之旨，內容是祖佛、禪教並列，
惟皆環邊在「舉一心為宗，照萬法如鏡」之意旨下。「標宗」之旨
若明，則祖佛大意、禪教之旨亦將昭明；除此，「標宗」之另一層
用意，是為明示前賢之所稟受，以令後學有所趣向依歸。上文曾
舉《宗鏡錄》特色之一：「以心為宗」，依此意旨而論，則所謂〈標
宗章〉，其所標之宗，亦當是「以心為宗」之旨。今將條舉「標宗
章」中所言之大旨：

（一）「立宗」為祖佛之真意。

　　佛法以「緣起性空」為基調，一切法為治眾生之疾，故一旦
疾瘉則法亦應捨，學人又何故「立宗」？又當以何為宗？於「立
宗」之問題顯有不明之惑，故〈標宗章〉首先就「立宗定旨」之
問題提出答辯：

---

12 收錄於（大正 48．417 中～419 下）。
13 大正 48．417 中。

問：先德云：若教我立宗定旨，如龜上覓毛、兔邊求角。《楞伽經》偈云：一切法不生。不應立是宗，何故標此章名。

答：斯言遣滯。若無宗之宗，則宗說兼暢。古佛皆垂方便門，禪宗亦開一線道。切不可執方便而迷大旨，又不可廢方便而絕後陳。然機前無教，教後無實，設有一解一悟，皆是落後之事，屬第二頭。所以《大智度論》云：以佛眼觀一切十方國土中一切物，尚不見無，何況有法？畢竟空法能破顛倒，令菩薩成佛。是事尚不可得，何況凡夫顛倒有法。今依祖佛言教之中，約今學人，隨見心性發明之處，立心為宗。是故西天釋迦文佛云：佛語心為宗，無門為法門。此土初祖達摩大師云：以心傳心，不立文字。則佛佛手授授斯旨，祖祖相傳傳此心。已（以）上約祖佛所立宗旨。[14]

此段答辯中，可歸納為數要點：

1. 佛「法」是方便法，既言方便則法之設是為權變，若執以「一切法不生」而「不應立是宗」，將令學人無一方向可依循，反產生退卻之心，如是實違佛法以度眾為旨之大慈心懷，故「立宗」有其必要性。

2. 以緣起觀而視一切物，本一切終成空。此「空法」可破凡夫之顛倒妄想，直成佛道。惟「空法」難契難悟，反不如依學人「心性發明之處」而當下指點、當下直悟，故「立心為宗」於度眾之方便上，更甚於單言「空法」。

---

[14] 大正 48‧417 中～下。

3. 古佛示方便門，是應機而示教；禪宗開一線道，是示教後之印證，兩者皆為引眾生由方便法而入究竟寂靜涅槃。雖言終究是「無教（法）」、「無宗」，然此「無教（法）」、「無宗」就是一可依循之「宗旨」，即是以「佛語心為宗，無門為法門」之旨。於禪門上所立宗旨即是「以心傳心，不立文字」，如是皆是祖佛所立之宗旨矣！

（二）各宗所立之宗體，皆是「立宗」之異名。

〈標宗章〉首論「立宗」為祖佛之真意，次即陳述各宗派、各經論亦皆有其所立之宗體者，此即是「立宗」之舉，所立之「宗體」或各有異，但皆是立宗之另一涵意。〈標宗章〉云：

> 又諸賢聖所立宗體者，杜順和尚依《華嚴經》立自性清淨圓明體，此即是如來藏中法性之體，從本已來性自滿足，處染不垢，修治不淨，故云自性清淨。性體遍照，無幽不矚，故曰圓明。又隨流加染而不垢，返流除染而不淨；亦可在聖體而不增，處凡身而不減。雖有隱顯之殊，而無差別之異。煩惱覆之則隱，智慧了之則顯。非生因之所生，唯了因之所了。斯即一切眾生自心之體，靈知不昧寂照無遺。非但華嚴之宗，亦是一切教體。《佛地論》立一清淨法界體。論云：清淨法界者，一切如來真實自體，無始時來自性清淨具足種種過十方界極微塵數性相功德。無生無滅猶如虛空，遍一切有情，平等共有。與一切法不一不異，非有非無離一切相。一切分別，一切名言，皆不能得，唯是清淨聖智所證。二空無我所顯，真如為其自性。諸聖分

證，諸佛圓證。此清淨法界即真如妙心，為諸佛果海之源，
作群生實際之地，此皆是立宗之異名，非別有體。[15]

「拈花微化」之付囑，[16]其所傳達之訊息，是隱然有秘密性：
如是代代相傳之間，至禪宗五祖弘忍大師（602～675）欲傳法予
六祖惠能時，亦有不令人見之記載。[17]在「自古佛佛惟傳本體，
師師密付本心」[18]之相互印心之中，「本體」與「本心」是傳法之
重點所在，然本體、本心是不可得見之形上意義，此雖非實體之
物可傳付之，但卻印合從上以來「以心傳心」才是傳法之重點。
弘忍大師傳付惠能大師時有曰：「法則以心傳心。……衣爲爭端，
止汝勿傳。若傳此衣，命如懸絲。」[19]「傳衣鉢」本爲表信，但
亦易引發爲此「衣鉢」所產生之「爭端」，然「心傳心」之旨並未
改變，以是而知，祖佛立「以心爲宗」之旨，實與諸宗派之立旨
與傳付可謂相合。〈標宗章〉此段論述中，其重點如下：

1. 華嚴宗之開宗初祖杜順大師（557～640），依《華嚴經》
   而立「自性清淨」，其名或有不同，或曰「圓明體」、或曰
   「如來藏」、或曰「法性之體」，或曰「自心之體」等。惟
   此「自性」隨緣不變、不變隨緣，於聖、於凡皆不增減絲
   毫；若言此「自性」於個人之上有何差別，也僅是隱與顯

---

[15] 大正 48・417 下。
[16] 見於宋・悟明《聯燈會要》卷 1，收錄於（卍續 136・220d～221a）。後世多
以此說爲宋代以降，禪林據《大般涅槃經》卷 2 所云：「佛告諸比丘，我今
所有無上正法，悉以付囑摩訶迦葉。」（大正 12・377 下）而敷演來的。
[17] 宗寶本《六祖壇經・行由品》：「惠能即會祖意，三鼓入室，祖以袈裟遮圍，
不令人見，爲說《金剛經》。」（大正 48・349 上）。
[18] 同前注，大正 48・349 中。
[19] 同注 17，大正 48・349 上～中。

之展現不同，此「性」之體則無有任何差別。華嚴宗之立宗即是此「自性清淨」，惟此「自性清淨」亦是一切宗門教化所立之本體。

2. 《佛地論》（即《佛地經論》）[20]立「清淨法界體」，或曰「真如妙心」，此「法界體」之特色是：清淨、具足一切功德、無有生滅、與一切法不一不異、離一切相。《經》文如是之描述：「清淨法界者，譬如虛空。雖遍諸色種種相中，而不可說有種種相，體唯一味。如是如來清淨法界，雖復遍至種種相類所知境界，而不可說有種種相，體唯一味。」[21]「體唯一味」實說明一切眾生皆同一本體，《佛地經論》所立之本體是「清淨法界」，此即是本經論所立之本體，亦是本經論之立宗。

3. 不論是《華嚴經》所闡述之「自性清淨」或《佛地經論》所立之「清淨法界」，皆是「立宗」之異名，與佛祖「以心爲宗」之「立宗」之義是一非二。

（三）「心」既是體，亦是用。心與性不別。

延壽力主「以心爲宗」，其有關「心」之界定爲何？心與性之關係又爲何？《宗鏡錄·標宗章》云：

> 或言宗者尊也，以心爲宗。故云：天上天下，唯我獨尊。
> 或言體者性也，以心爲體。故云：知一切法即心自性。或

---

[20] 《佛地經論》共 7 卷，親光菩薩等造，唐·玄奘譯，現收錄於（大正 26·291中～328 上）。

[21] 大正 26·304 中。

言智者，以心為智，即是本性寂照之用。所以云：自覺聖智、普光明智等，若約義用而分，則體宗用別；若會歸平等，則一道無差。所以華嚴記問云：等妙二位全同如來普光明智者，結成入普。所以此會說等妙二覺，二覺全同普光明智，即是會歸之義。問：等覺同妙覺，於理可然。妙覺之外何有如來普光明智為所用耶！答：說等覺、說妙覺，即是約位。普光明智不屬因果，該通因果，其由自覺聖智超絕因果。故《楞伽經》，妙覺位外，更立自覺聖智之位，亦猶佛性有因有果，有因因、有果果。以因取之，是因佛性。以果取之，是果佛性。然則佛性非因非果，普光明智亦復如是，體絕因果，為因果依，果方究竟。故云：如來普光明智，或稱為本者，以心為本。故《涅槃疏》云：涅槃宗本者，諸行皆以大涅槃心為心。本立道生，如無綱目不立，無皮毛靡附。心為本故，其宗得立。[22]

此段之論述，可歸納爲以下數點：

1. 所謂「立宗」之「宗」，即是「尊」也；「立宗」即是「立何爲尊」之義。或以心爲宗、或以心爲體、或以心爲智，皆是以「心」爲尊。所謂：「天上天下，唯我獨尊」，此「我」即是「心」，「唯我獨尊」，唯「心」知一切法。延壽並舉「以心爲體」，言「體者性也」，換言之「以心爲性」，故「知一切法，即心自性」，此處「心性」同義合用，「心」

---

[22] 大正48・417下～418上。

既為本體又具「活動」而知一切法。[23]或「以心為智」亦然，是「本性寂照之用」，「智」是作用之結果，其源是「本性寂照」；本性寂照以另一語辭而了解，可謂是「心」之作用活動。於此，延壽確立以心為宗之時，其「心」之義是「既存有又活動」，是同具本體與作用，其「心」之立宗，「心」既是體，又是用，故「心」能天上天下而獨尊，心具有明智而能知一切法。

2. 心既是本體，又具作用，故若依作用分，則千差萬別，反之，若「會歸平等，則一道無差」，實同具一本體。依菩薩修行階位而言，諸經論所說雖不一，但大抵所採用之名數為五十二階位，依序分別是十信心、十心住、十行心、十迴向心、十地心，再等覺與妙覺。[24]此五十二位是成佛所歷之階，故有其作用層次上之別，然若依究竟成佛而言，一皆不離「心」，「心」是本，心即是佛，如是則此五十二位可會歸為一，無有差別。

3. 有關等覺、妙覺與如來普光明智證得之關係。等覺為菩薩之極位，再一轉入即為妙覺，究竟成佛。就修行階次而言，必有因果，此乃就「約位」而言。然佛性非關因果，亦非常非無常、非斷非不斷[25]。以是故「壹闡提」終可成佛；

23　同注 2，頁 389～420。牟宗三先生以心與性合一者為「即存有而活動」，心與性分開者為「只存有而不活動」，並依之而判宋明儒學中「心即理」與「性即理」之差異。

24　同第二章注 81，《佛光大辭典》「五十二位」條，頁 1044～1045。

25　宗寶本《六祖壇經・行由品》：「善根有二，一者常，二者無常，佛性非常非無常，是故不斷，名為不二。一者善，二者不善，佛性非善非不善，是名不二。」（大正 48・349 下）

其因在於壹闡提雖是不信因果、斷善根者，然其佛性卻不關斷與不斷之問題，故犯四重禁、作五逆罪者亦終有成佛之期。而如來普光明智亦是體絕因果，於修行之等覺、妙覺位者，亦終可證得而會歸爲一，其理即在於「以心爲本」、「以心爲宗」，且心與性是一非二。於〈標宗章〉中曾有一段論及心與性之問題：

時有禪客問曰：阿那箇是佛心。師曰：牆壁瓦礫無情之物，並是佛心。禪客曰：與經大相違也。經云：雖牆壁瓦礫無情之物，名為佛性。今云：一切無情之物皆是佛心。未審心之與性為別不別。師曰：迷人即別，悟人不別。禪客曰：與經又相違也。經云：善男子！心非佛性，佛性是常，心是無常。今云不別，未審此意如何？師曰：汝自依語不依義。譬如寒月結水為冰，及至暖時，釋冰成水。眾生迷時，結性成心，悟時釋心成性。汝定執無情之物非心者，經不應言三界唯心。故《華嚴經》云：應觀法界性，一切唯心造。今且問汝，無情之物為在三界內，為在三界外？為復是心不是心？若非心者，經不應言三界唯心。若是心者，又不應言無性。汝自違經，我不違也。[26]

　　心與性爲別或不別之判斷，將決定「心」在佛法中之地位與重要性。在佛教各經論中，對於宇宙本質問題之探討，亦即是「心

---

[26] 大正 48・418 下～419 上。

性」與宇宙本質關係為何之問題，《華嚴經》有較明確之回答，[27]
於〈十地品〉中論述欲入第六現前地時，有云：「三界所有，唯是
一心。如來於此，分別演說，十二有支，皆依一心。」[28]三界一
切之萬有與十二因緣之流轉，皆由「一心」而起。同第六地中亦
云：「生死皆由心所作，心若滅者生死盡。」[29]「心」亦決定生與
死，「一心」已成探究宇宙與人生之最重要關鍵。如是之「唯心」
理論，在天台宗中亦出現「一念三千」之思想，以一意念可往來
三千大千世界，於十法界中，昇達佛界，或降至三塗苦，皆無遮
攔，同樣地，亦無保證，昇降自由皆在「一念」中，由「一念三
千」所傳達之德性自由義，亦正說明「一心」於修行證悟中之重
要性。於《華嚴經》中有關「心」與「性」之關係，於〈菩薩問
明品〉中有：「世間所見法，但以心為主，隨解取眾相，顛倒不如
實，世間所言論，一切是分別，未曾有一法，得入於法性，能緣
所緣力，種種法出生，速滅不暫停，念念悉如是。」[30]依世間法
而言，法由心生，則如是之法必是分別不如實，終將不能「得入
於法性」；此偈在展顯「心」與「法性」之間，是否能相契相入，
其關鍵在「心」，「心」若是沿順「能緣所緣力」，則此「心」是世
俗心，此世俗心亦將依隨各緣力而生出種種之法而不暫停；於此
偈中，尚未明確結合「心」與「性」為一。同〈菩薩問明品〉又

---

[27] 高振農釋譯《華嚴經》：「關於宇宙本質問題，原始佛學是避而不談的，部派佛學和大乘般若學，對此雖有所論及，但回答得很不明確。」頁 368，2002年1月初版，高雄・佛光出版社。
[28] 八十《華嚴經》，見於（大正 10・194 上）。
[29] 同前注，大正 10・195 中。
[30] 同注 28，大正 10・66 下。

云：「佛知眾生心，性分各不同，隨其所應度，如是而說法。」[31]
此處「心」與「性」雖分列，但並未就兩者之關係是否同或不同
再做進一步之說明，僅言佛應眾生不同之心、性而爲其說法度脫
之。於〈昇夜摩天宮中偈讚品〉有描述覺林菩薩承佛威力，遍觀
十方而說頌言中，特舉「工畫師」爲例說明：「譬如工畫師，不能
知自心；而由心故畫，諸法性如是。……如心佛亦爾，如佛眾生
然；應知佛與心，體性皆無盡，若人知心行，普造諸世間，是人
則見佛，了佛真實性。……若人欲了知，三世一切佛；應觀法界
性，一切唯心造。」[32]此偈頌中對於「心」與「法性」之關係說
明已更深入一層，以「心」如工畫師爲例，工畫師能彩繪圖畫，
即若諸世間之一切法，亦由「心」而起；世法雖由心起，但一切
世法彼此間又無法相知，唯因「心」雖生一切法，「心」又恆不住
於一切世間法中；心雖不住於法中，然一切諸法又必由「心」而
起，此是唯心思想所肯定處，而「心」之不可衡量且難以思議，
亦由此而彰顯。心與法之關係，亦如心與彩畫之關係，同此偈頌
中有云：「譬如工畫師，分布諸彩色；虛妄取異相（色），大種無
差別。大種中無色，色中無大種；亦不離大種，而有色可得。心
中無彩畫，彩畫中無心，然不離於心，有彩畫可得。」[33]人能彩
畫，然彩畫之成乃由人之「心」而作，唯彩畫呈現並無「心」之
存在，但彩畫之作又不離開「心」；同理，「心」中並無彩畫之樣
態，然彩畫又必由「心」而成，此是「心」與「彩畫」之關係。
若將「法」譬喻爲「彩畫」，則「心」與「彩畫」關係，正足以說

---

[31] 同注 28，大正 10．68 中。
[32] 同注 28，大正 10．102 上～中。
[33] 同注 28，大正 10．102 上。

明「心」與「法」之微妙存在；心中並無法，法中亦無心，然法不離心，才有「法」之存在可言。偈讚中之「而由心故畫，諸法性如是」，此處心與性合用同義；又「應知佛與心，體性皆無盡」，亦是心與性並用同義；又「若人知心行，了佛真實性」，也是心與性同用；而「應觀法界性，一切唯心造」更是將「性」與「唯心」做最緊密之論述。「一切唯心造」是《華嚴經》之基本觀點，延壽以心為本、以心為宗，並強調心性不別，既引《華嚴經》「三界唯心」，則已然肯定法界之一切，包括現象與本體，故云「法界性」，一切皆由「心」造，結合心與性，主張心性為一，駁斥心與性有別。並將心與性是否有別之問題，譬喻為水與冰之關係：水與冰之本質相同，喻心與性本相同為一；水與冰之不同唯在外相，而外相之成在於寒與暖，此喻心與性有別唯在悟與迷耳！故延壽之立心為宗，此「心」亦是性，此「心」既是本體又是作用。

（四）明「宗」與引諸佛「言教」並不相違。

　　延壽既立心為宗，「宗」重傳心，不在言說，然百卷《宗鏡錄》之〈標宗章〉僅佔全書約半卷，如是即已完成「標宗」之立意，又何需有以下之〈問答章〉與〈引證章〉呢？於此問題，延壽於〈標宗章〉之起首已明言「祖標禪理，傳默契之正宗；佛演教門，立詮下之大旨。」[34]「宗」是以心傳心，是默契；「教」是立詮下之大旨，是言說，兩者並不相違，反是相輔相成。有關〈標宗章〉之重要大旨於前文已詳引探討，然為免學人對於佔全書最多份量之「問答」與「引證」之部份，所可能產生之疑慮，延壽於詳明

---

[34] 大正48‧417中。

「心為本故，其宗得立」[35]之語後，特以一問答方式，來解釋「明宗」之後何以尚要兼引諸佛言教之理由做一說明，〈標宗章〉云：

> 問：若欲明宗，只合純提祖意，何用兼引諸佛菩薩言教以為指南？故宗門中云：借蝦為眼，無自己分，只成文字聖人，不入祖位。
>
> 答：從上非是一向不許看教，恐慮不詳佛語，隨文生解，失於佛意，以負初心。或若因詮得旨，不作心境對治，直了佛心又有何過？……今引本師之語訓示弟子，令因言薦道見法知宗，不外馳求，親明佛意，得旨即入祖位。誰論頓漸之門，見性現證圓通，豈標前後之位，若如是者，何有相違。且如西天上代二十八祖，此土六祖……並博通經論，圓悟自心，所有示徒，皆引誠證，終不出自胸臆，妄有指陳。是以綿歷歲華，真風不墜。以聖言為定量，邪偽難移，用至教為指南，依憑有據。故圭峰和尚云：謂諸宗始祖即是釋迦，經是佛語，禪是佛意，諸佛心口，必不相違。諸祖相承根本，是佛親付，菩薩造論始末，唯弘佛經。……所以凡稱知識法爾，須明佛語，印可自心。若不與了義一乘圓教相應，設證聖果亦非究竟。[36]

此段敘述可歸納為如下之數點：

1. 能明「宗」者即可入祖位，言教之論僅成文字聖人罷了，

此爲一般人重宗輕教之心態。然重宗輕教實源於隨文生解所致，是不詳佛語、失於佛意之妄執。

2. 引用諸佛菩薩之言教，其意在訓示弟子能「見法（言教）而知宗（心）」，一旦能明佛意，即可得入祖位，言教與祖意實不相違。且引諸佛菩薩之言教，可爲後人有一指南依憑，亦是後世辨別真僞之標目。

3. 「經」是佛語，「禪」是佛意，故佛之心（佛意、禪、宗）與口（經、言教）必不相違，以是欲明「宗」，與兼引諸佛菩薩之「言教」亦是不違。

4. 由佛語而印可自心，換言之，心與口必相合，且與一乘圓教相應，才能得證聖果以達究竟。

〈標宗章〉是《宗鏡錄》全書之綱領，直標「立心爲宗」，此是全書之核心思想，但於闡述「心爲本故，其宗得立」[37]之宗旨後，特再明言兼引諸佛菩薩言教之必要性，此即爲其後之〈問答章〉與〈引證章〉做一舖路。有關《宗鏡錄》之三大主要架構所佔篇幅多寡之問題，今依《大正藏經》所收錄之本觀之，於第六十一卷中，有「問答章第二」之句[38]，故有以爲〈標宗章〉之內容是由第一至六十一卷中，實則此爲誤計。[39]

今觀其內容所述，〈標宗章〉僅約半卷；[40]〈問答章〉當由第一卷後至九十三卷，[41]〈引證章〉由第九十四至百卷。[42]

---

[37] 大正 48・418 上。
[38] 大正 48・762 下。
[39] 同注 1。
[40] 大正 48・417 中～419 下。
[41] 大正 48・419 下～924 上。
[42] 大正 48・924 上～957 中。

二、問答章——設「問答」之用意

延壽於〈標宗章〉中已明言「宗者尊也,以心爲宗」[43]「宗」是「尊」崇的,尊宗即是「以宗爲尊」,並明舉「以心爲宗」;「以心爲宗」,亦即是「以心爲尊」,「心」是「宗」,是被「尊」的,此是《宗鏡錄·標宗章》之基調,故所謂〈問答章〉實是依此有關「心」之問題而提出做一說明。於〈標宗章〉之後所以再列〈問答章〉之用意有:

(一)圓宗難信難解,故廣設方便之「問答」以接引學人。

〈問答章〉云:

> 為有疑故問,以決疑故答。因問而疑情得啟,因答而妙解潛生。謂此圓宗難信難解,是第一之說,備最上之機,若不假立言詮,無以蕩其情執。因指得月,不無方便之門。獲兔忘罘,自合天真之道。次立問答章。[44]

所謂「圓宗」,於延壽而言當是指立心爲宗之「心」。「心」是第一之說,本難以用言語文字表達詳盡,然若再「不假立言詮」,恐更難以令人契入。設〈問答章〉實爲使學人能因有疑而得問,待因答而除疑後,始能對此以心爲宗之旨有所領解,故雖已標宗,再特設問答,其意在因指(問答)而得見月(圓宗)。

---

[43] 大正 48 · 417 下。
[44] 大正 48 · 417 中。

（二）雖廣開「問答」之門，實與圓宗之旨皆同一際。

「標宗」是爲上根人說，然「問答」可廣納更多學人，且所設之「問答」與「標宗」是爲一旨，實不礙圓宗之闡述，於〈問答章〉中首提一問即是：

> 問：如上所標已知大意，何用向下更廣開釋。答：上根利智宿習生知，纔看題目宗之一字，已全入佛智海中，永斷纖疑，頓明大旨。則一言無不略盡，攝之無有遺餘。若直覽至一百卷終，乃至恆沙義趣，龍宮寶藏鷲嶺金文，則殊說更無異途，舒之遍周法界，以前略後廣，唯是一心，本卷末舒，皆同一際，終無異旨，有隔前宗。[45]

學人能觀標「宗」即明大旨而入佛智海中，此爲上根利智者，然多數學人無此根性，則需仰賴廣解以明之，此是設〈問答章〉之目的。唯「標宗」的內容在前而略，依標宗而提出「問答」之論述在後爲廣，此前後雖有略廣之差異，然「唯是一心」之旨則同。明「宗」則不落文字相，然「問答」則依仗論述敷陳，唯此兩者看似有違，其實唯在迷悟之應用耳！〈問答章〉中，延壽引《大涅槃經》中有關「字相」、「句相」、「聞相」、「佛相」、「說相」與「無相相」之義而釋曰：

> 若云即文字無相是常見，若云離文字無相是斷具。又若執有相相亦是常見，若執無相相亦是斷見。但亡即離斷常四

句百非一切諸見，其旨自現。當親現入宗鏡之時，何文言
識智之能詮述乎！……若明宗達性之者，雖廣披尋，尚不
見一字之相，終不作言詮之解。以迷心作物者，生斯紙墨
之見耳！……六塵皆是真宗，萬法無非妙理。何局於管見
而迷於大旨耶！[46]

〈問答章〉佔百卷《宗鏡錄》近九十二卷半之篇幅，並引述
各經論之內容，雖廣披尋然其目的唯在論證圓宗之旨。各經論之
文字陳述雖是相，然「相」之作用亦是為顯「宗」而有，故言「六
塵皆是真宗」。延壽在〈問答章〉中着力甚重，其目的實為彰顯「標
宗」之旨，雖廣引各經論，但延壽不但是「引」，實則在「比較」、
「分析」與「論證」，以會歸入其「以心為宗」之旨。郭朋先生曾
論述延壽編纂《宗鏡錄》之動機是「為了調和天台、賢首、唯識
三宗之間之矛盾，再以自己的觀點加以衡量，作出結論。」[47]冉
雲華先生亦言：「〈問答章〉則是引用華嚴、天台、法相三家經籍
的哲學要點，加以比較，說明旨趣相同。」[48]延壽之〈問答章〉
雖看似為廣開方便之門而設，實則是為展現延壽之所以「立心為
宗」，是深思熟慮後之心得，是全面觀照後之結果。

（三）玄覽得旨之時，以驗諸經論之究竟真實。

〈問答章〉之內容雖包括各宗經論，但一一皆要融入「一心」

---

[46] 大正 48・420 上。
[47] 郭朋《中國佛教史・宋元明清佛教》，頁 282，1993 年 7 月初版，台北・文津
出版社。
[48] 同注 1，頁 56。

之旨中，此爲延壽著《宗鏡錄》之最重要目的。各宗經論浩浩洋洋，唯延壽僅能「撮錄廣文，成其要略」[49]故學人於覽閱之際常有「自我片段」之感，於此，延壽之解釋如下：

> 但以教海弘深，窮之罔知其際；義天高廣，仰之不得其邊。今則以管窺天，將螺酌海。如掬滄溟之涓滴，似撮太華之一塵。本爲義廣難周，情存厭怠，亦爲不依一乘教之正理，唯徇不了義之因緣，罕窮橫豎之門，莫知起盡之處，所以刪繁簡異，採妙探玄。雖文不足而大義全，緣不備而正理顯，搜盡一乘之旨，抉開萬法之原。爲般若之玄樞，作菩提之要路，則資糧易辦，速至大乘，證入無疑，免迂小徑。[50]

「教海弘深」是延壽對各宗經論所涵之義理深奧而興發之嘆，「罔知其際」更說明各法義之中心要旨是常人難以掌握的；尚不論三藏十二部之內容，即是一宗、一經，亦要耗費甚多心力且不定可完全把握明確，故對佛法常有「義天高廣，仰之不得其邊」之敬遠心態，而「以管窺天，將螺酌海」是不得已而採用之方法，雖所見是「滄溟之涓滴，太華之一塵」，但此涓滴、一塵，正是通往滄溟、太華之孔道。延壽於〈問答章〉所引之各經論之片段，正是「涓滴」、「一塵」之效，此乃實因「義廣難周」，於眾生而言則易有「情存厭怠」之心，今僅採錄各經論之精華，此即「刪繁

---

[49] 大正 48‧421 下。
[50] 同前注。

簡異，採妙探玄」之作法。延壽以「文不足而大義全，緣不備而
正理顯」，來為其所以設「問答」之用意做申說，並以「搜盡一乘
之旨，抉開萬法之原」來說明〈問答章〉所將展現之成效。〈問答
章〉雖是採錄各經論之大義正理，然如何由聞而思以達修，是佛
法終究以修證為目的，是不同於研究經論之法義而已，故於〈問
答章〉中雖可涉獵許多經論之不同玄理，但依佛法而言，真正之
目的是「玄覽得旨之時，以驗諸經論之究竟真實。」[51]諸經論所
敷陳之理是否「究竟真實」，則有賴修證時之「玄覽得旨」是否能
與經論之義相契，以是而知延壽用九十二卷半所完成之〈問答
章〉，是為其「立心為宗」之旨，是否即是諸經論之究竟真實而展
現之解行功力。

三、引證章──廣「引證」之目的

　　「宗」之確立是思想核心，提「問」而「答」之，是為就核
心部分依多角度釋之以明之，此為設「標宗」與「問答」之目的。
然若僅此二者尚有未能信之者，則「引證」將具提振堅固心之成
效。延壽由〈標宗章〉以立心為宗，再設〈問答章〉以破疑情，
為使學人能有堅固信心，故再陳〈引證章〉，有關〈引證章〉之用
意如下：

（一）廣引祖佛之誠言，密契圓常之大道。

　　《宗鏡錄》卷1云：

---

[51] 大正 48・421 中。

> 但以時當末代，罕遇大機，觀淺心浮，根微智劣，雖知宗
> 旨的有所歸，問答決疑漸消惑障，卻堅信力須假證明，廣
> 引祖佛之誠言，密契圓常之大道，遍採經論之要旨，圓成
> 決定之真心，後陳引證章。[52]

「引證」是引祖佛之誠言以資證明，令學人堅固信力，能有信力才有契入圓常大道之決心。延壽對於〈引證章〉之寄望是先「遍採經論之要旨」，於此冉雲華先生，曾對〈引證章〉之「遍採經論」有一論說：

> 引證章先引經典語句，再以禪門祖語錄相比，是禪教一致
> 理論的體現。[53]

〈問答章〉內容是以教家（華嚴、天台、法相）經籍之思想為重，而〈引證章〉顯然是再着重以禪家語錄相比，延壽於此所呈現之心態即是承續宗密大師之「教禪一致」思想。依《宗鏡錄》全書而言，其所謂「遍採經論」之範圍，顯然是盡括教家與禪家，是全體圓融之體現，其目的唯在能堅固眾生信力，以達「圓成決定之真心」。冉先生並說明〈引證章〉所引之早期的禪師語錄，是研究宋代以前禪宗歷史、文獻及教義的重要材料[54]。此是〈引證章〉除思想展現外，於保存資料上之另一大貢獻。

---

[52] 大正 48・417 中。
[53] 同注 48。
[54] 同前注。

（二）爲「猶慮難信」之中下根者斷纖疑。

《宗鏡錄·引證章》起首云：

> 夫所目宗鏡，大旨煥然。前雖問答決疑，猶慮難信。上根
> 纔覽，頓入總持之門。中下雖觀，猶墮狐疑之地。今重爲
> 信力未深，纖疑不斷者。更引大乘經一百二十本，諸祖語
> 一百二十本，賢聖集六十本，都三百本之微言，總一佛乘
> 之真訓，可謂舉一字而攝無邊教海，立一理而收無盡真
> 詮。[55]

「引證」雖是爲中下根器者能斷疑生信而設，然整部《宗鏡
錄》所遍探之經論雖多，其宗旨只有一，即是「心」。延壽所謂「總
一佛乘之真訓」，一乘即佛乘，《法華經》主述「會三乘爲一佛乘」，
而一佛乘所欲成就者，唯在證悟「阿耨多羅三藐三菩提」[56]此無
上正等正覺心之體現，要言之即是「一字」、「一理」，唯「一字」、
「一理」是爲上根人說，此爲佛之實說、究竟說；然佛爲引更廣
大之中下根者，方便而開三乘，[57]此爲佛之權說、方便說。於《宗
鏡錄》之架構中，〈標宗章〉之作用，正是所謂「所目宗鏡，大旨
煥然」，正是爲上根者說；而〈問答章〉所採用之方式是「問答」，
而其目的是爲「決疑」；然於中下根者尚且是「猶慮難信」，一旦
遠離信力，則修證契悟將是遙遙無期，故「廣引祖佛之誠言」，可

---

[55] 大正 48 · 924 上。
[56] 《法華經·譬喻品》：「諸佛世尊，以種種因緣，譬喻言辭，方便說法，皆爲
阿耨多羅三藐三菩提耶！」（大正 9 · 12 中）
[57] 同前註：「當知諸佛方便力故，於一佛乘分別說三。」（大正 9 · 13 下）。

令中下根者堅固信力,此即是〈引證章〉之目的。不論所列舉之經論有多少,會入「一佛乘」是不變之「真訓」,此即是「萬殊歸一本」;唯此「一」卻又攝收無邊無盡之教海與真詮,此即是「一本散萬殊」。

(三) 令學人坐參知識以達現知、親證。

《宗鏡錄·引證章》云:

> 一一標宗,同龍宮之遍覽;重重引證,若鷲嶺之親聞。普令眠雲立雪之人,坐參知識。遂使究理探玄之者,盡入圓宗。尋古佛之叢林,如臨皎日。履祖師之閫域,猶瞰淨天。大覺昭然,即肉眼而圓通佛眼,疑情豁爾。當凡心而顯現真心,可謂現知。指法界於掌內,便同親證,探妙旨於懷中。[58]

「引證」之目的,終究是為使學人能契入圓宗大道。就「標宗」而言,其文字是簡要的,其說明是略述的,於此延壽將其譬喻為「同龍宮之遍覽」,「遍覽」即代表對整體之概要了解,非採逐步分析性之方法,此遍覽外相雖美則美矣,卻令人無法真正深入其細微處,及其示演之過程;此即意涵「標宗」所目之宗,是一成果,是一究竟,學人僅能是遙遠之讚嘆而已!而「引證」之作用,延壽喻為「若鷲嶺之親聞」,借由引用諸經論之過程中,可使學人入於知識藏海中,恍若「尋古佛之叢林,履祖師之閫域」,

---

[58] 大正 48·924 上。

如是之「坐參」過程，需學人親坐、親參，一切皆要仰仗學人親悟、親證，此種親自之領解才是個人之實得，故一旦能由迷而悟，轉凡心爲真心，此即是「現知」，是現現成成之己知；一旦能悟得一切法界造化皆在我之掌內，此即是親身之證悟。「現知」與「親證」是修學最寶貴之處，歷來之古佛大德，所悟之本體或同，但所闡述之語辭方式卻各有巧妙，此亦是前人所留給後代之資產，而現知、親證更代表一生修證之果。

延壽架構百卷之《宗鏡錄》，以〈標宗章〉爲令後學有一所歸依之旨在；爲決眾生之疑情，故立〈問答章〉；再以〈引證章〉堅固信力契入圓宗，此三章看似有先後順序，且各自獨立，然延壽於此三章總括而言：

> 以此三章通爲一觀，搜羅該括，備盡於此茲矣！[59]

「通爲一觀」代表三章是一整體性的，若無標宗，何來問答與引證。問答是爲標宗而做說明，可破除疑情，否則標宗將徒爲虛設；唯疑情能除，才有其後引證堅固信力之作用。有引證可助學人親參知識，斷疑生信，契入圓宗，故三章實爲一體，是通爲一觀的。

---

[59] 大正 48・417 中。

第四章　永明延壽立「一心」為宗之理論建構 ──與天台宗思想之關係

第一節　延壽之「無念之一念」 ──相應於天台宗之「一念三千」

　　百卷之《宗鏡錄》素有百科全書之稱，其旨是立心為宗，以心而統一切萬法。延壽之所以提出以心為宗，且在全書有「都三百本之微言」[1]為引證之背景下，其標宗者是「心」，則必有其義理之源頭。佛教自印度傳至中國，在歷經漢魏兩晉南北朝，以至隋唐時期，「中國佛教」之謂於焉產生，藍吉富先生並大膽假設「隋代為中國佛教的開始」，[2]至於印度佛教與中國佛教之歧異問題，並非本文所欲探究之部份。本文擬以延壽所處之唐末五代為一思慮點；依理其與中國佛教之精神應是最契近，且在《宗鏡錄》中確有天台宗之思想概括其內。論及隋代，論及天台宗，則智顗大師可謂是一顆燦爛明星，本章即以天台宗之智顗大師思想為一基點，展呈其在延壽百科全書中所具有之影響力。

　　智顗一生之代表作有三大部，即《法華玄義》、《法華文句》

---

[1]　見於《宗鏡錄》卷 94，大正 48・924 上。

[2]　藍吉富《隋代佛教史述論・自序》，頁 1，1993 年 10 月 2 版，臺灣商務印書館。

與《摩訶止觀》，前兩部是義理之著，後一則爲修行實踐之學，由是而知智顗是一定慧雙修者。代表其思想之重要部份，且其間與「一心」較具關聯性，則有「一念三千」、「一心三觀」與「觀心」等，今先論「一念三千」之思想。「一念三千」究竟是理論？抑或是修證？據智顗《摩訶止觀》卷5上云：

> 夫一心具十法界，一法界又具十法界，（而成）百法界。一界具三十種世間，百法界即具三千種世間，此三千在一念心，若無心而已，介爾有心，即具三千。亦不言一心在前，一切法在後。……若從一心生一切法者，此則是縱；若心一時含一切法者，此即是橫。縱亦不可，橫亦不可。祇心是一切法，一切法是心故。非縱非橫，非一非異，玄妙深絕，非識所識，非言所言，所以稱為不可思議境，意在於此。[3]

「一念三千」其重點在「一念心」，智顗之「三千」即代表一切諸法，「心」與「法」之關係，其中間並沒有任何之阻隔，換言之，智顗對所謂「心生法」或「心含法」是持否定之態度，惟因心「生」法或心「含」法，心與法之間是有前後互動之關係存在，有前後即有隔、有對，如是即無法達到不可思議境。而「心」之不可思議境，在於「心是一切法，一切法是心」，故智顗以爲除非是「無心」，否則「有心即具三千」。「心」既不與萬法爲對，故亦

---

[3]　大正 46‧54 上。

絕不落於縱橫、一異之有待中。[4]「心」之玄妙處是「非識所識、非言所言」，智顗顯然將「一念三千」之境，定於「不可思議」，就「境」而言，「不可思議」當是修證之「理境」，於此，藍吉富先生對「一念三千」之看法是：

> 一念三千說，是智顗為修持方法「觀法」所立的玄學基礎。即要使修行者瞭解人心一念之中，融攝有三千諸法（即宇宙萬法）。然後才在止觀境界中去觀這一理境。[5]

若以「一念三千」為修持方法「觀法」之玄學基礎，則「一千三念」將只是指出「理境」所要達成之說明；然智顗解行兼重，「一念三千」更是止觀修證之理境成就，惟此理境之成就當需在「止觀境界中去直觀」而得，此是智顗將「一念三千」列於《摩訶止觀》中之一原因耳！

天台以一念三千言明諸法由一念起，以一念無明法性「心」，將「眾生」與「佛」三者結合，這一心若圓滿如實即是法性之佛，若一心不能如實觀照則成無明之眾生，其關鍵處唯在「一念」耳！而延壽所言之「一念」有如下數義：

一、延壽以「一念心」可照真達俗，具一切智
──天台宗以三千在「一念心」

4　鎌田茂雄先生將「縱」指為時間，以「橫」為空間，「不縱不橫」即意謂：「不只是當時那個時候，也不只是那個場所。」鎌田茂雄著，轉瑜譯《天台思想入門》，頁176～178，1989年10月初版，高雄・佛光出版社。

5　同注2，頁178。

　　延壽主倡其法門之妙，妙在「一心」，故其一心當涵攝一切法，如《宗鏡錄》卷27所云：

> 問：萬行唯心，則因心起行。夫道場法則全在事相而修。
> 云何總攝千途，咸歸一道。答：我此宗門一乘之妙，唯以
> 一念心，照真達俗，成無上覺，名為道場。何者照真則理
> 無不統，達俗則事無不圓。所以《維摩經》云：一念知一
> 切法是道場，成就一切智故。什法師釋云：二乘法以三十
> 四心成道，大乘一念則礭然大悟具一切智也。肇法師解云，
> 一切智者，智之極也。[6]

　　一切行由「心」而起，道場法則（總括一切成佛之道）亦是
事相，即是行，惟行不離「心」，故由一念心可知一切法（則）事
相，亦即具涵知一切事相之智。延壽以「一念心」可「照真達俗」，
並明「心」之作用可使「理統事圓」，對此一念心之特色，孔維勤
先生釋之為：「是為依體起用之用，是而無念明體……而一念明
用，是般若智照之道場佛事。……其實一念即無念爾，皆是所照
之般若涅槃也。」[7]「無念明體」，乃依「照真」而言；「一念明用」，
則順「達俗」言之；以延壽「總攝千途，咸歸一道」之心態，其
「一念心」之終究目的在成就佛道，故一念或無念實是用與體之
關係，在「一念心」能照真達俗之下，則「一念心」當是全體大
用。故什法師以一念具一切智為大乘之悟，以三十四種剎那之心

6　大正48・568上～中。
7　孔維勤《永明延壽宗教論》，頁323，1983年元月初版，台北・新文豐出版
　　公司。

斷盡煩惱而成就佛道者為二乘之法，實則在延壽之心中，大、小乘之不同皆在「一念心」耳！

二、延壽主「一念而達者，則念念相應，念念成佛」 ——天台宗以「有心即具三千」、「心是一切法」

延壽之一念心可使理統事圓，成佛成道亦此一念心，《宗鏡錄》卷 23 有云：

> 但一念起時，莫執莫斷，不取不捨則三際無蹤。一念圓具十法界，非因非果，而因而果之法。若能如是一念而達者，則念念相應，念念成佛。凡聖悉等，今古皆齊。故云了了識心，惺惺見佛。見佛是心，是心是佛，念念佛心，心心念佛。[8]

延壽有云：「成道不隔於一念」，[9]即念與念之間不隔，前念滅已，後念即生，以此說明「念」之相續性。若要追究此「念」之源，終將落於「因果」之緣生法中，故主張此「念」若起，能「莫執莫斷，不取不捨」，則是「三際無蹤」，此義已意涵「一念」是立於無念之一念。此一念圓具十法界，故一念心即一念相應、念念相應，延壽言：「佛以一念心，稱量盡原一切佛國，一切佛因，一切菩薩神變，而一念一時知，住不可思議二諦之外，獨在無二。」

8　大正 48・540 中～下。
9　《宗鏡錄》卷 23，大正 48・540 下。

[10]一念之「獨在無二」，以顯「一念」之不與他物為對，故言「無二」；而「一念」之「獨（自）在」，以明成佛唯在一念，自心自由自在，故是當下頓悟，一念具足圓成，不假外求。延壽以一念成佛則念念成佛，主「成道不隔於一念」，故對於比丘因謗陷「一念成佛」而入地獄者，終將亦可成道，見《宗鏡錄》卷23論述云：

> 問：一念成佛，已入信門，如何得目前了了分明而見？答：目前無物是真見佛，如文殊師利……文殊言：實無文殊而可得故，若實無文殊可得者，彼亦不可見等。廣為說法，四百比丘漏盡得果，一百比丘更謗陷入地獄，後還得道。廣如彼說，所以無見是真見，無聞是真聞，不見不聞文殊，是真見真聞文殊矣。若不信此說，雖起謗而陷獄，以曾聞故，終熏種而得道。何況聞而信耶！則成道不隔於一念。[11]

所謂「佛」實無有一物可得見之，因「佛」是一念心而得、而成之。此段論述是以文殊師利為主，廣為五百比丘說法，其要點在「無見是真見，無聞是真聞，不見不聞是真見真聞」，不執有形之見聞是為真見聞，不著有形之得是為真得，此是為「廣顯性空無得之理意」、「煩惱解脫一相說故」，[12]一切本無所得，亦無所失，煩惱與解脫是一體之兩面，故延壽所強調之「一念心」，其義理當是「一念是無念」、「無念是真念」；而其「一念成佛」之「一念」，亦當是「一念是真念」，故比丘即使不信「一念成佛」，惟因

---

[10] 《宗鏡錄》卷23，大正48‧546上。
[11] 大正48‧540下。
[12] 同前註。

「曾聞故，終熏種而得道」，在一念相應即念念相應之下，謗陷之比丘，亦終能成就佛道。惟就此「一念成佛」義，由初發心以至究竟圓滿之成佛，其歷程有淺深之別，於此，延壽曾就「一念成佛」義有深入分析，見於《宗鏡錄》卷19云：

> 問：既久修始得，云何言一念得耶！答：言久修善根者，即在三乘教攝，從三乘入一乘，即是一念始修具足。[13]

「一念」成佛，是依一乘而說，即大乘之一念，才具足有「一念成佛」義。對於大乘始具「一念成佛」，延壽又接著論述云：

> 大乘明一念成佛義有二。一者：會緣以入實，性無多少故，明一念成佛。二者：行行纏滿，取最後念，名為一念成佛。如人遠行，以後步為到。若一乘明一念成佛者，如大乘取後一念成佛，即入一乘。以後即初，初念即是成。何以故？以因果相即，同時相應故。欲論其成者，成復成，成復成也。眾生欲在後成者，在後復在後，在後復在後也。今舉一念成者，即與佛同位，未具究竟故，復有淺深之殊矣！如人始出門及以久遊行他土，雖同在空中而遠近有別。是故十信、十住等五位，各各言成佛者，而復辯其淺深，此中須善思之。[14]

　　大乘之「一念成佛」有二義，其一者，重在「會緣以入實」，「緣」代表一切所歷經之修行，「實」代表終將究竟成佛，故由初發心之一念，至終究成佛，可謂之「一念成佛」。其二者，重在「取最後念」，一切修行皆爲成就佛道，以「行行纒滿」之最後念，故可名之「一念成佛」。不論是取初念或後念，以「因果相即，同時相應」而論之，則「後即初，初即是成」，一皆是「一念成佛」，此是依大乘者說。惟就眾生而言，若舉「一念成佛」，雖「即與佛同位」，然由初念至究竟，其間尙有淺深歷程之殊，而所謂「成佛」是依初發心之初念成佛，或是歷十信、十住、十行、十迴向、十地而等覺、妙覺，其兩者之差距甚大，故宜善思之。延壽借由「一念成佛」，主在說明「一念」當下之頓悟，但頓悟後之歷階修行，才能終保究竟成佛，要學人重視當下之一念，又能謹慎一切之修行，則延壽之學可謂是念與行兼修，不落於僅僅「一念」而已，亦不輕視修行之重要性。

三、延壽之「無念」不可思議境
——天台宗以「心」是非縱非橫，非一非異之不可思議境

　　延壽之「一念」具一切智，可照真達俗，此是約「一念」之作用而言。一念而達者，則念念相應，念念成佛，是爲明「一念成佛」義，而展現「一念心」之重要性。除此，延壽在論述一念心與外境、一切法之關係時，於《宗鏡錄》卷 98 引佛窟下雲居和尙〈心境不二篇〉云：

　　　世出世間，俱不越自一念妄心，而有一念纔起，萬像分劑，

一念相生，便成心境，若非心境，何得有念可見，既有所
見之念，又有能見之心，將知念即是境，見即是心，所見
之念便成色蘊，能見之心便成四蘊。經云：五蘊是世間，
一念具五蘊，一一蘊中皆具五蘊，故得一不礙多，多不礙
一，所以心境交通，互為賓主。[15]

　　據《佛光大辭典》對雲居和尚之敘是：「唐代末年時之牛頭宗
僧，生卒年不詳，從學於佛窟惟則，並嗣其法。嘗住於台州（浙
江）天台山雲居寺，宣揚其師佛窟之學，著有〈心境不二篇〉、《雲
居集》等。」[16]有關雲居禪師之生平，宋・道原《傳燈錄》卷 4
有載，其中有記敘雲居禪師與華嚴院僧繼宗論述「見性成佛」之
義曰：

　　師曰：清淨之性，本來湛然，無有動搖，不屬有無、淨穢、
　　長短、取捨，體自翛然，如是明見，乃名見性，性即佛，
　　佛即性，故曰見性成佛。曰：性既清淨，不屬有無，因何
　　有見？師曰：見無所見。曰：無所見因何更有見？師曰：
　　見處亦無。曰：如是見時，是誰之見？師曰：無有能見者。
　　曰：究竟其理如何？師曰：汝知否？妄計為有即有，能所
　　乃得名迷，隨見生解便墮生死。明見之人即不然，終日見
　　未嘗見，求見處體相不可得，能所俱絕，名為見性。[17]

---

[15] 大正 48・946 中。
[16] 同第二章注 81，《佛光大辭典》「雲居」條，頁 5329。
[17] 大正 51・231 上。

　　雲居所論之「見性成佛」，其義在：無有能見者，亦無所見處，歸其本是「見無所見」，是一能所俱泯之境地。而延壽所引雲居和尚〈心境不二篇〉，其義在一切法之生皆源自於「一念妄心」，由一念妄「心」而生「境」，故「心」是能見之心，見即是心；「境」是所見之念，知念即是境，心與境之關係是「不二」，即有心即有境，有境即有心。一念心（心）與五蘊（境）是互爲交通，此一念心具五蘊，是就有念之妄心而言之，是心境兩立，是妄計爲有所產生之迷執。由一（妄）念具五蘊，可知其重點在（有）念上，故延壽於引〈心境不二篇〉後，必有「無念」之義出現：

> 經云：境智互相涉入重重無盡，即是一塵含法界，一一法皆遍也，觀自一念動，即恆沙世界一時振動，觀自一念常定，即六道眾生悉皆常定，若諦了一念之體，即恆沙世界，常現自心；由迷一念，即境智胡越。[18]

　　「境」由妄心起，故境不實，以「心境不二」則此妄心亦不實。同理，若能觀自一念常定，即六道眾生悉皆常定，此乃「諦了一念之體」，如斯之觀照，始可謂是：「明見之心」。明見之人悟「求見處體相不可得」，了悟之一念乃能所俱絕之「一念」，此即是「智」，此「智」所悟之一念，即是「無念之一念」，亦可曰是「真念」。於此，則依一妄念所起之五蘊世間與依真心之真如本體，兩者之別唯在一念之真妄耳！延壽所倡之一念，在悟者是境智不二，在迷者是境智胡越。依延壽之所論述者，即有一念妄心

---

18 大正48‧946中。

則具五蘊，有一念妄心亦具三千法，[19]此就「有心」而言「具五蘊」、「具三千法」；同理，若「無心」則不具三千法，此無心之境，是謂不可思議境，如《宗鏡錄》卷38云：

> 當知四句求心不可得，求三千法亦不可得。既橫從四句生三千法不可得者，應從一念心滅生三千法耶？心滅尚不能生一法，云何能生三千法耶？若從心亦滅亦不滅生三千法者，亦滅亦不滅，其性相違，猶如水火二俱不立，云何能生三千法耶？若謂心非滅非不滅生三千法者，非滅非不滅，非能非所，云何能生三千法耶？亦縱亦橫求三千法亦不可得，非縱非橫求三千法亦不可得。言語道斷，心行處滅，故名不可思議境。《大涅槃經》云：生生不可說，生不生不可說，不生生不可說，不生不生不可說，即此義也。當知第一義中，一法不可得，況三千法。世諦中，一心尚具無量法，況三千耶！[20]

依「四句」而求「心」，實不可得。所謂「四句」即以肯定、否定、複肯定、複否定等四句來分類諸法之形式，[21]延壽所欲闡述者在「不可思議境」是超越言語與思慮，以「心」不可得，故不論心滅、亦滅亦不滅、非滅非不滅皆無有三千法可得之，其所

---

[19] 《宗鏡錄》卷23引《摩訶止觀》有關「一念三千」之文云：「此一心具十法界，一法界又具十法界，即百法界。一法界具三十種世間，百法界具三千種世間，此三千在一念心。若無心而已，介爾有心，即具三千。」（大正48‧545上）。

[20] 大正48‧639上～中。

[21] 同注16，「四句分別」條，頁1675。

強調是「一心不生三千法」之不可思議境。於第一義中，實一法不可得，此即延壽之「一念」即「無念之一念」義；惟因「無念」，惟因「不可思議境」，故一念可具五蘊，一念可具三千法。依天台宗之「一念三千」之義理敷陳中，十界可互通互往，且一念又各具十如：如是相、性、體、力、作、因、緣、果、報、本末究竟等，[22]在天台性具圓教之心態下，一念三千就眾生為煩惱世間，就佛而言則是三千佛國，此皆是不可思議境之展現，亦是延壽所倡論之「無念之一念」，在此一念中，則一念圓滿具足一切，《宗鏡錄》卷27於如是之境有所論云：

> 一念方寸，十度圓頓。[23]
> 舉足下足不離道場，於念念中常作佛事，故知通達一念，法法周圓，諦了一心，門門具足，則無邊佛事不出一塵矣！[24]

一念具足一切，佛事不離一塵，延壽以一念圓成之心態，立「一心」為宗，欲令無邊之法皆入此一念、一心中，惟關鍵在於是否能「諦了」此一心、一念耳！

---

[22] 見《宗鏡錄》卷23，有引十如與三種世間與百法界等，構造成三千世間之論述。見於（大正48‧545上）。
[23] 大正48‧568上。
[24] 大正48‧569中。

第二節 延壽之「念念具三觀之法」
——相應於天台宗之「一心三觀」

若言「一念三千」是一「觀法」所立之玄學基礎，且需仰賴「止觀」而達至其理境，則必於「一念三千」之外，當有「觀法」之論述，此即天台宗有名之「一心三觀」說。

一、延壽以「心」為「內觀返照」，可概括一切法
——天台宗以一切所見之現象皆不離三觀

據智顗《摩訶止觀》卷5上云：

> 若一法一切法，即是因緣所生法，是為假名、假觀也。若一切法即一法，我說即是空，空觀也。若非一非一切者，即是中道觀。一空一切空，無假、中而不空，總空觀也。一假一切假，無空、中而不假，總假觀也。一中一切中，無空、假而不中，總中觀也，即《中論》所說不可思議一心三觀。[25]

龍樹《中論·觀四諦品》有名之偈：「眾因緣生法，我說即是空，亦為是假名，亦是中道義。」[26]空、假、中三觀皆在「一心」之中同具。就因緣法而言，一切法皆因緣和合而成，既是因緣而

---

[25] 大正 46·55 中。
[26] 大正 30·33 中。

成，亦必由因緣而滅，故終究成「空」；雖因緣法終究成空，但諸法確然曾經暫時存在過，此即是「假」，即暫時義；諸法既是空，亦是假，此即是事物之常理，故即是「中」。空、假、中一心同具，同時完成。惟至此，理應思慮一問題，即智顗所謂之「一心」義，是否即爲延壽所了解而立其以「一心」爲宗之義。智顗以「一心具十法界」，所以稱爲「不可思議境」，並以「明不思議之觀境者，即是一念無明心」，於此可以了解智顗之「心」義，特別是在「一念無明心」上，其背景當是在「不思議境」下而言之，除此，其對「心」之釋義，於《摩訶止觀》卷 1 上云：

> 就發心更爲三：初方言，次簡非，後顯是。質多者，天竺音，此方言心，即慮知之心也。天竺又稱污栗馱，此方稱是草木之心也。又稱矣栗馱，此方是積聚精要者爲心也。今簡非者，簡積聚草木等心，專在慮知心也。[27]

「心」具多義，惟就「發心」而言，當重在「慮知之心」，所謂「慮知心」當是於事物能思慮、能分別、能判斷之當下「心」之活動。此「慮知心」之興起當有外境之相配合，而個人當下「慮知」活動之產生狀況亦各不同，惟此思慮之活動結果，將影響個人於法之趣入異途。若「心」具思慮之作用，則「心」是否可稱之爲「有」或「無」呢？於此智顗於《法華玄義》卷 1 上有云：

> 心如幻焰，但有名字，名之爲心。適言其有，不見色質。

---

[27] 大正 46‧4 上。

適言其無，復起慮想。不可以有無思度故，故名心為妙。
妙心可軌，稱之為法。心法非因非果，能如理觀，即辨因
果。[28]

　　智顗以「心」為「慮知心」，然心之「妙」正因其不可以「有」
或「無」來思度之。言「有」不見色質，於此「心」之定義已然
超越形質之義；若言「無」卻有慮想，於此「心」與「法」之相
聯性已然產生。其中所謂「妙心可軌，稱之為法」，唐・湛然《法
華玄義釋籤》卷2有如下之申述：

心性觀之，但有名字。言有則一念都無，況有十界質像也？
言無則復起三千慮想，況一界念慮耶？不可以此有無思
故。則一念心中道冷然，故知心是妙也。妙即三千，三千
即法，法故三軌，故云可軌。此之心法非因非果，此舉因
果所依之體，能如理觀，此語能取因果之觀故。[29]

　　湛然（711～782）以「一念心中道冷然，故知心是妙也」，言
此「心」之妙，妙在「三千」，即心能觀不思議境，於一念中能涵
具三千法，若「能如理觀」三千不思議境（法），則一切眾生皆能
依此三千法為一可軌循之途，而終成中道實相義。
　　延壽立一心為宗，天台強調一念三千、一心三觀，兩者之「心」
是否具有「統一性」，今舉印順導師於「心」之釋義如下：

─────────────

> 「質多」是「種種」的意義，但不就是種種，是由種種而
> 存在而長成的，所以古來的「種種積集滋長」而解說為
> 「集」。眼、耳、鼻、舌、身、意六識的認識，取之於外，
> 同時留下所認識的印象於內，即成為心。識愈攀緣得多，
> 內存的心象也愈多，所以說種種滋長。這可見心的特殊含
> 義，為精神界的統一。……此心為種種的集起義，又是種
> 種的統一義。[30]

　　心具多義，此為心之特殊性；以「心」為「種種積集滋長」
是說明心與「六識」之互動關係，於「外識攀緣多，則內存心象
愈多」，當外之境界接觸多，故六識有種種之集起，然統歸為「心」，
此為「心」具有精神之統一義。就天台所謂之「一心」與延壽所
謂之「一心」義理內涵而言，此「心」之「一」，當即具有統一義。
正因「心」具集起特殊義，故一心能具三千法，一念心可遍滿三
千大千世界，一心能三觀，三千法、三觀又為「一心」之所出，
於此又可見心之統一義。印順導師對於「心」為本有（認識作用
的種種功能，是與生具有的。）或者始有（又曰新熏說：一切認
識作用，都由經驗而漸漸生起、資長。）之論說，總結而言：

> 有情為身心相依的共存體，心理活動，是無始以來，即由
> 外而內——從識到心，又由內而外——從意到識，不斷的
> 交流。有情無始以來，即有此心此意此識，不悟時間的幻

---

[30] 印順《佛法概論》，頁111，1992年1月修訂2版，台北・正聞出版社。

惑性，推斷為本有或者始有，實在可以無須。[31]

心依外境而積集滋長，此為不可否認之事實，而吾人「心」之擾亂亦皆因「集起」而有，此是生命之共感，惟如何於觸境集起之當下，能把握心之清明，此即宗教實踐上之必修科目，於此，「觀心」或「如何觀心？」則成為必然之討論內容。至於心為本有或始有，或許可暫置之，於心、意、識之不斷交流中，如何安頓此「心」實為較重要之事。

對於一心三觀之看法，延壽舉傅大士之頌而釋之，於《宗鏡錄》卷36云：

> 傅大士頌云：獨自精其實離聲名，三觀一心融萬品，荊棘叢林何處生？
> 釋曰：若能內觀返照，獨精自心，何言詮所及？故云其實離聲名。了此一念心，起處不可得，是名空觀。即於空處見生法，似有現顯，故云一切法。是一切法非於無性無像，而有得有像，是名假觀。求空不得空，尋假不得假，非空非假，全是一心，是名中觀。念念具三觀之法，塵塵成佛智之門，故云三觀一心融萬品。[32]

延壽所釋之義在「內觀返照」上，此即是吾人之「一心」，空、假、中三觀皆由一心起，故云「念念具三觀之法」。若以延壽之「一

---

[31] 同前註，頁112~113。
[32] 大正48‧623上~中。

心」思想相比於天台之一心三觀，則兩者之主要處在「一心」上，天台以一心三觀將一切所見之現象無非不離三觀，即不離一心；而延壽之所注重在以「一心」而概括一切法，其真正之用意是：「仰佛法遐蹤，神功浩曠，求茲非遠，寄以一心，體之有原，總乎三智。若其假方便以致殊，會歸一道寂然而雙照。」[33]能使假殊之現象皆能會歸於一道，正是普會之心態，亦是延壽立一心爲宗之目的。

二、延壽以「一心」爲會歸一致，以三觀三智爲假方便而致殊——天台宗以「一念」中具足圓融三諦

智顗《摩訶止觀》卷 5 上於「一心三觀」之論述後又云：

> 軌則行人呼爲三法，所照爲三諦，所發爲三觀，觀成爲三智，教他呼爲三語，歸宗呼爲三趣，得斯意類，一切皆成法門。[34]

「觀」是觀察，此乃就主觀之觀察者而言之，故曰「所發爲三觀」；「諦」是真理，是就觀察所得之真理而言之，故曰「所照爲三諦」，空、假、中「三觀三諦」，實一體之兩面。至於稱「三法」、「三智」、「三語」與「三趣」亦皆是依不同之所成而有，然一切總是「名異義同」。據智顗《維摩經玄疏》卷 2 提出「明此一

---

[33] 《宗鏡錄》卷 35，大正 48・621 中。
[34] 大正 46・55 下。

心三觀亦爲三意」者有言：

> 一明所觀不思議之境，二明能觀三觀，三明證成。一明不
> 思議之觀境者，即是一念無明心，因緣所生十法界以為境
> 也。……二明能觀者，若觀此一念無明之心，非空非假，
> 一切諸法亦非空非假，而能知心空假，即照一切法空假；
> 是則一心三觀，圓照三諦之理，不斷癡愛起諸明脫，若水
> 澄清，珠相自現，此即觀行即也。三明證成者，若證一心
> 三觀，即是一心三智五眼也。[35]

　　「明不思議之觀境」，即「一念無明心」，此單止在一念無明
心內無妨閡，實是皆就「不思議」而言之，既是不思議，故須彌
可入芥子不相妨閡，「一念無明心」亦當具有三千世界之一切諸
法。「明能觀者」，即觀此「一念無明心」非空非假，則一切法亦
非空非假；依「一心三觀」而言空、假、中亦皆有其立法之義，
如作「空觀」，則假、中亦空，同理，假觀與中觀亦皆如是。「明
證成者」則作證當是「一心三觀」之圓照三諦。此「三明」實謂
一切諸法之境，皆爲一境三諦，若能依之三觀而觀察一切法，即
可修得三諦圓融、取證圓融三觀，故智顗稱：「辨一心三觀者，正
是圓教利根菩薩之所修習。所以者何？不思議心因緣之理甚深微
妙，其觀慧門難解難入。」[36]此空、假、中三諦是有所本也，據
《菩薩瓔珞本業經・賢聖學觀品》[37]所云：

---

[35] 大正 38・528 下～529 上。
[36] 同前注，大正 38・528 下。
[37] 《菩薩瓔珞本業經》(以下簡稱《瓔珞經》)，共 2 卷，爲後秦・竺佛念譯。

初地上有三觀心入一切地。三觀者,從假入空,名二諦觀。
從空入假,名平等觀。是二觀方便道,因是二空觀,得入
中道第一義諦觀。[38]

又據《佛說仁王般若波羅蜜經‧二諦品》[39]所云:

若有若無者,即世諦也。以三諦攝一切法,空諦、色諦、
心諦故,我說一切法不出三諦。[40]

《瓔珞經》與《仁王般若經》各有其不同三觀與三諦之名稱,
然其相似處於「三觀心入一切地」與「三諦攝一切法」,由三觀、
三諦總融一切法,此是共同之心態。智顗於此兩部經之三觀、三
諦之思維上,在其著作中亦多有發揮與闡述,如:《摩訶止觀》卷
1下所云:

若謂即空、即假、即中者,雖三而一,雖一而三,不相妨
礙。三種皆空者,言思道斷故。三種皆假者,但有名字故。
三種皆中者,即是實相故。但以空為名,即具假、中。悟
空即悟假、中。餘亦如是。……上來所說既多,今以三種
止觀結之。[41]

---

[38] 大正 24‧1014 中。
[39] 《佛說仁王般若波羅蜜經》(以下簡稱《仁王般若經》),共 2 卷,為後秦‧鳩
摩羅什譯。
[40] 大正 8‧829 中。
[41] 大正 46‧7 中。

　　眾生於一法起種種解，此雖可解，然於人實無法詳細委記，故以「三種止觀結之」，是智顗在法之解上以「空、假、中」三法，即可總觀察一切法而得之結論。又智顗於《摩訶止觀》卷3上引《瓔珞經》中有關「三觀」之文後，並再釋曰：

> 所言二諦者，觀假為入空之詮，空由詮會，能所合論，故言二諦觀。又會空之日，非但見空，亦復識假，如雲除發障，上顯下明，由真假顯得是二諦觀。……從空入假，名平等觀者，若是入空，尚無空可有，何假可入？當知此觀為化眾生，知真非真，方便出假，故言從空。分別藥病而無差謬，故言入假，平等者，望前稱平等也。前觀破假病，不用假法，但用真法。破一不破一，未為平等。後觀破空病，還用假法，破用既均，異時相望，故言平等也。……中道第一義觀者，前觀假空，是空生死，後觀空空，是空涅槃，雙遮二邊，是名二空觀為方便道，得會中道。[42]

　　《瓔珞經》所言之三觀是：二諦觀、不等觀與中道第一義諦觀。二諦觀其重點在「從假入空」，首在「觀假」，明一切法皆「因緣和合，終究成空」；由「觀假」自能明「空」之義，故曰「觀假為入空之詮」；「空」是因觀「假」而顯，「假」是明「空」之方便法，故曰「空由詮會」。此「假」與「空」是互顯而得，是「能所合論」，故言「二諦觀」。平等觀是「從空入假」，然「空」並非是有一實物可謂之「空」，「空」當由「假」而顯，故所謂「從空入

---

[42] 大正46‧24中～下。

假」，實無法有所謂「入空」之事，此觀是爲化導眾生，明空非空
（知真非真），不落於執空之病，但於世間之法能明其方便處，故
言「從空入假」。此觀之所以號曰「平等」，在於與前之二諦觀相
較而言之，前之二諦觀是爲破「假」病，以「空」即可破「假」，
故曰「破一（假）不破一（空）」，尚未平等。而平等觀之重點在
於破執空之病，惟爲破執空但需用假法，故曰「破（空）用（假）
既均」，是爲平等。第三觀是中道第一義觀，能「觀假」終是成「空」，
此即「觀假空」；能「觀假空」，即能不執生死，此是「空生死」。
能「觀空」非「空」，此即「觀空空」；能「觀空空」，即能不住涅
槃，此是「空涅槃」。能由觀假空與觀空空之方便道中，雙遮生死
與涅槃兩邊，以契達生死即涅槃，即能會入中道第一義諦。

　　天台思想以「一念三千」、「一心三觀」以達「三諦圓融」爲
中心。尤惠貞先生曾就「一念三千」可明天台「性具」思想有一
論說：

　　　　智者即依所觀之不可思議境而說明一切法的存在，亦即依
　　　　「一念三千」之不思議境以明天台性具思想之圓滿具足一
　　　　切法。[43]

　　由觀察一念三千之不思議境，得成圓滿具足一切法，此謂眾
生一念之中具足圓融三諦，觀此三諦之真理即是三觀，三觀由「一
心」得，故稱「一心三觀」。延壽《宗鏡錄》以「一心」爲思想標

---

[43] 尤惠貞《天台宗性具圓教之研究》，頁60，1993年5月初版，台北·文津出
　　版社。

宗，今且列舉其中有關天台「一心三觀」之文，如卷 35 云：

> 台教三觀者。《三觀義》云：夫三寸之管，氣序不衰；一尺
> 之表，朝陽可測。是知得其道者，豈遠乎哉！三觀，詣理
> 之妙門，今明此義，故借為喻也。仰佛法邈蹤，神功浩曠，
> 求茲非遠，寄以一心。體之有原，總乎三智，若其假方便
> 以致殊，會歸一道寂然而雙照。[44]

　　智顗著有《三觀義》，[45] 其中所言「寄以一心」，意謂三觀可
由「一心」得，故曰「得其道者，豈遠乎哉！」言三觀或三智，
皆是「假方便以致殊」，若「會歸一道」即「寂然而雙照」。延壽
引智顗之《三觀義》唯在強調「一心」才是究竟，「一心」是「會
歸」所得之果，而延壽之用意與心態即在此「一心」之上。《宗鏡
錄》卷 35 又云：

> 三觀之名，出自《瓔珞經》。云從假入空名二諦觀，從空入
> 假名平等觀，雙照二諦心心寂滅，自然流入薩婆若海也。
> 天台疏問曰：三觀俱照二諦，有何等殊？答曰：前觀雖照
> 二諦破用不等，次觀亦照二諦破用平等，既不見中道，但
> 是異時平等。第三觀者，得見中道雙照二諦，即是一時平
> 等也。若修觀心，還用前二觀雙亡雙照之方便也。雙亡方
> 便者，初觀知俗非俗，即是俗空。次觀知真非真，即是真

---

[44] 大正 48・621 中。
[45] 《三觀義》共 2 卷，今收錄於《卍續藏經》第 99 冊。上所引之文見於頁 37d。

> 空。非真非俗，即是中道，因是二空觀入中道第一義諦觀。
> 今明一心三觀者。一明所觀不思議之境者，即是一念無明
> 心，因緣所生十法界以為境也，此心神微妙，一念具一切
> 三世諸心諸法。……二明能觀者，若觀此一念無明之心，
> 非空非假，一切諸法亦非空假，而能知心空假，即照一切
> 法空假，是即一心三觀，圓照三諦之理。……三明證成者，
> 若證一心三觀，即是一心三智五眼也。[46]

　　延壽之引文，是《瓔珞經》之「三觀」本義，再加上智顗之
闡述論說。天台由「一心三觀」而至「圓照三諦」，且終究證悟「一
心、三智、五眼」之思想，顯然被延壽所重視與採用。

第三節　延壽之「觀心」法門
——與天台宗「止觀法門」
之「觀心」義

　　天台宗於中國佛學可謂是一代表性，其義理思想已不循印度
之軌轍，其圓教所判是予釋迦一代時教之歸納安頓，法義內容既
重「教相」，亦重「觀心」，予後世之中國佛學發展啟示甚大，其
重要性與地位實不可撼動耳！延壽立「一心爲宗」，實有受之於天
台思想者，冉雲華先生曾據池田魯彥之統計，予延壽著作中所引
用與天台宗相關者有一段記述：

---

46 大正 48・621 中~下。

延壽著作中所引用的天台宗著作，有書名可查的有二十四種；以「台教」和「天台」為號的引文有六十八次。其中最常見的引文來自《摩訶止觀》（四十八次）、《法華玄義》（二十五次）、《淨名玄疏》（二十三次）、《涅槃玄義》（十次）等，都是天台大師的經典之作。其他天台宗大師的著作。最受延壽注意的是湛然所著《止觀輔傳弘決》一書，在《宗鏡錄》中出現過十五次。[47]

延壽《宗鏡錄》有百科全書之謂，將佛教各重要經論會歸入於「一心」之中，引用天台之思想者，亦是如是之心態。天台重一念心（一念無明法性心）、一心三觀，皆為延壽之所引用敷陳與重視，而「觀心」之實踐，延壽更有以「觀心」為題之《觀心玄樞》一書，主述「觀心」之要，內容要義已於第二章第三節中詳論之，如是皆可看出延壽「一心」思想與天台觀心思想之相關性。

一、延壽由「一心」而「觀心」
──天台宗所謂之「觀心」是「一心成觀」

「一念三千」、「一心三觀」與「三諦圓融」雖是天台之重要思想，然智顗向來重視定慧兼修，若以「一念三千」為修持「觀法」所立之玄學基礎，而「一心三觀」與「三諦圓融」正是凸顯一切「觀法」皆可在「一心」之中求得，則智顗至此必有所謂如何「觀」此「心」之修證說明，此即是「觀心」之實踐修學於焉

出現。「觀心」於智顗之重要性，釋慧嶽法師有一論說：

> 教觀雙美的天台教學，是智者大師獨創的教學組織。教相
> 門：將法界的實相、眾生的本質，攝入於整個的組織而闡
> 明其圓融體系。觀心門：乃智者大師的頭陀妙悟所體驗而
> 組織的止觀法門的修道體系。……是以「教相」和「觀心」
> 必須站在相依相關的立場，如能轉迷啟悟，斷惑證真，而
> 了知佛教的真面目。[48]

「觀心」是智顗「止觀法門的修道體系」，其「觀心」之內涵
意義，是否即是延壽所謂之「觀心」呢？於此，將先就智顗之「觀
心」做一探究。上文已略敷陳智顗於「心」之義，以「心不可以
有無思度」，故「心為妙」，然「觀心」之法需與「教相」「站在相
依相關的立場」，「始能了知佛教的真面目」，而「教相」之特色所
成是一「圓融」體系，故由「心」至「觀心」，智顗所強調者是「一
心成觀」，如《法華玄義》卷1上云：

> 由一心成觀，亦轉教餘，心名之為經。[49]

一切之觀法皆由「一心」所成，唯因觀法各不同，此即「教」
之所以產生。各宗派皆依其教法而釋之各經，以成其宗風教相，
然實皆依一心之所成，惟各教家依所論之「經」而言，則「心」

---

[48] 釋慧嶽《天台教學史·緒言》，頁1～2，1983年3月初版，台北·彌勒出版
社。
[49] 大正33·685下。

可名為經也。智顗於《法華玄義》卷 1 上，有「明觀心者」之標目，今條列其重點如下：

1. 心即實相。

> 心本無名，亦無無名。心名不生，亦復不滅，心即實相。
> 初觀為因，觀成為果。以觀心故，惡覺不起。心數塵勞，
> 若同若異，皆被化而轉，是為觀心。[50]

「心不可以有無思度」，同理，心亦無法言其名或無名、無無名。雖不見色質，但有慮想，其「妙」即在不生不滅，故以「心即實相」來闡明「心」之超越性。所謂「實相非相」，其義在於「實相」者，並非有一實物可見之相，故又言「非相」；然「非相」又是「實相」，雖言是「非相」，但並非是空無所有，故又是「實相」，「心」之「妙」即在此。而「觀心」之重要，在於「初觀為因」，言當下之初念；再「觀成為果」，即多一層之思慮而成。「觀心」之法，可使學人於心之思慮間多一次之悟覺，故言「以觀心故，惡覺不起」，因在觀心之當下，可止息紛雜惡想，而「心數塵勞，皆被化而轉」，正是觀心之目的。以觀心所得之悟覺而言，則「心」可謂是「實相」，能悟得中道之實相義。

2. 一心得解脫，一切皆解脫。

《法華玄義》卷 1 上云：

---

[50] 同前注。

觀心生起者，以心觀心，由能觀心，有所觀境，以觀契境
故，從心得解脫故。若一心得解脫，能令一切數皆得解脫
故。分別心王心數同起偏起等，即是教相故。[51]

以「心」爲「能」，能是主體，「由能觀心」，即「由主體觀主
體」，則所觀之境亦是主體，故能得「觀契境」，一切皆與主體相
印契，自能「心得解脫」。在一念心具涵三千法中，一心得解脫，
即能令一切皆得解脫。此一心得解脫，一切皆解脫，是由「觀心」
之「生起」，即「以心觀心」而得成。心能解脫自在，正是「觀心」
法門之最重要目的，亦是解脫之根本之道。至於分別心王心數之
同起偏起等問題，此僅是有關教相之部份。

3. 心是諸法之本。觀己心則爲易。

觀心開合者，心是諸法之本，心即總也。別說有三種心：
煩惱心是三支，苦果心是七支，業心是二支。苦心即法身，
是心體；煩惱心即般若，是心宗；業心即解脫，是心用，
即開心為三也。分別十二因緣心生，即有六道差降；分別
心滅，即有四聖高下。是為教相，兼於開合也。[52]

以心爲「總」，實言其爲「一」，一切諸法無不由「心」而生，
此就「合」而言。若就「開」而言，可別說三種心。智顗以三心

---

[51] 同注 49。
[52] 大正 33‧686 上。

與十二因緣、十法界兼之論述，其中之煩惱、苦果與業心，一轉即是般若、法身與解脫，而關鍵處即在「心」。故分別心起，則輪迴六道；分別心滅，即入四聖位階。而觀心之開合，正決定心是煩惱或般若，此可明觀心於人修行之重要處。

「心是諸法之本」是智顗之所明述者，然其更於《法華玄義》卷2上就「廣釋心法者」，提出所謂「觀心」即是「自觀己心」之論點，如文云：

> 廣釋心法者。前所明法，豈得異心。但眾生法太廣，佛法太高。於初學為難，然心佛及眾生，是三無差別者，但自觀心則為易。《涅槃》云：一切眾生具足三定，上定者謂佛性也。能觀心性名為上定，上能兼下，即攝得眾生法也。《華嚴》云：遊心法界如虛空，則知諸佛之境界。法界即中也，虛空即空也，心佛即假也，三種具即佛境界也，是為觀心仍具佛法。……觀心自生心不須藉緣，藉緣有心，心無生力。心無生力，緣亦無生，心緣各無，合云何有？合尚叵得，離則不生，尚無一生，況有百界千法耶？以心空故，從心所生一切皆空。……又心法者，心佛及眾生，是三無差別，是名心法也。[53]

所謂「心法」即以「己心」為「法」，己心生則法生，己心滅則法滅，一切法唯是「一己心」，在「心佛及眾生，是三無差別」下，所強調者在「心」，在「己心」，故所謂「心法」是「己心之

---

[53] 大正33‧696上～中。

法」，所謂「觀心」即「自觀己心」。一旦能自觀己之心性，即具
足上定，則必能兼攝一切眾生法。此即明示「觀己心」之重要性。
智顗更舉華嚴之「遊心法界如虛空」，可明空、假、中三者皆具，
此即佛之境界，故觀心（遊心）實亦是佛法，此乃為說明三觀實
「一心」得，而此「一心」即「己心」、即「一己心」。由自觀己
心，即不須假藉一切外緣，「心無生力，緣亦無生」，如是則心、
緣皆空，以「心空」故一切因心之所生者，亦是一切皆空。故智
顗所謂之「心法」，即「己心之法」，由「己心之法」可明眾生法
與佛法，此重點在「心、佛與眾生三無差別」上，「心」是通往佛
法與眾生法之關鍵，此亦可謂是一「唯心說」。演培法師於〈天台
唯心說的探索〉一文中，對天台「觀心」法門有所論述：

> 有說：如以《法華經》所說為釋迦的實相觀，則《中觀論》
> 所說自是龍樹的實相觀，然而不管是佛或菩薩的實相觀，
> 都是立本於唯心說的。……從上所說心是諸佛不思議解脫
> 等看來，無疑這是屬於理心，不過從事理不二、性修不二
> 來講，事心實即理心，理心亦即事心，所以我人的一念妄
> 心，就是諸佛所悟的不思議解脫真心。真心本是不可說的，
> 但由於因緣，又不得不說，四教（藏通別圓）所說，實是
> 為此。因而天台家所說，並未出於唯心說的常例。[54]

此段論述天台之唯心說，亦是表現天台教觀法門之關係與特

---

[54] 見於張曼濤主編《天臺思想論集》，頁 278～280，《現代佛教學術叢刊》57，
1979 年 5 月初版，台北‧大乘文化出版社。

色,教依觀而起,觀依教而生,然不論其義理敷陳有何差異處,教(四教)不離空、假、中,而觀(三觀)為四教之實踐,兩者皆同以「一心為本」,以「心」為立說之要,則或謂天台是「唯心說」實亦不為過。故演培法師更謂:「所謂大乘,一切是唯心教,唯心教可說是有大乘的所以。」[55]大乘之所以稱「大」,當在其「行願」、心量上而言之,於此,印順導師有言:「佛法的如實相,無所謂大小,大乘與小乘,只能從行願中去分別。」[56]惟一切皆能納入個人之「心」上,則佛法之圓融思想、圓融心態才能真正落實於修證者之身上,終悟「大」之內涵理境。

4. 觀心為上定。

《法華玄義》卷1上云:

> 觀心引證者,《釋論》云:一陰名色,四陰名名,心但是名也。《大經》云:能觀心性,名為上定,上定者第一義定,證心是體。《大經》云:夫有心者,皆當得三菩提心,是宗也。《遺教》云:制心一處,無事不辦,心是用也。《釋論》云:三界無別法,唯是一心作。心能地獄,心能天堂。心能凡夫,心能賢聖。覺觀心是語本,以心分別於心,證心是教相也。[57]

此段為引證諸經論於「觀心」之論說,其中之論述採「名、

---

[55] 同前注,頁279。
[56] 同注30,〈自序〉頁1。
[57] 大正33‧685下。

體、宗、用、教」之方式，對於此種特色，日本學者關口真大於〈天台止觀的構成和特色〉一文中有所論說：

> 天台大師以《法華經》為始，對一切經典的注疏，均以因緣、約教、本迹、觀心之四種釋。論述其教義即以名、體、宗、用、教的五重玄義的方式。……觀心釋，是從觀門之立場的解釋。若尋迹，迹廣而徒勞。若尋本，本高容易而極難。日夜只是數他寶，結果而自無半分錢。所以不能不把經文的文句一一地常以心觀讀誦之。這是天台大師自己體驗實證，而給後學之實踐修證之規範的解釋。[58]

　　「觀心」法門不僅僅是天台大師於經典論釋之方式之一，亦是自證之心得。智顗借由引證各經論中有關「心」、「一心」與「觀心」之義，來加強其「觀心」法門之殊勝處。以心是體而言，能觀心性，即名為上定（第一義定），此謂「定」力當由觀心而得。以心是宗而言，凡言「有心」，則皆當得三菩提心。以心是用言之，則若能「制心一處」，則「無事不辦」，此謂一切法皆由心成。以證心是教相而言，「三界唯是一心作」，以地獄或天堂之別，其關鍵處唯在「心」而成，成凡成聖亦然由「心」。於「心」之證悟不同，以及如何「觀心」之差別上，終決定各宗派於教相上之異趣。

---

58 見於張曼濤主編《天臺典籍研究》，頁 53～54，《現代佛教學術叢刊》58，1979 年 6 月初版，台北・大乘文化出版社。

5. 不習觀（心）之法，將造成偏觀之失。

《法華玄義》卷 1 上云：

> 《華嚴》云：譬如貧窮人，日夜數他寶，自無半錢分，偏
> 聞之失也。未得謂得，未證謂證，偏觀之失也。何者？視
> 聽馳散，如風中燈，照物不了。但貴耳入口出，都不治心。
> 自是陵人增見長非，把刀自傷，解牽惡道，由其不習觀
> 也。……若欲免貧窮，當勤三觀。[59]

於法義之了解，甚或是於觀法之了解，此乃是「數他寶」而
已，因無自證之得，則恍若貧窮子，終無半錢可分得。如是實源
於「不習觀（心）」之法而造成，而所謂「偏觀之失」是己未修得
而謂修得，己未證悟而謂證悟，此於佛法是大妄語。智顗將此情
況喻為：「如風中燈，照物不了」，「燈」喻吾人之「心」，「風」喻
外在之干擾，受干擾之心，是處於煩躁、不定之狀態，「心」一旦
不定終將影響視聽而造成錯誤之判斷，而此皆因於「不治心」、「不
習觀」之弊病。惟視聽之本在「心」，要修心，則要「觀心」，而
觀心實與三觀、一心三觀相依而得。

6. 不習聞，易墮增上慢。

《法華玄義》卷 1 上云：

> 若觀心人謂：即心而是，已則均佛。都不尋經論，墮增上

---

[59] 大正 33・686 上。

慢,此則抱炬自燒,行牽惡道,由不習聞也。……欲免上
慢,當聞六即世間:相常住,理即也;於諸過去佛,若有
聞一句,名字即也;深信隨喜,觀行即也;六根清淨,相
似即也;安住實智中,分證即也;唯佛與佛究盡實相,究
竟即也。[60]

不習觀將造成偏觀之失,然觀心不當又易患增上慢心,其理
在「觀心」者以「心」為重,以為「即心而是」,一切外學皆不足
取,以「心即佛」,觀心即成佛,不需再尋經論,將修證之學看輕,
則人生之奮鬥積極面亦將消失,如是則人生往往易墮於如如而
生,如如而死之消極;或以「成佛」已然達成,從此悠悠無事,
如是則「抱炬自燒,行牽惡道」。為免觀心者,輕視「聞」、不習
聞,智顗提出「六即」,此六即是修行之次第,可令學人能明位次
之高下,能精進修持而不生上慢心,有奮鬥之目標而能重視聞與
觀。此「六即」之義,今略引《佛光大辭典》「六即條」所述:

理即:謂一切眾生悉住於佛性如來藏之理。名字即:指聽
聞一實菩提之說,而於名字(名言概念)之中通達解了之
位。觀行即,謂既知名字而起觀行,心觀明了,理慧相應
之位。相似即:謂止觀愈趨明靜而得六根清淨,斷除見思
之惑,制伏無明,相似於真證者。分證即:又作分真即,
謂分斷無明而證得一分之中道者。究竟即:究竟諸法實相

之位。[61]

此六即之位，是由凡夫而登聖位之歷程，《佛光大辭典》對此六即相配於修行階次之總論是：「理即（未聞佛法）、名字即（已聞佛法）、觀行即（外凡）、相似即（內凡）、分真即（分證）、究竟即（極證）。」[62]由未聞至已聞，代表「習聞」之經歷；由外凡至內凡，代表「習觀」之修行，此時已「心觀明了」、「止觀愈趨明靜」，此正是「觀心」之得悟；由習聞而習觀再精進修持，可證入分證以達極證。智顗所提之「明觀心者」，顯然雖以「觀心」為重，但觀心不廢習聞，習聞可矯「觀心」歷程中之偏失，而「六即」可破「觀心者」唯然以「心」為佛而產生慢心，慢心一旦起，終無法證入究竟諸法實相之位。智顗於《摩訶止觀》卷1下對此「六即」之作用與相關性有論云：

> 若無智，起增上慢，謂己均佛。為此事故，須知六即……
> 此六即者，始凡終聖，始凡故除疑怯，終聖故除慢大。[63]

六即可使「始凡」除疑生信，信修行歷程可逐一踏實而證得；可使「終聖」捐去慢大，明聖位之修證需步步精進、念念分明。

7.觀心之必要性──使聞慧兼修，義觀雙舉。

《法華玄義》卷1上云：

---

[61] 同注16，「六即」條，頁1275～1276。
[62] 同前注，頁1276。
[63] 大正46‧10中。

觀心料簡者。問：事解已足，何煩觀心？答：《大論》云：
佛為信行人以樹為喻，為法行人以身為喻。今亦如是，為
文字人約事解釋，為坐禪人作觀心解。又論作四句評。有
慧無多聞，是不知實相，譬如大闇中有目無所見。多聞無
智慧，亦不知實相，譬如大明中有燈而無照。多聞利智慧，
是所說應受，無聞無智慧，是名人身牛。今使聞慧兼修，
義觀雙舉。[64]

　　於「法」義或已然了解，或於「觀心」之說亦已明曉，但若
不能實修實證於「觀心」法門，終將無法達到了悟「實相」之境。
智顗以「一念三千」、「一心三觀」為義、為理論，此重在「聞」
之上；以「觀心」為觀、為修證，此是「慧」之表現。由事解已
足，且再進一步「觀心」，正是智顗所謂之「聞慧兼修，義觀雙舉」，
而「觀心」之必要性，亦在凸顯欲明中道實相，必待由聞思而修
慧以達成，而「觀心」正是修慧之必要工夫歷程。然修慧者當依
多聞為背景，智顗以「聞與慧」之四種呈現，強調「多聞利智慧，
是所說應受」，多聞能助長智慧之開展，而真正有智慧者，亦必能
依法義而落實證得，故欲使自己能聞慧兼修、義觀雙舉，則「觀
心」之修證則為必要之行。

　　上之所謂「明觀心者」，此「心」即是實相，是一切諸法之本，
「心」之義確定後，則依此「心」而所行之觀法，必可通達中道
實相義，故一心得解脫，則一切必當皆得解脫，惟此乃根植於一
心是全體大用之使然，以心、佛與眾生是三無差別上而觀照一切。

---

[64] 大正 33・686 上。

然智顗於一念心之界定上有「一念無明法性心」之說，[65]無明與法性是一體之兩面，而一念心可成善或惡法，皆在眾生之當下一念心之迷悟耳！於此即見「觀心」之方向，將決定所呈現者是無明或法性，正因無明與法性是相即相合，故心念之轉化，可由無明之惑業苦直登法性之清淨，彼此本通體無礙，而此正是圓教之心態，亦是圓頓解脫之所依據。依無明法性相依相即，則如何「觀」一念「心」則是實踐之行，故以「觀心」為上定，而「觀心」亦當由觀己心開始，一旦不習「觀心」，或觀心有所偏失，皆是遠離中道實相。

二、延壽主張「觀心」是開發自身寶藏 ——天台宗強調「觀心即觀自心」

　　智顗於《法華玄義》「明觀心者」中，將「心」、「一心」與「觀心」之義、作用與重要性皆已有論說。然智顗另有《觀心論》共1卷，[66]灌頂（561～632）為之作疏而成《觀心論疏》共5卷。[67]足見智顗對「觀心」問題之重視，此論採「問答」之方式，且以偈語為主文，起首先述造斯論之因，如《觀心論》云：

　　佛經無量，論亦甚多，是事共知。但弘法之人為利物故，

---

[65] 智顗《四念處》：「無明法性十法界即是不可思議一心，具一切因緣所生法。一句名為：一念無明法性心。若廣說四句成一偈，即因緣所生心，即空、即假、即中。」（大正46・578下）

[66] 收錄於《大正藏》第46冊。提名：天台修禪寺沙門智者述，另：天台智者大師說。

[67] 收錄於《大正藏》第46冊。

多施加水之乳。致令聽受之者失真道味，四眾轉就澆離，
致使信心之者漸歇薄談。將恐深廣大法不久停留，眾生眼
滅失正法利，是以閒生悲傷，煩究難忍。……輒承三寶力，
故作斯論也。大意有二：一者自責為諸學徒。二者外諸四
眾脫能信受亦可傳之。[68]

此《觀心論》亦名《煎乳論》，「乳」為純原味，「加水之乳」
已失真道味，智顗以「觀心」為弘法之真道味。佛經與論雖多，
但為弘法之便，可能廣引他義，致使「觀心」之法已「漸歇薄談」，
「觀心」特被提出，實為使學徒與四眾咸能信受而傳之，以知法
之真味。今將《觀心論》中重要之論點列出：

1. 四念處為觀心之戒法。

《觀心論》卷1云：

> 大師將涅槃，慈父有遺囑，四念處修道，當依木叉住。我
> 等非佛子，不念此遺囑，乘緩內無道，戒緩墮三塗。由不
> 問觀心，令他信漸薄。[69]

所謂「四念處」即「四念住」，將心念集中置於一處上，以防
止妄想雜念之紛飛，其內涵包括：身念住、受念住、心念住與法
念住，即就身、受、心、法之無常、苦、空而觀照以解脫之，故

---

[68] 大正 46・584 中。
[69] 同前註。

言「四念處修道，當依木叉住」，四念處是修道中之戒法，亦是觀心法門之一種。智顗著有《四念處》共 4 卷，[70]於卷 1 中有言四念處是「修觀」之法：

> 說即是教，稟教修觀，以修觀故名修四念處。……比丘當依四念處行道，依波羅提木叉住。……佛之遺囑，以戒為師。……依木叉住者，木叉名保得解脫。若依木叉住者，保脫世間熱惱。[71]

四念處是一種教法，但更是一種「修觀」之法，有「修觀」才能堅固信心，依「波羅提木叉」（意譯為隨順解脫、處處解脫等）[72]住，即依戒法而行，可防惡增善。「四念處」可謂是觀心之戒法，故智顗於《四念處》卷 1 云：「若無念處慧，一切行法皆非佛法，非行道人。」[73]觀心若遠離四念處之戒法，則是遠離佛法，可見「觀心」法門確是一有「法」可循之道。

2. 不知觀心，則一切皆無所獲。

《觀心論》卷 1 云：

> 不知問觀心，聞慧終不發。不知問觀心，思慧終不生。不

---

[70] 收錄於《大正藏》第 46 冊。提名：隋天台山修禪寺智者大師說，門人章安灌頂記。

[71] 大正 46・556 中～557 上。

[72] 同注 16，「波羅提木叉」條，頁 3444。

[73] 大正 46・557 上。

知問觀心，修慧終不成。不知問觀心，困苦無所獲。不知
問觀心，未得真實樂。不知問觀心，盲禪無所見。不知問
觀心，罪終難得脫。不知問觀心，煩惱終不滅。不知問觀
心，退轉令他謗。不知問觀心，退還大污損。不知問觀心，
如貧數他寶。不知問觀心，心馬終不調。[74]

「慧學」總括有聞慧、思慧與修慧，皆由觀心而得。佛法有
三無漏學、六度萬行，一皆以「慧」為根柢，捨「慧」則六度萬
行將成邪行、「無漏」亦終不可得。「觀心」可助成智慧，亦是一
切求法之基礎，故「不知問觀心」，終造成困苦、盲禪、煩惱、退
轉等過失。

3. 能觀心者，必得大利益。

《觀心論》卷 1 云：

若能問觀心，破一微塵中，出大千經卷，受持讀誦此，聞
持無遺忘，心開得解脫。若能問觀心，得真法富貴。若能
問觀心，即安貧養道。若能問觀心，和合如水乳。……若
觀一念心，能答此問者，當知心眼開，得入清涼池。[75]

不觀心者有眾過失，反之，若能觀心則能得解脫、得真法、
能安貧養道，此是因觀心而得之大利益。惟智顗更強調由「觀一

---

[74] 大正 46 · 584 下～585 上。
[75] 大正 46 · 585 中～下。

念心」中，若對佛法中之諸細門皆可應答，此即是「心眼開」，換言之；「心眼開」是「觀心」成否之一評量，而「心眼開」之界定，是在諸法義上之融會貫通，即智顗所謂之「能答此問者」，並非是外相神通所現之「心眼開」。

4. 觀心之失——將得「邪定發見」。

智顗對造此《觀心論》是為破「邪定發見」有一論說，如《觀心論》卷 1 中所云：

> 末代修觀心，得邪定發見，辯才無窮盡，自謂人間寶，無知者鼻嗅，野狐氣衝眼，舉尾共郤行，次第墮坑殞，為是因緣故，須造《觀心論》。守鼻隔安般，及修不淨觀，安般得四禪，不免泥梨業，不淨謂無學，覆鉢受女飯，設得隨禪生，墮長壽天難，為是因緣故，須造觀心論。[76]

智顗對修「觀心」法門所易造成之混淆不清，提出所謂觀心並非只是逞口舌之辯才而已，觀心可得「慧」，然智慧展現於辯才上應是如理而解，如理而行，是解行兼蓄之。觀心雖不離四念處，但並非只是守鼻、修不淨觀、禪坐、得四禪而已，否則亦是泥梨（地獄）業與墮長壽天之憾耳！智顗其「觀心」法門之立，顯然不是類似住於某一種「觀法」之上而已，故曰「觀心」而不云是「住心」，其「觀心」理應是靜非靜、是動非動，是一教觀並融、解行合一，是一種活潑、當下分明之觀法。

---

[76] 大正 46‧585 上。

5. 觀心是觀自生心。

智顗造《觀心論》，除強調「觀心」於修行之重要性外，更以「起三十六問」之方式，來檢驗修行者是否已證悟，其三十六問重在「觀自生心」上，如《觀心論》卷 1 云：

> 諸有觀心入道得定生倒解，辯說無窮，自謂人間之寶，豈知邪慢熾然也。今作此問，若句句不知，何得未得謂得，未證謂證。……今但問觀初自生一句，起三十六問，若於觀心能答此問無滯礙者，當知此行人六種即中入觀行即，五品弟子中即是入初隨喜位。……問觀自生心，云何於觀心，不共世間法，能得十八種？問觀自生心，云何於此心，莊嚴菩提樹，建清淨道場？問觀自生心，云何於此心，見一切根緣，通達無罣礙？問觀自生心，云何知此心，具一切佛法，無一法出心？問觀自生心，云何知此心，即平等法界，佛不度眾生？問觀自生心，云何知此心，法界如虛空，畢竟無所念？問觀自生心，云何無文字，一切言語斷，寂然無言說？[77]

　　爲避免觀心者自以爲己「入道得定」而產生之邪慢，特設用三十六問可見觀心者之功力，若無法答問清楚明曉，即是「未得未證」者。若答問無滯礙者，即是六即中之第三即——觀行即，已能知名言概念而起觀行，是理慧相應之位。由是而知，此三十六問重在觀心者由解入行之上，由於是專心於自我實踐行，故稱

「弟子位」，《天台四教儀》[78]就「五品弟子之隨喜位」有云：「五品弟子位。初五品位者：一隨喜品，經云，若聞是經而不毀訾起隨喜心。問隨喜何法？答：妙法，妙法者，即此心也。……初心知此，慶己慶人，故名隨喜。內以三觀觀三諦境，外以五悔勤加精進，助成理解。」[79]智顗以三十六問爲「觀心」中之觀行即、弟子隨喜位，實要學人能勿生慢心，即若於心中對「三十六問」皆能答問無滯礙，亦只是外凡之階，足見其對「觀心」所達之理境有甚高之要求。此三十六問中，一一皆以「問觀自生心」而起首，今文中之所引，惟着重於由「觀自生心」中，如何能知「此心」具一切佛法，而通達無罣礙，以達法界平等如虛空？以「心」而言，一切法無不由「心」出，但主要在如何「觀自生心」中而能得此境域乎？智顗並未就此問答中而敷陳明解，僅略言：「約觀一念自生心。彼觀心者若能一一通達，當生心如佛，想親近受行。」[80]以「心如佛」而言觀心，則觀心即如同觀佛，故灌頂於《觀心論疏》卷3言「一心」之義是：「一心者，唯存中道實相般若之心，更無二邊之心，是名一心也。」[81]

　　天台思想主要在一念三千、一心三觀與觀心法門等之上，此中一念三千與一心三觀皆在展現圓融之心態，三千法在一念心中；三觀同時完成，由一心而有；此一心是中道實相般若之心，此心與佛、眾生無別，惟如何「觀」此「心」則成修行實證之要。慧風於〈天台宗一心三觀法門起源〉一文中，曾對「觀心」於天

---

[78] 《天台四教儀》題爲高麗‧諦觀錄，共1卷，今收錄於《大正藏》第46冊。
[79] 大正46‧779上。
[80] 《觀心論》卷1，大正46‧587上。
[81] 大正46‧607下。

台宗之重要性有所論述：

> 一心三觀為能觀之智；觀因緣所生法即空、即假、即中為
> 所觀之境，即一境三諦。但天台宗法門的精神重在觀心。
> 能觀的既是一念心智，所觀的也是一念心境，以達到心境
> 冥合，能所一如的實相境界。[82]

　　「觀心」法門之探討與實踐，於個己之生命而言，是一活生
生之歷程與心得，是如人飲水冷暖自如。天台所揭示之一心三觀
可圓融諸法之體現，在因緣所生法之下，即空即假即中，無明與
法性相即相融，吾人可於無明之下而覺醒，「觀心」正是直登法性
佛地之歷程。若強以現今之語詞而言，觀心或即是於「心靈之追
尋」，而如何使心清明，則是「心靈淨化」之義。上之智顗《觀心
論》多為延壽所引入於《宗鏡錄》卷30中。[83]
　　延壽於「觀自心」上，尚有引自智顗《金光玄義》[84]以「觀
心」可廣釋諸法門者，於《宗鏡錄》卷90云：

> 今引《金光玄義》觀心廣釋十種三法門者。《淨名經》云：
> 諸佛解脫，當於眾生心行中求。若不觀自心，非己智分，
> 不能開發自身寶藏。今欲論凡夫地之珍寶，即聞修故明觀

---

[82] 張曼濤主編《天臺宗之判教與發展》，頁127，《現代佛教學術叢刊》56，1979
　　年2月初版，台北‧大乘文化出版社。
[83] 大正48‧589下～591上。
[84] 《金光玄義》全名《金光明經玄義》共2卷，為唐‧智顗說，灌頂錄。有關
　　「觀心與十種三法」之論述，見於（大正39‧7上～9下）。

心釋也。[85]

　　於凡夫之因地修行而言，觀自心即能開發自身寶藏，此亦釋迦予眾生開示悟入佛之知見，務要眾生自明自性有如來之萬德智相，本現現成成，本圓滿具足。觀自心所將廣通一切法者，於《宗鏡錄》卷 90 有引云：

　　今更廣類通十種三法。一、三道。二、三識。三、三佛性。四、三般若。五、三菩提。六、三大乘。七、三身。八、三涅槃。九、三寶。十、三德。此十種三法通收一切凡聖因果諸法。[86]

　　此十種三法皆由「觀自心」而得，延壽由唯心、一心而立觀心，其《宗鏡錄》中多所引自天台之理論實甚明顯也。延壽對於「台教」之基本哲理曾提出全面之觀照，如《宗鏡錄》卷 15 云：

　　台教多約本迹，明凡聖不二，辯生佛之因果。故肇法師云：本迹雖殊，不思議一。所以湛然尊者，約三觀、四教、十如、十乘、一念三千等，於此迹門論其十妙。若知迹門尚妙，本門可知。遂撮略色心不二等十門。明權實之宗，辯能所之化。故云：為實施權，則不二而二。開權顯實則二而不二。斯則始終明不二。[87]

---

[85] 大正 48・906 下。

[86] 同前注。

[87] 大正 48・494 下。

　　智者大師依《法華經》而揚天台圓教，其所據之法華妙義，牟宗三先生曾對《法華經》之性格提出說明：「《法華經》無特殊的教義與法數。它所說的不是第一序上的問題，乃是第二序上的問題。它的問題是佛意，佛之本懷；是權實問題，迹本問題，不是特殊的教義問題。」[88]《法華經》之特色非在法義之敷陳，其要點是會三乘爲一佛乘，此爲佛之本懷，皆令眾生入佛知見，而眾生之所以能如此者，乃在於修行者之「本願」故，[89]依「本」而言，佛之開示皆欲眾生得證阿耨多羅三藐三菩提「心」，此不僅是法華特色，亦是智者大師之目標，而得證「此心」，並以「此心」而普會各宗經論，則誠爲延壽之用心耳！

---

[88] 同第二章注 19，牟宗三《佛性與般若（下）》，頁 576，收錄於《牟宗三先生全集》4。

[89] 《法華經・譬喻品》云：「舍利弗！我昔教汝志願佛道，汝今悉忘。……我今還欲令汝憶念本願所行道故。」（大正 9・11 中）。

第五章　永明延壽立「一心」為宗之理論建構 ——得自於華嚴宗之理論與精神

　　以「中國佛學」言之，除陳隋間由智者大師所創之天台宗外，繼之由法藏大師（643～712）所代表之華嚴宗，其義理之敷陳較之於天台思想，可謂有過之而無不及，或有謂此兩宗有「煩瑣理論」之喻。[1]華嚴宗之立宗經典是《華嚴經》，李添春先生曾於〈華嚴學在佛教教理史上之地位〉一文中，對於法藏之重要主張有分列論之：

　　一、由學問成立過程觀之：法藏立腳於真如緣起，而組織無盡緣起的教義，完成緣起論之大系。
　　二、認個物中的普遍性：凡夫原由佛陀的靈性而起。萬物是由普遍的靈性所表現與活動。賢首大師是由佛陀的立場來看凡夫的，是從果向因的法門。
　　三、主張一乘佛教：說事理圓融，事與事儘是真如，必須達到事與事重重無盡，相印相入圓融無礙，才是真正一乘思想。賢首大師因此稱自己的教義為「普法」或稱「普教」，即是有一物普遍一切物，又一物之中有一切普遍。[2]

---

[1]　韋政通《中國思想史》，頁800～801，2004年9月13版，台北・水牛出版社。

[2]　收錄於張曼濤主編《華嚴宗之判教及其發展》，頁359～360，《現代佛教學術叢刊》34，1978年元月初版，台北・大乘文化出版社。

　　上之三點，其一，所論在「一真」上，法界緣起重重無盡，然皆由「真如」而起，故能交徹融攝。南亭先生於〈華嚴宗史〉一文中曾言：「《華嚴經》全經以彰顯一真法界，故名法界宗。」[3]其二，依法藏之立論，法界緣起以一真如爲性體，故佛陀、凡夫眾生與一切萬物，皆由此性體而起，此即是華嚴之性起思想。其三，即是「相即相入」之思想。縱觀華嚴思想之特色，重在「圓融」之上，事相與事相之間，依世俗言之，本是各有差異，別有不同；然事與事、物與物之間，卻又是互有牽連、彼此相互影響著，在法界之「網」下，則「事事」如何達至「無礙」，此是法藏最高之目標。由重重無盡而圓融無礙，使宗教精神達至最具圓滿、圓融，在此「普法」之下，「同」是備受重視與肯定，而一切「異」皆消融於此「同」之中，此爲華嚴之特色，亦是華嚴所欲臻至之境界。有關華嚴法門之特色，印順導師有一段話：

> 圓滿的、最清淨的佛與佛土，作爲學佛者仰望的理想，然
> 後發心，修菩薩行；成就不思議的佛功德。這是以佛與佛
> 土爲前提的，與「般若法門」、「文殊法門」的着重菩薩行
> 不同。標舉佛與佛土，開示菩薩行的，成爲「華嚴法門」
> 的特色。[4]

　　《華嚴經》以毘盧遮那佛之光明遍照身與莊嚴華藏世界爲代表佛與佛土之成就，然又不同於「念佛法門」着重於念佛往生。

---

[3] 同前注，頁 247。

[4] 印順《初期大乘佛教之起源與開展》，頁 1026～1027，1986 年 3 月 3 版，台北・正聞出版社。

華嚴特點實是一圓滿、圓融、清淨、光明，是一最高之理想仰望，如是法門之出現，必在「般若法門、淨土法門、文殊法門的興盛中，才能完成而出現於佛教界。」[5]華嚴思想之呈現顯然是以普會為主，着重合融周遍，如是之特色，實與延壽最是相近，亦為延壽所最推崇。

第一節　延壽之「標宗」
──與華嚴宗之「立宗體」

有關《宗鏡錄》引用華嚴思想者，據冉雲華先生所論：「《宗鏡錄》使用華嚴宗的引文，約有十一處，裡面所涉及的教義包括華嚴哲學中的性體、四法界、十無礙、一心、十玄、三性、觀心、安心等概念和方法。」[6]此中最重要者，當是「性體」之確立，故先論之。

一、延壽以「一心」為「標宗」
──華嚴宗立「自性清淨圓明體」為「宗體」

所謂「性體」之義，延壽於《宗鏡錄》卷1，曾對《華嚴經》之「性體」內涵有所論說：

　　諸賢聖所立宗體者，杜順和尚依《華嚴經》立自性清淨圓

5　同前注，頁1027。
6　同第一章注16，頁226。

明體，此即是如來藏中法性之體。從本已來，性自滿足，
處染不垢，修治不淨，故云自性清淨。性體遍照，無幽不
矚，故曰圓明。又隨流加染而不垢，返流除染而不淨。亦
可在聖體而不增，處凡身而不減。雖有隱顯之殊，而無差
別之異。煩惱覆之則隱，智慧了之則顯。非生因之所生，
唯了因之所了。斯即一切眾生自心之體，靈知不昧，寂照
無遺。非但華嚴之宗，亦是一切教體。[7]

此段之文是延壽列於〈標宗章〉中，標明「宗體」是各宗之
首務。華嚴所立之宗體者，其重點在「自性清淨圓明」，亦是「如
來藏中法性之體」，此依「自性」、「法性」而言之性體，其特色是
清淨、圓明、不垢不淨、不增不減、非生因之所生、是了因之所
了，又謂「斯即一切眾生自心之體」，此自性清淨圓明之體，即自
心之體，自性與自心同用之，兩者顯無差異。論「體」則多與「用」
並言之，「體用」雖同論，然必由「體」才能有「用」之功能產生，
此即華嚴所主張之「體用各別」義，如法藏《華嚴經探玄記》卷
1 所云：

體用各別，不相和雜，方成緣起。若不爾者，諸緣雜亂，
失本緣法，緣起不成。[8]

緣起法之所論，有彼故有此，故體與用有前後相生之關係，

有順序之依次，若一旦失去此依於彼之原則，則諸緣將成雜亂之現象，緣起必當不成。此「體用各別」言之於佛與眾生之關係，則是：

> 諸眾生無別自體，攬如來藏以成眾生。然此如來藏即是佛智證為自體，是故眾生舉體，總在佛智心中。……總在眾生心中，以離眾生心，無別佛德故，此義云何？佛證眾生心中真如成佛，亦以始覺同本覺故，是故總在眾生心中。從體起用，應化身時，即是眾生心中真如用大，更無別佛。[9]

以佛果而視眾生，則一切眾生皆在佛智心中，是故「眾生舉體，總在佛智心中」，此是佛與眾生相融不別義；然「從體起用」，則佛智是體，為度眾而所應化之身則是用，而此用「即是眾生心中真如用大」，是真如體之用，故「無別佛」，皆是佛之全體大用。體與用實彼此相融合，於法藏《華嚴經義海百門》卷1云：

> 觀體用者，謂了達塵無生無性一味，是體；智照理時，不礙事相宛然，是用。事雖宛然，恆無所有，是故用即體也，如會百川以歸於海。理雖一味，恆自隨緣，是故體即用也，如舉大海以明百川。由理事互融，故體用自在。[10]

9　同前注，大正35・118下。
10　大正45・635上。

依緣生法而言，體用雖各別，然如何「觀體用」，則將決定華嚴予「體用」所欲達成之理境為何？能了達事物之無生、無性，亦即能觀一切事相皆緣起性空，其終究皆是「一味」（空），此是能「觀體」。唯一切事相必都暫時存在過，且一切事相彼此卻又不相妨礙互存著，此是能「觀用」。法藏以海與百川喻體與用之關係，則「百川以歸海」，是用即體；觀大海則明百川，是體即用。如是之論述，皆為說明華嚴之境是相融無礙的。劉貴傑先生依《華嚴經探玄記》卷1所論，將「體用雙融」所包涵之義論列為：「一、以體無不用故，舉體全用。二、以用無不體故，即唯有相即，無相入也。三、歸體之用不礙用，全用之體不失體，是即無礙雙存，亦入亦即，自在俱現。四、全用之體體泯，全體之用用亡，非即非入，圓融一味。五、合前四句，同一緣起無礙俱存。六、泯前五句，絕待離言，冥同性海。」[11]華嚴所展現之圓融無礙，儼然是以精神層面為重，是「體用雙融」之境界，已然超越物質上之因果關係，於此，方東美先生曾對有關「華嚴經中的因果」提出一段論說：

> 華嚴經裡面所講的因果，不是物質上的因果關係。在物質上的因果關係裡面，一切都是「決定」的，只表現於必然性，沒有自由。在道德的因果關係裡面，它除掉下層的機械秩序之外，尚有超越的秩序，是一個意向的表現，在這裡面可以允許「自由」，可以實現道德自由。但是這個道德

自由，還是要在人類的社會裡面才有可能表現出來。[12]

　　人類一生所追求的當是超越物質性，期能於上層之精神世界中求得無礙自由，此在華嚴世界中可求得，然仔細觀照整個佛法，此精神環境不僅存於華嚴中，實可言整個佛教之宗教情懷無不在呈現一互存圓融之境界。在因果世界中，有因必有果，人類如何在「道德自由」之因果中，使人人都有透過自己之意向，轉有限生命為一無限之可能存在，而華嚴圓融之理境指標，無疑是提供人類一超越之思維與努力方向。延壽在此基點上，確立「一心」可概括一切宗派經論之旨，其超越性與圓融度可謂更臻成熟。

二、延壽「立心為宗，以信行得果為趣」
──華嚴宗「立因果緣起，理實法界，以為宗趣」

　　《華嚴經》所立之性體，是自性清淨圓明體，亦即是一切眾生自心之體。除此，《華嚴經》更暢論「一心」為宇宙人生之根源，萬事萬物皆依此「一心」而展現；其所立之性體與心體（一心），皆在說明佛與眾生皆同此一性體與心體，若能證悟此自性清淨心之本體，則能了達一切事物本是清淨、平等、一如之境界，此境界是吾人心體（一心）之展現，實亦即佛之境界。於八十《華嚴經・如來出現品》卷50，對於佛之境界是依真如法性而起，其描述如下：

───────────

[12] 方東美《華嚴宗哲學》上冊，頁90～91，1981年7月初版，台北・黎明文化公司。

真如離妄恆寂靜,無生無滅普週遍;諸佛境界亦復然,體
性平等不增減。譬如實際而非際,普在三世亦非普;導師
境界亦如是,遍於三世皆無礙。法性無作無變易,猶如虛
空本清淨;諸佛性淨亦如是,本性非性離有無。法性不在
於言論,無說離說恆寂滅;十力境界性亦然,一切文辭莫
能辯。[13]

　　由諸佛境界可體悟真如之無生無滅與體性之平等不增減,此
番境界非一切文辭所能概說完盡。依華嚴所呈現佛陀十方無礙之
境界,實皆由佛之「一心」所現,若以事物譬之,則以「海印」
為喻,如八十《華嚴經・毗盧遮那品》卷 11,佛為大威光菩薩所
言:「種種行願皆修習,當成無等大智慧。汝已出生諸願海,汝已
入於三昧海。」[14]以「海印」代表佛之智如海,海之清淨無染廣
大,能印現一切事物,實喻佛智證悟物我一如、佛與眾生同體。
如〈淨行品〉卷 14 所云:「眾生形相各不同,行業音聲亦無量,
如是一切皆能現,海印三昧威神力。」[15]外相皆各有分別,然在
「海印三昧」(佛智)之下,則一一皆能現。而「海印三昧」實一
切眾生本具有之「真如本覺」,如法藏《妄盡還源觀》中所云:

依體起二用者。一者海印森羅常住用。言海印者,真如本
覺也。妄盡心澄,萬象齊現,猶如大海因風起浪。若風止
息,海水澄清,無象不現。經云:森羅及萬象。一法之所

---

[13] 大正 10・265 上~中。
[14] 大正 10・57 上。
[15] 大正 10・73 下。

印，言一法者，所謂一心也。是心即攝一切世間出世間法，
即是一法界大總相法門體。唯依妄念而有差別，若離妄念，
唯一真如，故言海印三昧也。[16]

　　法藏所言之「一體」是「自性清淨圓明體」，「依體起用」有
二，其一即是「海印森羅常住用」，「海」即代表「一心」，此心是
「一法界大總相法門體」，此即代表心體之廣大，「印」代表「攝
一切世間出世間法」，「海印森羅常住用」是依性體而起之用，故
於「一心」之所觀照下皆是「唯一真如」，無有差別，而海印又曰
「海印三昧」，即依「定」而言海印是離於妄念而所證悟之智。依
體起用之「二者」即是「法界圓明自在用」亦即是「華嚴三昧，
謂廣修萬行，稱理成德，普周法界而證菩提。」[17]依華嚴性體是
眾生從本以來自性清淨，且遍照圓明，法藏於《妄盡還源觀》「顯
一體」中有引《起信論》而陳述云：「真如自體，有大智慧光明義
故，遍照法界義故，真實識知義故，自清淨心義故。廣說如彼，
故曰自性清淨圓明體也。」[18]在依性體而起用上，華嚴所欲展現
之境界是「一心、一法」與「一切皆自在」，今依「二用」所觀照
之世界即是「普遍」，故於「二用」下有「三遍：一者一塵普周法
界遍，謂塵無自性，攬真成立，真既無邊塵亦隨爾。二者一塵出
生無盡遍，謂塵無自體，起必依真，真如既具恆沙眾德，依真起
用，亦復萬差。三者一塵含容空有遍，謂塵無自性即空也，幻相

[16] 大正 10‧637 中。
[17] 大正 45‧637 下。
[18] 大正 45‧637 中。

宛然即有也，良由幻色無體必不異空，真空具德徹於有表。」[19]由一塵可周遍法界，一塵可出生無盡遍，一塵可含容空有遍，華嚴所欲說明者是「一即多」，惟此普遍法界之塵，皆需「攬真成立」，「真」是構成宇宙萬象之本源，「塵」喻萬象萬差，此萬象萬差皆無自體，故「真」、「真如」、「性體」、「一心」才是構成華嚴重重無盡、圓融無礙之基調。在延壽《宗鏡錄》卷6，有「立心為宗，以何為趣？」之問答中，曾舉法藏依《華嚴經》立因果緣起，理實法界，以為宗趣，而有「十義門」，如文云：

> 問：立心為宗，以何為趣？答：以信行得果為趣。……法藏法師依《華嚴經》立因果緣起，理實法界，以為宗趣。
>
> 釋云：法界因果，雙融俱離，性相渾然，無礙自在。有十義門：
>
> 一、由離相故，因果不異法界，即因果非因果也，此即相為宗，離相為趣。或離相為宗，亡因果為趣。
>
> 二、由離性故，法界不異因果，即法界非法界也。
>
> 三、由離性不泯性故，法界即因果時，法界宛然，則以非法界為法界也。
>
> 四、由離相不壞相故，因果即法界時，因果歷然。則以非因果為因果也。
>
> 五、離相不異離性故，因果法界雙泯俱融，迥超言慮。
>
> 六、由不壞不異不泯故，因果法界俱存，現前煥然可見。
>
> 七、由五六存泯復不異故，超視聽之妙法，無不恆通見聞，

---

19 大正45‧637下～638中。

絕思議之深義，未嘗礙於言念。

八、由法界性融不可分故，即法界之因果各同時全攝法界，無不皆盡。

九、因果各全攝法界時，因果隨法界，各互於因果中現。是故佛中有菩薩，普賢中有佛也。

十、因果二位，各隨差別之法，無不該攝法界，故一一法、一一行、一一位、一一德，皆各總攝無盡無盡帝網，重重諸法門海，是謂華嚴無盡宗趣，以華嚴之實教，總攝群經，標無盡之圓宗，能該萬法，可謂周遍無礙，自在融通，方顯我心能成宗鏡。[20]

　　此段《宗鏡錄》所引華嚴之十義門，所言者在「性」與「相」上，「性」即性體、本性、清淨圓明體，是不變之真如。「相」依性而起，「相」需具有各種因緣條件而成，惟離性則無相。法藏於《華嚴一乘教義分齊章》卷4，以每一事物皆具三性（遍計所執性、依他起性、圓成實性），惟「三性」亦各有二義：

　　真（圓成實）中二義者：一不變義，二隨緣義。依他二義者：一似有義，二無性義。所執中二義者：一情有義，二理無義。由真中不變，依他無性，所執理無。由此三義故，三性一際，同無異也。此則不壞末而常本也。[21]

20　大正48‧448下。
21　大正45‧499上。

　　圓成實性有二義：「不變義」代表真如之本體，是永不變動；真如本體雖永不變動，卻能隨順因緣而變現各種事物，此即「隨緣義」。依他起性亦有二義：一切事物皆依因緣條件而暫時存在過，此即「似有義」；然事物雖暫時存在過，但依因緣起必依因緣而滅，並無真實性，此即「無性義」。遍計所執性有二義：眾生執着事物之真實性，此即「情有義」；誤以為眾生並無有真實之理體，此即「理無義」。此中三性皆各有二義，其中「不變義」、「無性義」、「理無義」皆由不壞末有而言真如一心之本；而「隨緣義」、「似有義」、「情有義」皆由真如之本而言末有，故真如與萬有皆是一心之交融，實不可分割。以至而知「十義門」之因果與法界，亦是「性相渾然」，延壽所引華嚴之思想者，實為其「心能成宗鏡」而舖陳，而華嚴由一而遍，由遍而一，實如法藏所言：「真該妄末，妄徹真源，性相通融，無障無礙」[22]一切皆可融通為「一心」，是華嚴之境，實亦延壽之宗鏡矣！

　　華嚴確立性體，並暢論法界重重無盡，然皆可圓融無礙，此立足點乃站在佛之清淨圓明性體，並在心、佛與眾生三者皆平等之下，則一一法界皆由佛之性體而起，此即謂「性起」。智儼（602～668）在《華嚴經內章門等雜孔目章》卷4「性起品明性起章」中有云：

> 性起者，明一乘法界。緣起之際，本來究竟，離於修造，何以故？以離相故。起在大解大行，離分別菩提心中，名為起也。由是緣起性故，說為起，起即不起，不起者是性

22 同前注。

起。此義是一乘。[23]

　　所謂「性起」之「起」，並非由外在之事物而起，故曰「不起者是性起」，實是眾生本具之性體，且依佛果之覺體而言一切眾生皆由佛之性體而起，於此則眾生與佛實是一如，故智儼於《華嚴五十要問答》卷下云：

> 如來藏是一切諸佛、菩薩、聲聞、緣覺乃至六道眾生等體。一切凡聖差別不同，皆是一藏。
> 佛性者是一切凡聖因，一切凡聖皆從佛性而得生長。如來藏佛性體，唯是普法，唯是真法。於中無有邪魔得入其中，是故不問邪人正人，俱得真正。[24]

　　同一性體、佛性、如來藏，此是凡聖皆然，華嚴以此性體為具普遍性且是真法，惟是「普」與「真」，故一一法界皆在其內，始可謂「普」；且不可變易，始可謂「真」。在無量法界皆可互融互攝之下，華嚴之性體確立與性起（心體）之顯現，於延壽而言，則可謂皆是「一心」之旨耳！

---

[23] 大正 45・580 下。
[24] 大正 45・532 中～下。

第二節　延壽之「全一心之法界」
——與華嚴宗之法界觀

　　宗派之成立必有其法門基本概念，並依之而建構其理論體系
為一特色，故各宗皆有異於他宗之風格。論之華嚴宗，圓融無礙
是其理境展現，此理境雖可言是一精神超越層面，但面對現象界
之「事」，如何終究能入於重重無盡法界中而相融合呢？此即是華
嚴有名之「法界觀」。

一、延壽以「一心」而涵攝全體法界
——華嚴宗以「法界」爲眾生之心性與心體

　　延壽於《宗鏡錄》卷4中，引華嚴宗之四法界說：

> 依華嚴宗，一心隨理事，立四種法界。一理法界者，界是
> 性義，無盡事法，同一性故。二事法界者，界是分義，一
> 一義別有分劑故。三理事無礙法界者，具性分義，圓融無
> 礙。四事事無礙法界者，一切分劑事法，一一如性，融通
> 重重無盡故。[25]

　　四法界不離理與事，而理事不離於一心。以「理」而言是「性」，
以事而言是「分」；然一切事（分），皆同一理（性），故理事本圓
融無礙；而一切事（分），皆一一如其理（性），故事與事亦融通

---

[25] 大正 48・435 下。

而重重無盡。華嚴之四法界，依延壽而言即是「全一心之法界」，故延壽於上之引文後，即云：

> 以此十法界，因理事四法界性相，即入真俗融通，遍出無窮，成重重無盡法界，然是全一心之法界，全法界之一心。隨有力無力而立一立多，因相資相攝而或隱或顯。如一空遍森羅之物像，似一水收萬疊之波瀾，入宗鏡中坦然顯現。[26]

此處之十法界，是指天台宗之六凡法界：天法界、人法界、脩羅法界、地獄法界、餓鬼法界、畜生法界，與四聖法界：聲聞法界、緣覺法界、菩薩法界、佛法界。此十法界之所以立「十」，與四法界之所以立「四」，皆是立「一與多」之問題而已，要言之，皆可在性相、理事、真俗上而融通為「一」，此「一」即是「心」，故延壽力主「全一心之法界」、「全法界之一心」。並舉一心如一空、一水，森羅物像與萬疊波瀾皆不離於一空、一水中，而延壽之目標在「入宗鏡中坦然顯現」，其宗即是心，故以一心而涵攝全體法界，才是延壽之真正着力點。延壽之用意與目標，可於四法界而終究可圓融無礙、重重無盡中尋得思想之根源。審視華嚴之「法界」，究竟涵義為何？劉貴傑先生有一較全面之看法可供參考之：

> 華嚴宗以「法界」為整體宇宙萬法的總稱。「法界」一方面是事物的本體，一方面也是成佛的原因。智儼和法藏都用

---

[26] 《宗鏡錄》卷4，（大正48·435下～436上）。

「法界」來說明一切事物的根源，法藏還把「法界」視為
佛性，是成佛的內在因素。後來澄觀又把法界分為「事」、
「理」兩類，再從「事」、「理」兩類推演出「理事無礙」、
「事事無礙」兩類，合為理法界、事法界、理事無礙法界、
事事無礙法界等「四法界」。華嚴宗終歸以「法界」為眾生
的心性與心體。[27]

通常言「法界」則必有其特殊之領域、範圍，此是別、分劑
義；然「法界」又可為一總稱，此是一整體義。惟就事物之本體
而言之「法界」，則法界代表事物之根源；然若將法界言於人之本
體，則法界是人之性，依成佛而言，則是佛性（成佛之因子、成
佛之可能性）。華嚴所營造之法界是圓融無礙、重重無盡，故其所
觀照之「法界」義當是全面性，由一切事物而人人，一一皆涵攝
在其法界中。據法藏《華嚴經探玄記》卷 18 所言之法界有三義：

> 法界是所入法，有三義：一是持自性義，二是軌則義，三
> 對意義。界亦有三義：一是因義，依生聖道故。《攝論》云：
> 法界者是一切淨法因故。又《中邊論》云：聖法因為義故，
> 是故說法界，聖法依此境生。此中因義是界義。二是性義，
> 謂是諸法所依性故。三是分齊義，謂諸緣起相不雜故。[28]

法界三義：一、法界是淨法因，故能生聖道，此乃言法界是

---

[27] 同注 11，頁 72。
[28] 大正 35・440 中。

生聖道之因。二、法界是性義，諸法依性而生，此乃言法界是諸法之真實體性。三、法界是分齊義，諸緣起相而不雜，此乃言法界中之諸法各有其區別之相。此「法界三義」不僅說明萬有之根源，亦肯定萬有存在之義，並肯定人存於萬有中之超越義。於華嚴宗而言，「法界」是一整體之呈現，為將法界如何周遍於各事理中，華嚴宗有四法界之說明，惟其內涵總不離「理」與「事」，有關理與事之關係，唐・澄觀《華嚴法界玄鏡》卷下提出約有十種：

> 一、以理性全體在一切事中時，不礙全體在一塵處。
>
> 二、一事全匝於理時，不礙一切事法亦全匝。
>
> 三、依理成事：事無別體，要因真理而得成立。
>
> 四、事能顯理：由事攬理故，則事虛而理實。
>
> 五、以理奪事：事既攬理成，遂令事相皆盡。
>
> 六、事能隱理：真理隨緣成諸事法，然此事法既違於理。
>
> 七、真理即事：凡是真理必非事外，以是法無我理故。
>
> 八、事法即理：緣起事法必無自性，無自性故，舉體即真。
>
> 九、真理非事：即事之理而非是事。
>
> 十、事法非理：全理之事，事恆非理，性相異故。[29]

以上十種理與事之關係，一、理雖遍於事中，但「理」永遠是全體而不可被分割的。二、事相雖各別，但皆同具有「理」。三、事必依理而生，「理」是事物之本體。四、事相可以反映本體（理）。五、理能包容一切「事」。六、事能顯理，亦能隱蔽理。七、理與

---

[29] 大正 45・677 下～679 中。

事相融不可分。八、事依理始能呈現,「事」即是理。九、事由理顯,但事是事,理是理,「理」與「事」終究有別。十、「事」雖由「理」顯,但「事」必不同於「理」。上之所言理與事之關係,依華嚴之心態,無非是在展現圓融無礙之世間現象與成佛之境界。澄觀於《華嚴法界玄鏡》卷上云:

> 理法名界,界即性義,無盡事法,同一性故。[30]
> 事法名界,界則分義,無盡差別之分齊。[31]

「理」為「同一性」,無盡事法雖各有別(分),但因「同一性」,故世間可圓融無礙。華嚴「理事」所欲呈顯之義,惟在「一」上,惟在「一真」之上。對於華嚴法界觀之最大貢獻,即是「圓融無礙的哲學」,方東美先生有一段論說:

> 當「理」與「事」能夠圓融相即為一體時,則「事」與「事」之間,也當然能夠相融相即。其實「理」也不過是屬於言說上的方便施設而已,而「事」本身,仍然含有絕對的價值在裡頭。所謂「青青翠竹,盡是法身,鬱鬱黃花,無非般若」;「一色一香,皆是中道」,這種境界正是華嚴哲學所要彰顯的事事無礙、圓融無盡的法界。[32]

華嚴之法界觀其最圓融之境界是「事事無礙法界」,「事事無

---

[30] 大正 45・672 下~673 上。
[31] 大正 45・672 下。
[32] 同注 12,下冊,頁 197。

礙」之前是「理事無礙」，每一「理事」既可無礙，則「事事」當可無礙，此乃因於「事」具有「理」之絕對價值在內。延壽以「心」如清淨之鏡可頓映萬象，萬象俱攝入一心中，如四法界實是一心，萬象可謂是「一心」，亦可謂是「唯心」。曾嵩山先生於《大乘唯心佛法・自序》中，以「佛法別稱：一心法門」[33]，肯定萬象是「唯心」說，其對「一心」之義，有所論說：

> 「一心」，所謂「一」，並不是數字一，乃是惟一絕對；所謂心，並不是指思慮知覺，乃指離一切見聞覺知之「本體」。所以一心自是絕對的；乃超越有無、無對待的絕對一；不落緣起性心心所的大宇宙心，是普遍性統一本體；……物心均為此一心的內容。[34]

若以佛法之教義乃建立於唯心思想上，則延壽之一心論說實可謂是直探佛之本源，惟依延壽《宗鏡錄》立一心為宗之旨，是廣納會歸各經論入於「一心」，以「一心」而融攝諸宗派，然其論述「一心」雖是絕對對待、是真如法界，但此「一心」尚須以「萬行」而得證，其《萬善同歸集》卷上云：「萬法唯心，應須廣行諸度，不可守愚空坐，以滯真修。」[35]又「心雖即佛，久翳塵勞。故以萬行增修，令其瑩徹。但說萬行由心，不說不修為是。」[36]延壽雖引述華嚴之法界思想與境地，但其真正目的實在「一心」之

---

[33]　曾嵩山《大乘唯心佛法・自序》，頁1，2000年7月初版，台北・文津出版社。
[34]　同前注，頁45～46。
[35]　大正48・958上。
[36]　大正48・958下。

修證上，此是延壽所一再強調者，亦是其所欲彰顯唯有在「一心」之修證上，才是臻至「萬善」(法界萬象)「同歸」(無礙)之境矣！

二、延壽立「一心」爲「真實心」
──華嚴宗立「一真法界」爲「真實之法界」

「法界」之義，依華嚴宗而言是生聖道之因，亦是諸法之真實體性，以依「生聖道之因」而論，則法界是「淨法因」，與真如、佛性可謂同義。《華嚴經》在展現圓融無礙、圓滿無盡之理境，一切之大小、方圓、長短皆可融攝爲一，此「一」即是「一心」。《華嚴經》雖義理浩瀚，然一一皆是「一心」之展現，更以「三界唯心、萬法唯識」來言明一切現象皆一心所現變，此「一心」是絕對之主體性，更力主「心佛與眾生，是三無差別。」「心」是關鍵，「心」是主體，延壽於《宗鏡錄》卷4中曾討論「心」與「心法」之義：

> 夫所言心法者，云何是心？云何是心法？
> 答：了塵通相說名心王，由其本一心是諸法之總原取塵別相名爲數法，良因其根本無明，迷平等性故也。[37]

「心」是諸法之總原，以「心王」肯定「心」之主體性，以「了塵通相」說明「心」是具有清淨與普遍性之特色。而「法」乃因「取塵別相」而有，而一一之數法皆源於「心」之無明、迷

---

[37] 大正 48・433 下。

昧「心」之平等性，才產生別相數法之差異對待。萬法由「心」
起，依「心」而言，萬法由「心」而有，別相之差異實是「取塵」
而造成之無明，若一旦能會入「一心」中，則萬象本無差別。延
壽之用心，當在心是「了塵通相」上。其後延壽再舉《辯中邊論》
[38]談論「心法總有四義」[39]，此心之四義中，要約分為「緣慮妄心」
與「常住真心」，[40]又於「緣慮妄心」上再分「五種行相」，即「率
爾心、尋求心、決定心、染淨心、等流心」。[41]並舉《法苑義林》
[42]「辯五心相」[43]。又再舉宗密「一心有四義：肉團心、緣慮心、
集起心、真實心。」[44]又論述《大乘起信論》[45]「一心開二門」之
義：「望一如來藏心，含於二義：一約體絕相義，即真如門。二隨
緣起滅義，即生滅門。」[46]其後即舉有關《華嚴經》云：「皆是一
心作」[47]，此「一心作」是華嚴無礙思想中調和矛盾差異之論，
延壽雖多所論列各經論於「心」之不同主張，但「皆是一心」則
是延壽最終所採納之，其於《宗鏡錄》卷 4 中，探討有關「一心」
之論，其所歸結是：

---

[38] 《辯中邊論》共 3 卷，世親造，唐・玄奘譯，今收錄於《大正藏》第 31 冊，
　　是論主要在闡明大乘中道之正行。
[39] 大正 48・433 下～434 上。
[40] 大正 48・434 上。
[41] 大正 48・434 上。
[42] 又名《大乘法苑義林章》共 7 卷，唐・窺基撰，今收錄於《大正藏》第 45
　　冊，是書暢論唯識之義理與修行理論等。
[43] 大正 48・434 上～下。
[44] 大正 48・434 下。
[45] 《大乘起信論》共 1 卷，相傳為印度馬鳴造，南朝梁代真諦譯，今收錄於《大
　　正藏》32 冊，本書闡明如來藏緣起之旨。
[46] 大正 48・434 下～435 上。
[47] 大正 48・435 上。

> 若此一心，推末歸本者，謂證第一義則得解脫。第一義是
> 緣之性。若見緣性則脫緣縛。[48]

　　「心」之義縱有分歧，然「推末歸本」，此「本」實是「心」，
即是真心、真如心，亦謂是「第一義」，此是泯分別對待而入絕對
主體之「一心」上，故於「第一義」上，是「緣之性」，能證得此
「緣性」即能得解脫自在。延壽又引〈漩洑頌〉云：

> 若人欲識真空理，身內真如還遍外。
> 情與非情共一體，處處皆同真法界。[49]

　　共「一體」、同「一真法界」，是消弭情與非情、真如與緣起
之關鍵。延壽於論述天台宗十法界之差異，其歸結是：

> 眾生於真性上，以情想自異則六趣昇沉。諸聖於無為法中，
> 以智行為差則四聖高下。然凡聖迹雖昇降、縛脫似殊，於
> 一真法界之中，初無移動。[50]

　　十法界有高下之分，是「眾生情想自異」、是「諸聖以智行為
差」所造成之昇降有殊，然若於「一真法界」中，則十法界並無
移動，實亦無有高下之分。此「一真法界」即是真實之法界，亦
即是諸法實相。宗密《註華嚴法界觀門》云：

---

[48] 大正 48・435 上。
[49] 《宗鏡錄》卷4，（大正 48・435 中～下）。
[50] 大正 48・435 下。

法界。清涼《新經疏》云：統唯一真法界。謂總該萬有，
即是一心。然心融萬有，便成四種法界。[51]

　　一真法界即是一心，此「心」當是真心，此「一心」能統攝
萬有，重重無盡之法界，皆不離此一心。此「一真」、「一心」是
絕對之主體，法藏《華嚴經義海百門》於論述「緣生會寂門」中
舉有十義，其第三義是「達無生」，其云：

　　塵是心緣，心為塵因，因緣和合，幻相方生。今塵不自緣，
　　必待於心；心不自心，亦待於緣。[52]

　　心與塵必待和合，幻相方生，然「心不自心」，故名「無生」。
法藏以「心」為宇宙萬有構成之「因」，肯定心是主體；「塵」（宇
宙萬有）是心緣，只是客體。對於「塵」，法藏於第一義「明緣起」
中所云是：

　　如見塵時，此塵是自心現。由自心現，即與自心為緣。由
　　緣現前，心法方起。故名塵為緣起法也。經云：諸法從緣
　　起，無緣即不起。沉淪因緣，皆非外有。終無心外法，能
　　與心為緣。[53]

　　「塵」是由自心而現，「心法」之所以生起，乃源於諸緣現前。

---

[51] 大正 45‧684 中。
[52] 大正 45‧627 中。
[53] 同前注。

法藏之論主要在說明「終無心外法」，法不可離心而獨立存在，肯定「心」之主體價值，心是法存在之源、之因。以一真法界爲「一心」，而統攝一切萬法，此爲華嚴宗之特色。至宗密更將「一真法界」釋爲「眾生清淨心」，如《華嚴經普賢行願疏鈔》卷 1 所云：

> 真界者，即真如法界。法界類雖多種，統而示之，但唯一真法界，即諸佛眾生本源清淨心也。[54]

又宗密《圓覺經大疏》卷中之一云：

> 一真者，未明理事，不說有空，直指本覺靈源也。[55]

一真法界即一心，一心即眾生本源清淨心、本覺靈源，於此可知華嚴實將諸法界同屬爲「一真法界」，並將諸法界歸於一真心上，並以一心而生萬法。如法藏《修華嚴奧旨妄盡還源觀》所云：

> 三界所有法，唯是一心造，心外更無一法可得，故曰歸心。謂一切分別，但由自心。曾無心外境，能與心爲緣。何以故？由心不起，外境本空。[56]

外境之法本空，所肯定者唯是「一心造」，於法上之分別，亦然由心。對於心與境（法）之觀照，法藏主張：

---

54 卍續 7・399b。
55 卍續 14・146a。
56 大正 45・640 上。

　　經云：未達境唯心，起種種分別；達境唯心已，分別即不
　生。知諸法唯心，便捨外塵相，由此息分別，悟平等真
　空。……諸佛亦如是，為物說唯心。以此方知，由心現境，
　由境現心。心不至境，境不入心。[57]

　　能悟知「唯心」則能息分別，契入平等真空，法界一切所有
皆唯心所造。延壽力主立一心為宗，其思想與華嚴可謂最是貼近，
華嚴以「一真法界」為一切諸法所依之而起之體性，於凡夫修證
而言，即是人人本具之「真心」。而百卷之《宗鏡錄》考諸祖佛之
論，廣引博徵各宗妙旨，皆以「一心」而繫之，此「一心」即「真
心」。天台以法華而言一乘，華嚴立一心法界，一皆以「一心」為
門，延壽雖能頓悟「一心」，若以真修一心而言，「心」本不可思
議，言說又豈能詳盡之，然延壽之所以廣興問答、橫剖義宗，其
用意如《宗鏡錄》卷61所云：

　　理唯一心，事收萬法。若不細窮旨趣，何以得至覺原？……
　今因自力未到之人，少為開示，全憑佛語，以印凡心。憑
　佛語以契同，泯然無際。印凡心而不異，豁爾歸宗。[58]

　　方東美先生曾謂：「在華嚴一真法界領域下，將使一切現實人
性崇高化。」[59]惟因人人發出真心，將使物我之間本有之區域、
時間等隔閡化除掉，甚且人性上所產生之隔閡亦可化除之。然真

57　同前註。
58　大正48‧762下。
59　同註12，下冊，頁95。

心之呈現，除是依祖佛所留之語之悟外，現實世界中之徹悟與提昇實更重要，故延壽所云之「何以得至覺原？」即意謂層層之剝除煩惱與痛苦，實需仰賴「細窮旨趣」，如何呈顯真心，唯在自己能「印凡心而不異」，真心實由自己之凡心而證悟得之，此即《宗鏡錄》所言之「本」，之「一心」矣！[60]

第三節　延壽「諸法混融無礙」之精神
——與華嚴宗「圓融無礙」之精神

一、延壽由「一心」而「無礙」
——華嚴宗以「一」與「多」可互往互通

華嚴思想重圓融、無礙，主張一即多、多即一，一一法界皆可融攝為一體，此種精神最為延壽所接受，於《宗鏡錄》卷 10 曾論述如何使「諸法混融無礙」之問題時，即舉華嚴宗之「十義」以明之：

> 問：此《宗鏡錄》中德用所因，有何因緣，令此諸法混融無礙？
> 答：約華嚴宗有其十義。一唯心現者。二無定性者。三緣起相由者。四法性融通門者。五如幻夢者。六如影像者。七因無限者。八佛證窮故者。九深定用故者。十神通解脫

---

60 《宗鏡錄》卷 25：「今時多執方便言教之跡，失於一心正義之本。是以宗鏡所示，皆令尋跡得本。」（大正 48・559 中）。

故者。[61]

此華嚴大義所欲呈現之境，即是圓融無礙。此中「四法性融通門者」，延壽更依之而論述華嚴之十玄門：「諸門諸法同時具足門、廣狹純雜無礙門、一多相容門、相即自在門、隱顯門、微細門、帝網門、託事門、十世異成門、主伴門。」[62]此十玄門之義在「一理融通十門具，故知此理塵塵具足，念念圓融」[63]。此「十義」所構成之「諸法混融無礙」，需曰言之唯在「一心」上，即如「一唯心現者」之所論：「一切諸法真心所現，如大海水舉體成波，以一切法無非一心故，大小等相隨心迴轉即入無礙。」[64]延壽多引華嚴圓融無礙之義，實爲其「一心」境界尋理論之根據。由「一心」又如何能達「無礙」呢？此問題於《宗鏡錄》卷10有論述：「凡聖一切境界，如何是自在出生無礙之力？」延壽所舉有三：「一是法爾，二由諸佛菩薩行願，三即眾生信解自業感現。」[65]由「一心」而如之何能達「無礙之力」，且此「無礙之力」乃是「自在出生」，換言之，由一心而達無礙之境，實非由外力，乃眾生可具有之，其中除是「法爾」之必然，肯定「心」之神妙作用外，二之行願與三之信解則皆需仰賴眾生之修行，此則是延壽思想中重實踐之特色。對於「一心」能「自在出生無礙之力」問題，即是由

---

[61] 大正 48・469 下～470 下。
[62] 見於大正 48・470 上～中。有關「十玄門」之名稱與順序，於法藏《華嚴一乘教義分齊章》、《華嚴經旨歸》、《華嚴經探玄記》中各有不同。劉貴傑先生以條列對比方式呈現，甚是清楚明白，可參考同注 11，頁 117。
[63] 大正 48・470 中。
[64] 大正 48・469 下。
[65] 大正 48・468 下。

「一心」而「無礙」之過程，如何可能？延壽舉《華嚴疏》而釋之，如《宗鏡錄》卷10所云：

> 一多相持，互為本末。一心所現，總有十義。一孤標獨立，以是唯一故，獨立為主。二雙現同時，各相資無礙故。三兩相俱亡，互奪齊泯故。四自在無礙，隱顯同時一際現故。五去來不動，各住本法，不壞自位故。六無力相持，以有力持無力故。七彼此無知，以各無自性，法法不相知不相到故。八力用交徹，以異體相入，有力相持故。九自性非有，以無體性，方能即入無礙故。十究竟離言，冥性德沒果海故。[66]

此「一心所現十義」，延壽於其後有〈釋〉文[67]，其要言是：「口欲辯而詞喪，心將緣而慮息，唯證智知同果海故。一多既爾，染淨等法無不皆然。」[68]華嚴多以「十」而表達圓滿之數，然一一法（十）皆可互往互通而相融（一），此一與多（十）之關係，用之於「一心」，則「一」是「一心」，「多」即「一心所現」，此相融之境「唯證智」者能「知同果海」，是證悟者所能通達之境，實無法以言說而答辯詳矣！

華嚴宗依《華嚴經》而立論，由義理言之，則《華嚴經》可謂是「一心」之哲學，《宗鏡錄》卷2延壽舉《華嚴經頌》而云：「譬如世間人，聞有寶藏處，以其可得故，心生大歡喜。寶藏處

者,即眾生心。」[69]此眾生心與諸佛之心皆同此「一心」,故當問到「云何唯立一心以為宗鏡?」延壽之答是:「此一心法,理事圓備,是大悲父、般若母、法寶藏、萬行原。以一切法界十方諸佛諸大菩薩、緣覺、聲聞、一切眾生皆同此心。」[70]《宗鏡錄》之百卷實亦為開示此「眾生心」,在重重引證各經論之下,其目的是要法界眾生皆能發菩提心而立志修證,《宗鏡錄》卷9即舉《華嚴經》有關論述菩提心者:

> 十方諸佛讚了此心,能發菩提者,功德無盡。如《華嚴經》云:菩提心者,猶如種子,能生一切諸佛法故。菩提心者,猶如良田,能長眾生白淨法故。菩提心者,猶如大地,能持一切諸世間故。……菩提心者,成就如是無量功德。舉要言之,應知悉與一切佛法諸功德等,何以故?因菩提心出生一切諸菩薩行,三世如來從菩提心而出生故。若有發阿耨多羅三藐三菩提心者,則已出生無量功德,普能攝取一切智道。[71]

華嚴之思想列於《宗鏡錄》中,以肯定眾生心為最重要,於華嚴而言,「一心」可包融一切法界,「一心」亦是眾生流轉生死之關鍵,成佛則有賴發菩提心而修證,此皆與延壽立一心之旨且強調實踐之行,可謂兩相合矣!

---

[69] 大正 48‧424 下。
[70] 同前注。
[71] 大正 48‧464 下～466 上。

二、延壽以「但了一心」，則無邊佛事悉皆圓滿
——華嚴宗以「觀心」始可了達圓融無礙之境界

　　華嚴以「一心」而圓融一切，明「一心」可一切無礙，惟如
何「觀」此「心」才能達至圓融無礙之境地，則當是華嚴之重點。
華嚴宗初祖杜順著有《華嚴法界觀門》，其法界觀分爲：真空觀、
理事無礙觀、周遍含容觀。[72]「法界」由一心而起，觀法界即是
觀心，此「三觀」中，亦各包含不同之觀法，然一一觀法皆可圓
融爲一，此即以一心而可圓融一切理事無礙法界，以致契入事事
無礙法界。《宗鏡錄》卷 13 云：

> 今約周遍含容觀中事事無礙者，如《法界觀‧序》云：使
> 觀全事之理，隨事而一一可見；全理之事，隨理而一一可
> 融，然後一多無礙，大小相含，則能施爲隱顯神用不測矣！
> 乃至欲使學人冥此境於自心。心慧既明，自見無盡之義。[73]

　　真空觀是依理法界而立，理事無礙觀是依理事無礙法界而
立，周遍含容觀是依事事無礙法界而立，此三觀之終究目的是「一
多無礙，大小相含」，然修學之人要至此境地，則需「冥此境於自
心」，換言之，三觀實是「觀自心」，惟能將一切法界之境皆「冥」，
即相融於自心中，一旦觀心有成，即是「心慧既明」，則「自見無
盡之義」，故欲了達華嚴圓融無礙之境界，則當以觀心爲本。唐‧

---

[72] 見於宗密《註華嚴法界觀門》中，（大正 45‧684 中～692 中）。
[73] 大正 48‧484 上。

裴休《註華嚴法界觀門・序》中云：「法界者，一切眾生身心之本
體也。從本已來，靈明廓徹，廣大虛寂，唯一真之境而已。」[74]法
界是眾生身心之本體，是一真之境，是本自具足，此即說明「法
界即是真心」。惟此真心溺陷塵勞，需待「觀」而使之復靈明也，
故裴休又云：「夫觀者，以心目求之之謂也。」[75]「觀」者在以「心
目」求之，換言之，華嚴之法界觀所欲探究者是如何觀法界，實
亦是如何「觀心」也。

　　觀法界即是觀心，此是華嚴之論說，惟法界中蓋括有「理」
與「事」，此兩者皆可相融爲一，換言之，理事俱在一心，以「心」
而言之於理與事，其義如何？於《宗鏡錄》卷12有云：

> 一多內外相遍相在而無障礙，唯是一心圓融故。寄理事以
> 彰之，以體寂邊，目之為理；以用動邊，目之為事。以理
> 是心之性，以事是心之相，性相俱心，所以一切無礙。唯
> 以一理性鎔融，自然大小相含，一多即入。[76]

　　法界之理事，實是心之性相，性相俱心，即理事俱心，實亦
法界俱心，正因「一心圓融」故，則不論理之性與事之相，皆可
消鎔於一心中，故延壽於此又釋曰：「如金鑄十法界像，若消鎔則
無異相，如和融但是一金。以理性爲洪爐，鎔萬事爲大冶，則銷
和萬法，同會一真。」[77]對於理事俱在一心，皆可消鎔於一心，

---

[74] 大正45・683中。
[75] 大正45・684中。
[76] 大正48・482下。
[77] 同前注。

於華嚴之「圓融」精神中,「融」有初終不同之義,如《宗鏡錄》卷 12 所云:

> 鎔融者,鎔冶也,謂初銷處。融和也,謂終成義。以理鎔事,事與理融。觀事當俗,觀理當真,今觀理事無礙,中道第一義觀。[78]

「鎔融」此是初步之銷融義,於上尚有二物相之存在,故曰「以理鎔事」;惟至「融和」時,則已成一體,實已無物相之存在,故曰「事與理融」。此是理事之無礙,若將此「觀之於心,即名此觀」(理事無礙觀)。[79]此理事無礙觀,是中道第一義觀,若相較於上之所言「冥此境於自心」之周遍含容觀,所見是事事無礙、無盡之境地,則理事無礙觀是初步之銷融,而周遍含容觀則是終究之融和,故云:「一切唯心者,亦先融為本,事事無礙也,重重交映。此知即眾生心是佛智也,即事玄妙,入心成觀。」[80]所謂「觀心」實是觀眾生心即佛智,此即「入心成觀」,於佛而言本已自覺,唯眾生不知,故華嚴圓融無礙之境地,實依「觀心」而成,佛與眾生之差異亦因「觀心」之不同,於《宗鏡錄》卷 24 有云:

> 眾生將諸佛心為塵勞門,諸佛用眾生心成菩提道。法無定相,迴轉由心。色為所造,心為能造,未有一法非是我心。是知直觀本理,理具諸法,若無妙觀,日用不知。若能了

---

[78] 大正 48．483 中～下。

[79] 大正 48．483 下。

[80] 《宗鏡錄》卷 99,(大正 48．950 上)。

知，則見一切萬法皆具一心，不思議圓頓之理。若得宗鏡
之明，任運能照，若色若心，無不通達。是以《華嚴經》
云：「此諸供具皆是無上心所成，無作法所印。」[81]

華藏世界、山河草木皆由「心」所成，以佛而言，此皆是佛
事，故所謂「妙觀」實是「觀心」，「迴轉由心」，「心為能造」皆
在說明「心」是一切主宰。華嚴之法界緣起。亦惟在此「一心」
中，故云：「若非智照深達自心，又焉能悟此希奇之事。」[82]惟華
嚴之「觀心」乃是「一念相應慧」，如《宗鏡錄》卷 13 所云：

> 如《華嚴·離世間品》十種無下劣心中云：菩薩摩訶薩又
> 作是念。三世所有一切諸佛、一切佛法、一切眾生、一切
> 國土、一切世間、一切三世、一切虛空界、一切法界、一
> 切語言施設界、一切寂滅涅槃界，如是一切種種諸法，我
> 當以一念相應慧，悉知悉覺、悉見悉證、悉修悉斷，然於
> 其中無分別、離分別、無種種、無差別、無功德、無境界，
> 非有非無、非一非二。[83]

華嚴重「一心」，以一心而圓融一切法界，「觀心」之要在於
「一念相應慧」，即當下一剎那之念能與真理相應契合，且如是而
知覺、見證與修斷，能如此則一切之物與境皆將冥滅，終可得證
無上菩提。如《大般若經》卷 393 云：「從此無間以一剎那金剛喻

---

[81] 大正 48·553 上。

[82] 《宗鏡錄》卷 13，（大正 48·485 中）。

[83] 大正 48·485 中。

定相應妙慧，永斷一切煩惱、所知二障、麁重習氣相續，證得無
上正等菩提，乃名如來、應、正等覺。」[84]華嚴於「心」之剖析，
其目的在使學人「方見全佛之眾生，惺惺不昧；全眾生之佛，歷
歷無礙。」[85]雖是眾生仍具有不昧之靈知，即已成佛亦待一念、
念念之無疑相應慧，此皆在期勉學人修證由己，不待外求，而華
嚴之用意在此，整部《宗鏡錄》引證剖析各宗派義理，其意亦在
此，故云：「唯記即心是佛之語，親省何年？只學萬法唯識之言，
誰當現證？既乖教觀，又闕明師，雖稱紹隆，但成自誑。宗鏡委
細，正為斯人。」[86]華嚴由一心而觀心，親省、現證正是觀心之
表現，此皆為延壽所接受，於《宗鏡錄》卷 13 延壽且引古德頌云：
「學道先須細識心，細中之細細難尋，可中尋到無尋處，方信凡
心是佛心。故知即於一念生死心中，能信有諸佛不思議事，甚為
難得。」[87]如何於「一念生死心中」能信有諸佛不思議事，此即
是觀心之自證自悟。此亦是「一念相應慧」之當下得證。

　　華嚴以一心而展現圓融無礙之精神，其由「一」可產生「多」，
「多」終究會歸為「一」，法藏於《華嚴經義海百門》有云：

　　　　一多相由成立，如一全是多，方名為一。又多全是一，方
　　　　名為多。多外無別一，明知是多中一。一外無別多，明知
　　　　是一中多。良以非多，然能為一多。非一然能為多一，以
　　　　不失無性，方有一多之智。經云：譬如算數法，從一增至

---

[84] 大正 6 · 1035 中。
[85] 大正 48 · 485 下。
[86] 同前注。
[87] 大正 48 · 486 中。

十，乃至無有量，皆從本數起，智慧無差別。[88]

　　「一」與「多」之關係，若以數字之「一」與「十」來譬喻，則「一」是「十」之基礎，故可曰「一中多」，亦即「一即多」；同理，「十」是由「一」而構成，故可曰「多中一」，亦即「多即一」。「一」與「多」乃互為相成而立，本身並無實性，故言「以不失無性，方有一多之智」，華嚴論述「一多」之義，其要旨在「智慧無差別」，一佛成，則佛佛皆成，此乃因「智慧無差別」。延壽《宗鏡錄》卷13，設一問答有關「一心」與「無邊佛事」之關係，其文云：

　　　　問：理唯一道，事乃萬差，云何但了一心，無邊佛事悉皆
　　　　圓滿？
　　　　答：出世之道，理由心成。處世之門，事由心造。若以唯
　　　　心之事，一法即一切法，舒之無邊。以唯心之理，一切法
　　　　即一法，卷之無跡。因卷而說一，此法未曾一；因舒而說
　　　　多，此法未曾多。非一非多，有而不有，而多而一，無而
　　　　不無，不多相依互為本末。[89]

　　出世與處世，皆不離「一心」，以事而言，當是一切法；以理而言，則是一法。「一」與「多」實是「卷」與「舒」之展現，實皆「一心」矣！「一即多」「多即一」是華嚴之義理論述，然華嚴

88　大正45・630下。
89　大正48・486中。

所欲呈現是毘盧遮那佛之光明遍照，在佛德之下，一切眾生皆由佛之（靈）性而起，在重重無盡之「網」下，眾生由「一念心」即可知「一切」，此即是「一知一切」、「一切知一」，惟此「一心」是「發阿耨多羅三藐三菩提心」，如八十《華嚴經·初發心功德品》云：

> 發阿耨多羅三藐三菩提心，為盡知一切世界，所有眾生，種種方便。廣說乃至，欲盡知一切方便網故，發阿耨多羅三藐三菩提心。[90]

　　華嚴所營造之華藏世界，是一一塵中皆可見佛，於一剎那中悉能現一切之所行，[91]此是不可思議之事，然一旦「發阿耨多羅三藐三菩提心」，此初發心即是「一」，有一，即有二、三乃至十而無量數之可能，故在「一與多」是「相依互為本末」之因緣下，惟有此「心」（發阿耨多羅三藐三菩提心）終是成佛道之基「一」，有「一」才有「一切」之可能，於此華藏世界終有成就之願期，而延壽之所以「立一心為宗」之目的，亦昭然明矣！

---

[90] 大正 10‧90 下。
[91] 見八十《華嚴經·華藏世界品》（大正 10‧39 上～53 下）。

第六章　永明延壽立「一心」為宗之理論建構
──由禪宗所得之啟示

　　依「中國佛學」而論，由天台而華嚴可謂是義理敷陳之高峰，此雖得力於智者與法藏之哲理功力外，實亦是佛教經典之特色，此即牟宗三先生稱是「分別說」，亦即是採「分析性語言」。[1]天台與華嚴之條分縷析之系統，中國人於此受益並不大，反而力主「教外別傳、不立文字」之禪宗於天台、華嚴後而一枝獨秀，此雖與當是時之政治、社會有密切之關係，然不可否認是「禪宗」在我國思想上所造成之影響面，實勝過天台與華嚴。延壽一生禪淨雙修，其百卷《宗鏡錄》中常引「禪宗」之思想，惟禪宗之宗派繁多，延壽是以「立一心為宗」為重點，並由此「一心」而會融禪宗各宗派之思想，故本章所欲呈現是禪宗思想在《宗鏡錄》「一心」之理論建構中，彼此所具有之相關處，並非就《宗鏡錄》中有關禪宗之各宗派別之引文而論之。

第一節　延壽確立「宗即達摩」之地位
──得自於達摩禪法

　　延壽於《宗鏡錄》卷34，已明示「禪宗」之「宗」是指「達摩」，如文云：

---

[1]　同第二章注 19，牟宗三《中國哲學十九講》，頁 331～366，收錄於《牟宗三先生全集》29。

問：佛旨開頓漸之教，禪門分南北之宗，今此敷揚依何宗教？

答：此論見性明心，不廣分宗判教，單提直入頓悟圓修，亦不離筌罘而求解脫，終不執文字而迷本宗。若依教是華嚴，即示一心廣大之文；若依宗即達摩，直顯眾生心性之旨。[2]

此一問答，是延壽之心態，亦可謂是整部《宗鏡錄》之主旨用意，「見性明心」才是究竟，頓與漸、南與北、宗與教之分，於延壽而言皆可相融會歸為一。若要強分「教」與「宗」，則「教是華嚴」，然華嚴之旨亦在顯「一心廣大」；而「宗即達摩」，達摩為禪宗之初祖，其心法傳承將代表整個禪宗之特色，亦即於〈標宗章〉中所云：「約今學人，隨見心性發明之處，立心為宗。是故西天釋迦文佛云：佛語心為宗，無門為法門。此土初祖達摩大師云：以心傳心，不立文字。則佛佛手授授斯旨，祖祖相傳傳此心。」[3]以達摩為「禪宗」之代表，則其主旨亦在「直顯眾生心性之旨」，於此論點上，華嚴教、達摩宗與延壽之「一心」，三者之旨實目標一致，皆以「顯眾生心」為上，故於延壽強調「不廣分宗判教」後，即舉「宗密禪師立三宗三教，和會祖教，一際融通。」[4]宗密「教禪一致」雖有時代背景推波下所產生之和會融通心態，至延壽立一心為宗，實亦是高舉祖教本一際之旗幟，此種心態除有外在環境之因素，實可謂與中國人一向好「圓融」有關。

---

[2] 大正 48・614 上。
[3] 大正 48・417 中〜下。
[4] 大正 48・614 上。

一、延壽「立一心爲宗」
——達摩「直顯眾生心」

　　延壽欲以論「心」而融通各宗派，其對於達摩禪法所傳之「心」，於《宗鏡錄》卷34 有論說：

> 一切眾生皆有空寂真心，無始本來性自清淨，明明不昧，了了常知，盡未來際常住不滅，名為佛性，亦名如來藏，亦名心地，達摩所傳，是此心也。[5]
>
> 達摩善巧，揀文傳心，標舉其名（心是名也），默示其體（知是心也），喻以壁觀令絕諸緣，絕諸緣時，問：斷滅不？答：雖絕諸念亦不斷滅。問：以何證驗云不斷滅？答：了了自知，言不可及。師即印云：只此是自性清淨心，更勿疑也，若所答不契，即但遮諸非，更令觀察，畢竟不與他先言知字，直待他自悟，方驗真實，是親證其體，然後印之，令絕餘疑，故云默傳心印，所言默者，唯默知字，非總不言，六代相傳皆如此也。[6]

　　所謂佛性、如來藏、心地，皆是「心」之異名，此「心」之特色是「本自清淨」，喻心體不受染；「明明不昧、了了常知」喻心體永是光明、靈知覺照。達摩傳法在「以心印心」，學人需先親證，才能得受祖師之心印大法。達摩有「壁觀」修行法門，其壁觀是爲絕諸念，但心體卻是「了了自知」，達摩之「心」義，即是

---

[5] 大正 48．615 上。
[6] 大正 48．615 中～下。

此「了了自知」，亦可言「靈知即是心性」[7]。

　　對於「心性」之看法，張國一先生考證後略分為五種，其中認為以「主體說」最為勢盛，其對「心性」之「主體說」論說如下：

> 所謂「主體說」，顧名思義，是以「主體心」詮釋唐禪「心性」的立場。此說之主張，又可分成二類，一是「向外擴充說」，另一是「向內反證說」。主「向外擴充」的「主體說」，大致是建立在人本主義的基礎上的。人在宇宙中，常居於指導統馭萬物的地位，主體的優越性，是一件自然呈現的事實。本說表現了對此事實之肯定與發揚，「主體心」的優先地位被凸顯了，因此肯定它即是禪「心性」之所指。「向內反證說」，此說不以主體之能力擴充為着眼點，相反地，他們將注意力反歸於主體心自性本質的探究。這種探究，不是透過思維來進行的，而是主體心的自知自證。不論是「向外擴充說」，或「向內反證說」，二說的主張者，對客觀世界論述與研究皆嫌不足。客觀世界本性本質的探討，畢竟未受到他們足夠的重視。這表現了，「主體說」的「心性」義涵，排除了客觀的萬法世界，僅以主體心為其場域。[8]

---

[7]　大正 48・615 下。

[8]　張國一《唐代禪宗心性思想》，頁 13～17，2004 年 4 月初版，台北・法鼓文化公司。其主張另外尚有四說：「唯心說」、「萬物一體說」、「實體說」、「任意虛構說」，見於頁 18～26。

張國一先生所分類之心性「主體說」，其義有二：一是肯定心是居於一切萬物之上的主體地位，二是既肯定主體心是居於主體地位，故心體是「自知自證」。此心性主體說之二義，可謂皆與達摩之「安心」法門相應合，其中「心體是法界」相應於第一義，「了了自知」是應於第二義。肯定「心」之主體性，可謂是力主「心性」說之大方向，正因為「心」具有主體性，且是自知自證，因而暢論「立一心為宗」之延壽，能以此主體之心而會融一切之差異，且有「心」才有「法」，故森羅萬象皆由「心」而起，萬象一旦入於冥境之域（心體）時，自是會歸為一體，以是而知此「心體」是宇宙之根源，亦是個己之主體。達摩禪法重「直顯眾生心」，延壽特立「一心」為宗，「心」「一心」「心體」可謂是兩人之共同標目。

二、延壽主張「觀心即觀自心」
——達摩確立「安心即明自心體」

達摩禪法強調「心」，並以直顯眾生心為上，然如之何可常保此「心」之清淨、空寂與靈知呢？則有待「安心」之法，於《宗鏡錄》卷97云：

> 師（初祖菩提達摩）述安心法門云：迷時人逐法，解時法逐人。解則識攝色，迷則色攝識。但有心分別計校自心現量者，悉皆是夢。若識心寂滅無一動念處，是名正覺。[9]

---

9 大正 48‧939 中。

「安心法門」之首要在於能觀察「有心分別計校自心現量者，悉皆是夢。」達摩已確立心體本清淨、不昧，故當心念未起之前即與此「心體」相應合，此是「正覺」，反之則是迷。對於如何觀察「自心現」？達摩又緊接著論述：

> 問：云何自心現？
> 答：見一切法有，有自不有，自心計作有。見一切法無，無自不無，自心計作無。乃至一切法如是，並是自心計作有，自心計作無。又若人造一切罪，自見己之法王，即得解脫。若從事上得解者，氣力壯。從事中見法者，即處處不失念。從文字解者，氣力弱。即事即法者，深從汝種種運為，跳踉顛蹶，悉不出法界，亦不入法界，若以界入界即是癡人，凡有所施為，終不出法界心，何以故？心體是法界故。[10]

延壽引述達摩之「安心法門」，所謂「安心」並非是另於「心」上而求「安」之，[11]「安心」實是能明「自心現」之義。一切法之有或無，皆由「自心計作」之，達摩所欲強調是「法界心」，法界中之一切作為，皆由「心」起，「安心」是為明此「法界」與「心」之關係，一旦能「自見己之法王」，「即得解脫」。達摩更強調「處處不失念」，即念念皆能「自見己之法王」，解脫者在能了悟「心

---

[10] 大正48·939中～下。
[11] 宋·道原《傳燈錄·達摩傳》卷3：「光（慧可）曰：我心未寧，乞師與安。師曰：將心來與汝安。曰：覓心了不可得。師曰：我與汝安心竟。」（大正51·219中）。

體是法界」，實「心體是法王」，此種見解皆為延壽所接受並發揚之。其中更兼「從事上得解者，氣力壯」，正是延壽一生所強調在實踐之行上，於文字解者，終將難悟「心」之宗旨。有關「安心法門」，於下再繼述之：

> 問：世間人種種學問，云何不得道？
> 答：由己己故不得道，己者我也。至人逢苦不憂，遇樂不喜，由不見己故，所以不知苦樂者。由亡己故，得至虛無。己自尚亡，更有何物而不亡也。[12]

　　此言修證得道者，首先需亡己，此己是指「私己」、「我身」，非指「己之法王」。惟能亡己以至亡物，才能契入冥境而證悟。此處所欲彰顯之「安心」，實是說明「己」與「物」皆是依「心」而起，亡己、亡物才能使心體清淨，此即是「安心」之法。達摩又再敘之其「安心法門」：

> 問：諸法既空，阿誰修道？
> 答：有阿誰須修道，若無阿誰即不須修道。阿誰者亦我也，若無我者，逢物不生是非。是者我自是，而物非是也。非者我自非，而物非非也。即心無心，是為通達佛道。即物不起見，名為達道。逢物直達，知其本原，此人慧眼開。智者任物不任己，即無取捨違順。愚者任己不任物，即有取捨違順。不見一物，名為見道。不行一物，名為行道。

---

[12]　大正 48・939 下。

> 即一切處無，處即是法處，即作處無作處、無作法，即見
> 佛。若見相時，則一切處見鬼。取相故墮地獄，觀法故得
> 解脫。若見憶想分別，即受鑊湯爐炭等事，現見生死相。
> 若見法界性即涅槃性，無憶想分別即是法界性。心非色故
> 非有，用而不廢故非無，又用而常空故非有，空而常用故
> 非無。[13]

依「安心」之法而言，明自心體即是「安心」。以諸法而言，
法皆由心而起，於「法」而言，其性本空，故常言所謂之「修道」，
是何人在「修」？且心體（道）本自具足，又要修何「道」（心體）？
此論說，實與「安心」之義有異曲同工之妙。安心並非於「安」
上而求，同理；修道亦並非在「修」字而尋。諸法其性本空，故
並非於「法」而求；我本非我，故亦並非於「誰」上而覓。道即
心，心即己之法王，惟能於心體上不起心，即是「即心無心」，此
即是通達佛道。所謂「見道」、「行道」，皆是指與自心體相契入，
於外無有所見、無所行，能如是即是「見佛」。反之，有所見即有
憶想分別，所現即是生死相。相應於上之所云：「心體是法界」，
則「見法界性即涅槃性」，即可契入心體。惟此「心體」，是法界
之本原，故不能以有或無論定之，「用而常空、空而常用」是其特
性，故已然超越有、無之對待，是一「非有、非無」之實相義。「安
心」是達摩之修行法門，而「觀心」是延壽之實踐要目；「安心」
在於要「明自心體」，而「觀心」是要能「觀自心」，安心與觀心
同在「自心」之要求上，兩者確有相通處，於此亦可見延壽尊達

摩禪法之迹。

三、延壽「宗與教」並舉
　　──達摩強調「藉教悟宗」

　　延壽強調「宗即達摩」、「教是華嚴」[14]，然並非是爲劃分宗與教之不同，其目的在「示一心廣大之文」、「直顯眾生心性之旨」[15]，權說有宗有教，究竟是爲頓悟心性以達明心見性。達摩傳法是「以心印心」，其對「心性」修行是採「安心法門」，然達摩是以《楞伽經》（全名《楞伽阿跋多羅寶經》）[16]傳付慧可，並強調其法門是「藉教悟宗」，據唐‧道宣《續高僧傳‧達摩傳》所云：

> 隨其所止，誨以禪教。以是安心謂壁觀也。如是發行謂四法也。如是順物教護譏嫌。如是方便教令不着。然則入道多途，要唯二種，謂理、行也。藉教悟宗。[17]

　　又〈慧可傳〉云：

> 初達摩禪師以四卷《楞伽》授可曰：我觀漢地，惟有此經，仁者依行，自得度世。[18]

---

[14] 大正 48‧614 上。
[15] 同前注。
[16] 《楞伽經》共 4 卷，劉宋‧求那跋陀羅譯。今收錄於《大正藏》第 16 冊。
[17] 大正 50‧551 中～下。
[18] 大正 50‧552 中。

達摩是禪宗初祖，依《續高僧傳》所言，其以《楞伽經》傳付弟子，且主「藉教悟宗」，顯然「經教」之意味甚濃，與後起之離言說教之「保唐」禪風[19]顯然有一差距，對此問題，龔雋先生之論可資參考：

> 不同禪系的史書當然有自宗意識形態的立場。達摩印心時付囑經教的參證，還是可以相信的歷史。問題在於，作為禪師的達摩，他的通經方便，確實表現了不同於經師而重於依義不依語和直覺自證的一流。[20]

達摩強調「藉教悟宗」，其重點當在「宗」上，惟「教」是方便法，亦當不棄之，此種主張是達摩之慧眼洞見，實亦與《楞伽經》之大義相合，如經云：

> 離異不異有無等相，以巧方便隨順眾生，如應說法，令得解脫，是名說通相。[21]
> 因彼我言說妄想習氣計着生，是名為語。謂離一切妄想相言說相，是名為義。[22]
> 觀語與義，非異非不異。觀義與語，亦復如是。若語異義

---

[19] 保唐宗，爲唐代成都府保唐寺之無住（714～774）首開本宗。此宗特點，乃在不拘教行，毀棄禮懺、轉讀、畫佛、寫經等佛事。見於同第二章注81，《佛光大辭典》「保唐宗」條，頁3723。

[20] 龔雋《禪學發微——以問題爲中心的禪思想史研究》，頁243，2002年5月初版，台北·新文豐出版公司。

[21] 大正16·499下。

[22] 大正16·500中。

者，則不因語辨義，而以語入義。[23]

　　爲隨順教化眾生，當應說法，此是「教」，然一切之說法，皆爲令眾生得解脫，此即是「說通相」。[24]「說」是以入「宗」爲目的，故強調要分別「語」與「義」，主張「以語入義」，言說不單單只是言說，能入宗、解脫才是言說之目的，於此，可看出達摩禪法在宗（禪）與教之間所採取之態度。延壽雖主「立一心爲宗」，但其仍「宗與教」並舉，《宗鏡錄》中前有「標宗」，後廣引諸經論，其在「宗與教」之心態上，是契合達摩禪法的。

第二節　延壽主張「即境即佛」之立場
　　　　——得自於洪州禪法

一、延壽「即境即佛」之主張
　　——馬祖「即心即佛」之法門

　　禪法向以重契悟爲要，延壽力主「立一心爲宗」，此立「一心」之旨，是否與修行契悟有所相違，於此問題，《宗鏡錄》卷9曾論述「心」與「禪宗」之關係有云：

　　夫修行契悟，法乃塵沙。云何獨立一心為宗，而稱絕妙？

---

[23] 大正16‧500下。

[24] 《楞伽經》卷3尙論述「宗通相」：「謂緣自得勝進相，遠離言說文字妄想，趣無漏界自覺地自相，遠離一切虛妄覺想，降伏一切外道眾魔，緣自覺趣光明暉發，是名宗通相。」（大正16‧499中～下）。

> 答：若不了心宗，皆成迷倒，觸途成壅，證入無門。如俗
> 諦中亦有秘密之法。若不得要訣，學亦無成；或得其門，
> 所作皆辦。今教乘稱秘密之法，禪宗標不傳之文，則向何
> 路而進修？從何門而趣入？若不得唯心之訣，正信無由得
> 成。纔得斯宗千門自闢，道不待求而頓現，行弗假修而自
> 圓。故云：若無觀慧，事亦不成。又此心能成一切，能壞
> 一切。成則頓成天真之佛。[25]

　　延壽以「心」為「宗」，故言「心宗」，其立一心為宗之目的
是為使學人能達徹悟之理境。然延壽在指向「理境」之方面，實
與禪宗無別，實亦與各宗門不異，惟不同者，延壽認為要有一「法
門」，才可令學人有路進修、有門趣入，而此門路，即是「心」，
故其修行法強調「觀心」，若不立「心宗」則將使學人茫然迷倒。
延壽顯然是藉由立「心宗」為旨，而開唯心之訣大門，以達其觀
心實踐之目的。於此，由延壽論述「心」與「禪教」之關係時，
可看出其對於禪門以「修行契悟」為最重要是持以贊同的，但對
於如何才能達到「明心見性」之法門，禪宗雖有其特別主張[26]，
但依延壽而言，惟「觀心」才是一切之關鍵，故以「心能成一切，
能壞一切」來說明其所以立心為宗之目的，是可使禪門學人有一
門路有供修行，將更快臻至契悟。

　　對於「禪宗」而言，「禪」是定、靜慮、思惟修，此皆與「心」
有某一程度之關係，於《宗鏡錄》卷26，有論述「心」與「佛」、

---

[25] 大正 48・460 中。
[26] 宗寶本《六祖壇經》：「我此法門從上以來，先立無念為宗、無相為體、無住
為本。」（大正 48・353 上）。

「道」、「禪」、「覺」之關係：

> 佛是自心義，亦名為道，亦云覺義。覺是靈覺之性，只今
> 自鑒照語言，應機接物，揚眉動目，運手動足，皆是自靈
> 覺之性，亦是心，心即道，道即佛，佛即是禪。禪之一字，
> 非凡所測。若知諸法從心生，即不應執，執即不知。若不
> 見本性，十二分教則為虛設。故知因教明心，何執文義？
> 又教從心生，心由教立，離心無教，離教無心。豈心外別
> 有教而可執乎！[27]

　　「人」之所以能應機接物、揚眉動目等，皆是自我靈覺之性
在掌控，此覺性亦名心，此處「心性」同義，對於「心性」合用
之義涵，張國一先生云：「心性二字，在使用上有其特指，與一般
指示『唯心』的用法不同。而等同『真如』、『法性』等，意指一
切心、物、萬物之勝義實相而言的。」[28]延壽以覺性即心、即道、
即佛、即禪，是將性、心、道、佛、禪會歸為一義，此一義即其
所立「一心」為宗之旨。張國一先生以「心性」非僅是「一般指
示唯心的用法」，[29]然於延壽而言，其立「一心」之旨，並非是為
詳分「心」與「性」或與「心性」有何差異，其最主要目的，是

---

[27] 大正 48・564 上。

[28] 同注 8，頁 11～13。

[29] 同注 8，頁 18～19。張國一先生將心性之「唯心說」分為二派，一是「主觀
唯心說」：意指一般人各具之主觀心，此主觀唯心成為唯一真實的存在，外在
世界的存在是被否定了。二是「客觀唯心說」：佛性就是心性的同義語，它
是一種宇宙心，能創生萬物。此兩派主、客觀之立場雖互異，但凸顯「唯心」
之優越性的論理焦點則是一致的。

以此主體性之心，或唯心之心，來說明「心」是一切之本，故就延壽之見解，則禪即心、佛即心、道即心等，此可謂是其理論之一貫性。延壽欲以「心」而合融一切之差異，其用心實明白不過。惟延壽立義，當是個己主義之心性，亦是宇宙之心，且能創生一切萬物與法，故對於「禪」與「心」之關係，實不離其一貫之主張，主張離心即無禪，以「心」為一切之本，若不明此本，則一切皆是虛設耳！

禪宗於惠能五家傳燈後大揚天下，以馬祖（709～788）為代表之洪州禪法，其「即心即佛」已成禪宗之標幟，然於「心」外之「境」，又將如何視之，《宗鏡錄》卷 100 有云：

> 今人只解即心即佛，是心作佛，不知即境即佛，是境作佛。
> 今明以如為佛，心境皆如，心如即佛，境如焉非。又心有
> 心性，心能作佛，境有心性，安不作佛，以心收境，則心
> 中見佛，是境界之佛，以境收心，境中見佛，是唯心如來。[30]

「即心即佛」是為肯定人人皆有一佛性、一真心體，則人人必當可成佛，此論說於修證成佛之途上，展現無量之願景，此是正面義。然當過份強調「心即佛」，則其弊當如張國一先生對於「主觀唯心」之批評：「由於粗率而輕易取消了客觀世界，獨尊主觀唯心之存在優越性，難免是有些荒謬了。」[31]「即境即佛」是肯定「境」之存在價值，因境由心生，故心有心性，以至而知境亦有

---

[30] 大正 48・953 中。
[31] 同注 29。

心性，此乃透過境由心生，以說明心與境是一非二。若心能成佛，則境有心性，則亦必然成佛。心與境是相互相融，心境是如，故一切無情之物（境）亦皆有佛性、佛心，延壽於禪宗「即心即佛」之義，更開展「即境即佛」，亦足見其「一心」之旨，除肯定心體，亦不廢客觀外境，一一外境皆可以「心」而「收」之，此即延壽所一貫強調者就是會歸、融合。

　　延壽處唐末五代間，此時之禪風早已遍天下，惟各宗派各有其特殊宗風，在習禪已蔚為風氣之下，禪宗所標舉「即心即佛」，是特為世人所喜好，在講求自由心證之下，高唱行住坐臥皆是道，於是不講經論、不尋善友、輕視戒律之行已漸漸出現，甚至有訶佛罵祖之舉等，「禪」儼然已失其原貌，而逐步入「狂」之地步，對此現象，延壽《宗鏡錄》卷25有評論云：

> 近代或有濫參禪門不得旨者，相承不信即心即佛之言，判為是教乘所說未得幽玄。我自有宗門向上事在，唯重非心非佛之說。並是指鹿作馬，期悟遭迷；執影是真，以病為法。只要門風緊峻，問答尖新，發狂慧而守癡禪，迷方便而違宗旨，立格量而據道理，猶入假之金。存規矩而定邊隅，如添水之乳，一向於言語上取辦，意根下依通，都為能所未亡，名相不破。若實見性，心境自虛，匿跡韜光，潛行密用。是以全不悟道，唯逐妄輪迴，起法我見，而輕忽上流，恃錯知解，而摧殘未學，毀金口所說之正典，撥圓因助道之修行，斥二乘之菩提，滅人天之善種，但欲作探玄上士，傚無礙無修，不知返墮無知成空見外道，唯觀

影跡，莫究圓常，積見不休徒自疲極。[32]

　　參禪不得其旨者，即迷誤「教外別傳、不立文字」之義，禪宗之旨雖主「教外別傳」，實為強調「心」之主體性，是不可被「教」的；「不立文字」是為使學人勿僅止於經論上之講習，要能契悟自心，故禪宗雖是「言語道斷，心行處滅」，但仍主張有一「真性」，惟客塵所障而不能顯了，[33]標舉即心即佛，是為論述「心」是一切之本，與所謂之「教乘」實不衝突。而「非心非佛」實與「即心即佛」無別，[34]「即心即佛」是馬祖為使學人有一入門可行，依「心」而悟修成佛，再以「非心非佛」斥破對「即心即佛」之執着，若不執則兩者本無差別，皆是指導學人之方便法門。而延壽所批評是「唯重非心非佛之說」，只執取其中之「非」義，以為一切皆空，以故入於發狂慧、違宗旨之地步，如是之「禪」已入「狂」之境地，離「實見性」更形遙遠，一旦「墮無知成空見外道」，如是即便自謂是「參禪」，實則是「唯觀影跡」而已，根本是「莫究圓常」而徒自疲極罷了。在「狂禪」之弊日益曲解原本以重契悟「心性」為主之禪法時，延壽「即境即佛」之提出，可使學人返歸重視客觀外境之重要性，而不落於僅僅空言心性而已，此是延壽之一大貢獻。

---

[32] 大正 48．560 中～下。

[33] 唐・道宣《續高僧傳・達摩傳》卷 16：「深信含生同一真性，客塵障故。」（大正 50．551 下）。

[34] 宋・普濟《五燈會元・馬祖道一》卷 3：「僧問和尚：為什麼說即心即佛？師曰：為止小兒啼。曰：啼止時如何？師曰：非心非佛。」（卍續 138．43b）

二、延壽之「一心」與諸佛諸祖之「心」義
──洪州禪法上承諸佛諸祖

　　延壽對「宗」門是以達摩禪法為主，除引達摩禪法之要義入於《宗鏡錄》中，對於禪宗之重要派別，亦多有引用，唯延壽引禪門各宗派之文，大抵以「唯傳一心」之法為主，且以如是「一心」之法，實是釋迦之親付，即使後出之歷代祖師亦是引證世尊之語，如《宗鏡錄》卷 1 云：

> 　　且如西天上代二十八祖，此土六祖，乃至洪州馬祖大師，及南陽忠國師、鵝湖大義禪師、思空山本淨禪師等，並博通經論，圓悟自心。所有示徒皆引誠證，終不出自胸臆，妄有指陳。是以綿歷歲華，真風不墜。以聖言為定量，邪偽難移。用至教為指南，依憑有據。[35]

　　延壽此論是為說明其立一心為宗，是與釋迦及歷代祖師同之，而廣引各經論之目的，是為明證其引文皆以「聖言為定量」。而禪門之祖師即使「博通經論、圓悟自心」，其示徒之語亦是「皆引誠證」。延壽為自己立一心之旨不但在找經論之依據，更是在展現其所以立一心為宗，實是為流傳「聖言」之旨不墜而為之。且為說明禪宗祖師之示語亦是依循此模式，其於《宗鏡錄》卷 1 有引馬祖之語云：

---

[35] 大正 48・418 上～中。

> 洪州馬祖大師云：達摩大師從南天竺國來，唯傳大乘一心
> 之法，以《楞伽經》印眾生心。恐不信此一心之法，《楞伽
> 經》云：佛語心為宗，無門為法門。何故佛語心為宗？佛
> 語心者，即心即佛，今語即是心語。[36]

　　馬祖大師以「即心即佛」為其法門之代表，而達摩大師是以
《楞伽經》為傳付宗要，《楞伽經》全文皆以〈一切佛語心品〉而
名之，[37]宋・蘇軾（1036～1101）《楞伽經・序》有云：「《楞伽經》
先佛所說，微妙第一，真實了義。故謂之佛語心品。」[38]此僅言
「佛語心」為真實了義，並未就「佛語心」而釋之。另有宋・蔣
之奇〈序〉云：「昔達摩西來，既已傳心印於二祖，且云：吾有《楞
伽經》四卷，亦用付汝。即是如來心地要門，令諸眾生開示悟入，
此亦佛與禪並傳，而玄與義俱付也。」[39]蔣〈序〉以《楞伽經》
難讀，故而後才有「祖師出焉，直指人心，見性成佛，以為教外
別傳。」[40]此即是由佛而入禪之過程，自茲而降，終有佛禪之相
非相詆之情事。蔣〈序〉於此有言：「學佛之敝，至於溺經文、惑
句義，而人不體玄，則言禪以救之。學禪之敝，至於馳空言、玩
琦辯，而人不了義，則言佛以救之。二者更相救，而佛法完矣。」
[41]達摩禪法傳「大乘一心之法」，此是論心，似禪；而四卷《楞伽
經》，是為經教，近佛。然正所謂「佛語心為宗」，釋迦傳付諸佛

---

[36] 大正 48・418 中。
[37] 大正 16・480 上～514 中。
[38] 大正 16・479 下。
[39] 大正 16・479 中。
[40] 大正 16・479 上。
[41] 大正 16・479 上～中。

弟子，以至馬祖大師，其旨當同，於《宗鏡錄》卷 1 云：「令因言薦道，見法知宗，不外馳求，親明佛意，得旨即入祖位。」[42]得入祖位者，當能見法知宗，能以心為宗是為「知宗」，此是釋迦之旨，亦是馬祖即心即佛之義，更是延壽所欲標舉立一心為宗之目的。於此更可看出延壽欲藉由禪宗祖師之示語中，尋求其立一心為宗之理論根據。

在禪宗傳法之系統中，六祖惠能之弟子中，以荷澤神會、南岳懷讓（677～744）與青原行思（？～740）最具代表，而馬祖道一即懷讓之弟子。延壽於《宗鏡錄》卷 97 中，將禪宗之重要祖師有關「心」之示語皆有引證，其中有關達摩大師之「安心法門」已於前文論述之。如文云：

> 第二祖可大師云：此心具足萬行，正稱大宗。
>
> 第四祖道信大師云：理盡歸心，心既清淨，淨即本性，內外唯一心。
>
> 第五祖弘忍大師云：心是十二部經之根本。唯有一乘法，一承（或應為「乘」）者一心是，但守一心即心真如門。一切法門，不出自心。諸祖只是以心傳心。
>
> 第六祖惠能大師云：汝等諸人自心是佛。心外更無一法而能建立，皆是自心生萬種法。[43]

---

[42] 大正 48‧418 上。

[43] 大正 48‧939 下～940 上。

　　此文所引爲禪宗中土六祖之「心」語[44]，一皆強調「心」是一切之根本，若謂禪宗爲「心宗」，實亦恰如其份。其中於四祖道信後，有引牛頭宗法融（594～657）之語曰：「恆沙功德總在心原。神通妙用並在汝心。」[45]功德之成就與神通妙用之展現，皆要依「心」才能成之。其後即引懷讓大師之語：

> 讓大師云：一切萬法皆從心生，若達心地所作無礙，汝今此心即是佛故。達摩西來，唯傳一心之法。三界唯心，森羅及萬象，一法之所印。凡所見色皆是自心，自不自心，因色故心。[46]

　　懷讓與馬祖之論皆同以「心即佛」爲主，並皆言達摩「唯傳一心之法」。於此可推知，達摩禪法在早期雖以《楞伽經》之宗要爲傳法系統，但又力主「佛語心爲宗」，在「禪」法逐漸顯揚後，「論心」之特色已成代表「禪」之標幟，且尊達摩爲中土禪宗初祖，故懷讓言達摩之法是「唯傳一心之法」，除是相應禪宗之特色外，亦可謂與馬祖爲代表之洪州法門是爲一致。《宗鏡錄》卷97並引懷讓與馬祖師徒間之對答：

> 馬大師問曰：如何用意合禪定無相三昧？
> 師曰：汝若學心地法門，猶如下種。我說法要，譬如天澤。

---

[44] 其中三祖僧璨僅引其傳法偈：「華種雖因地，從地種華生，若無人下種，華種盡無生。」（大正48‧940上）

[45] 大正48‧940上。

[46] 大正48‧940上～中。

汝緣合故，當見于道。

馬大師又問曰：和尚云「見道」，道非色故，云何能觀？

師曰：心地法眼，能見於道。無相三昧亦復然矣。

馬大師曰：有成壞不？

師曰：若契此道，無始無終，不成不壞，不聚不散，不長不短，不靜不亂，不急不緩。若如是解，當名為道。[47]

「心地法眼，能見於道」，此處將「心」與「道」結合而用之。於禪宗公案中，「平常心是道」[48]代表禪法並非高深幽玄，其實就在日常行住坐臥間無不是道。所謂「見道」並非以有色而得見之，惟在「契」之。南泉普願（748～897），實與洪州宗一向之主張「一心」相應，亦是達摩「唯傳一心之法」，而延壽在引諸禪宗祖師之示語時，亦無不扣緊此「一心」之宗也。

以禪宗而言，向以「不立文字、教外別傳」為旨，則延壽「一心」之標宗實可簡言數語而言說而畢，奈何百卷之《宗鏡錄》廣引諸佛諸祖之語，其用意又為何？延壽於《宗鏡錄》卷42有所論說：

問：依上標宗，甚諧正脈，何用更引言詮廣開諸道？

答：馬鳴祖師雖標唯心一法，開出真如、生滅二門。達摩直指一心，建立隨緣無礙四行。詳夫宗本無異，因人得名。故云：祖師頓悟直入名禪宗，諸佛果德根本名佛性，菩薩

---

47 大正 48・940 中。

48 宋・宗紹《無門關》：「南泉因趙州問：如何是道？泉云：平常心是道。」（大正 48・295 中）。

萬行原穴名心地，眾生輪迴起處名識藏，萬法所依名法性，
能生般若名智海。不可定一執多生諸情見。[49]

延壽以《起信論》之「一心開二門」：「一心有了二種門：一
者心真如門，二者心生滅門。是二種門皆各總攝一切法，此義云
何？以是二門不相離故。」[50]以及達摩之四行：報怨行、隨緣行、
無所求行、稱法行，[51]為例來說明，真如、生滅二門皆由一心而
起，四行亦是一心而有，「一心」就是「宗」，宗即是「本」，以本
而言，皆是依一心而生，故以「一心」而言，則二門、四行實「因
人得名」而有別稱，若依「宗」（一心）則「本無異」。以是而論
所謂「禪宗」、「佛性」、「心地」、「識藏」、「法性」、「智海」亦是
依「一心」而起，惟於眾度之善巧方便當有千法萬法，然千法萬
法皆由一心而起。延壽標「一心」為宗，其義已甚明，再廣引諸
經論之言詮，正是為廣大之有情眾生開方便大門，引其一一契入
「心宗」之旨。

第三節　延壽以「一心」會融禪宗各宗派

一、延壽主張「心為宗」、「心宗非南北」
——會融南、北二宗與牛頭宗

---

[49] 大正 48．663 中。
[50] 大正 32．576 上。
[51] 大正 50．551 下。

對於研究禪宗之發展歷史與其思想時，各派別有其不同之主張與宗風，此為研究者所欲區分之。然對於延壽而言，引禪宗祖師之語錄，目的並非在劃分禪門各宗派之差異，其心態是會歸合融，其對於禪宗各派別亦並非不明其不同處，惟其目的是在於整合，如《宗鏡錄》卷65即就禪門南北二宗之有關「開示悟入」之見地，做一相對比較與說明，如文云：

> 問：此佛之知見如何開示悟入？
> 答：若禪門南北二宗釋者。北宗云：智用是知，慧用是見，心不起名智，智能知，五根不動名慧，慧能見，是佛知見。心不動是開，開者開方便門。色不動是示，示者示真實相。悟即妄念不生，入即萬境常寂。南宗云：眾生佛智妄隔不見，但得無念，即本來自性為開。寂靜體上自有本智，以本智能見本來自性寂靜名示。既得指示即見本性，佛與眾生無異為悟。悟後於一切有為無為、有佛無佛，常見本性，自知妄想無性，自覺聖智，是故菩薩前聖所知，轉相傳授，即是入義。[52]

北宗以神秀（605～706）為代表，南宗以惠能為代表，在禪門中素有「南能北秀」、「南頓北漸」之劃分。換言之，北宗禪法是主「漸修」，而延壽以北宗所釋之「開示悟入」，分別是「心不動」、「色不動」、「妄念不生」、「萬境常寂」之義，力主「不動」、「不生」、「常寂」正是「漸修」之法門，而此釋義與神秀之得法

---

[52] 大正48‧781上。

偈:「身是菩提樹,心如明鏡臺,時時勤拂拭,勿使惹塵埃。」[53]
於「法」上皆有努力作爲以保持清淨之有爲心,可謂是一致。延
壽對於南宗禪法之釋義,則著重在「本來自性」、「佛與眾生無異」、
「自覺聖智」上,在強調「即見本性」確與南宗法門相契。延壽
同舉南北二宗,雖對兩宗內容之釋義各不同,但自有其系統性之
看法。有關「佛之知見如何開示悟入」,在禪門南北二宗釋義前,
延壽首答者是:「若約教,天台文句疏配圓教四位。開即十住、示
即十行、悟即十向、入即十地。華嚴記釋大意云:謂開除惑,顯
示真理,令悟體空,證入心體。」[54]於教門以天台、華嚴爲代表,
亦一一釋之「開示悟入」義,其在各釋義中雖展露「異」,但在並
舉之心態上則呈現「同」。延壽於《宗鏡錄》卷98引安國和尚一
段公案,更能見延壽在禪門南北宗上之態度:

> 安國和尚云:若無所住,十方世界唯是一心。信知風幡不
> 動是心動。有檀越問:和尚是南宗、北宗。答云:我非南
> 宗、北宗,心為宗。又問:和尚曾看教不?答云:我不曾
> 看教。若識心,一切教看竟。學人問:何名識心見性?答:
> 喻如夜夢,見好與惡,若知身在床上安眠,全無憂喜,即
> 是識心見性。[55]

---

[53] 宗寶本《六祖壇經》,(大正 48・348 中)。
[54] 同注 52。
[55] 大正 48・944 中。

據〈禪宗師資傳承系統表之 2——牛頭宗〉[56]所示，安國和尚即是宣州玄挺（？～722～？）屬牛頭宗，是智威（646～722）之弟子，《傳燈錄》卷 4 載：「宣州安國寺玄挺禪師者，不知何許人也？……或問：南宗自何而立？師曰：心宗非南北。」[57]「心宗」之義，丁福保釋曰：「佛心宗之略，禪宗也。」[58]以「心宗」歸屬禪宗，實為說明禪宗向以心性之修持為重，「心宗非南北」顯是欲以「心」而會融南北二宗之差異，「心宗」一辭之所用，見於唐・宗密《禪源諸詮集都序》卷上一云：

> 本因了自心而辨諸教，故懇情於心宗。[59]

諸教之教義皆為開解修心之重要性，也惟有明了「心宗」自能分辨諸教。然宗密之立場是「三教三宗是一味法」[60]且認為「達摩一宗，是佛法通體」[61]一切諸宗教法皆各有不同，然若推窮其教法之源，則是「本從世尊一真心體流出」[62]不論所用是「心宗」或「一真心體」其目的皆在會融教與禪，宗密於「文」後更以「圖」式以表「心」之染淨，且云是為「令凡聖本末，大藏經宗一時現於心鏡。」[63]「心」於宗密而言才是重點，故於文末總結云：「以

---

[56] 參考釋明復編《中國佛學人名辭典——圖表》表七，1998 年 8 月 2 版，高雄・太谷文化公司。

[57] 大正 51・229 中。

[58] 同第二章注 80，丁福保編《佛學大辭典》「心宗」條，頁 706。

[59] 大正 48・399 下。

[60] 大正 48・407 中。

[61] 大正 48・408 上。

[62] 同前注。

[63] 大正 48・410 中。

心傳嗣，唯達摩宗。心是法源，何法不備。所修禪行，似局一門。所傳心宗，實通三學。」[64]宗密爲標舉達摩禪法之「正宗」地位，故以「心」喻之「達摩宗」，而「心」是一切法之源頭，故宗密所言之「心宗」，其用意顯已超越單指達摩宗或禪宗而言，其云「所傳心宗，實通三學」，是正如其會三教三宗之心態，「心宗」是貫通一切學派而得名之，故「心宗」實非「南北」。

延壽引牛頭宗之玄挺「心爲宗」之內容，並以「全無憂喜，即是識心見性」來說明「心性」之義。對於有關牛頭宗之特色，唐・裴休曾爲《禪源諸詮集都序》做〈敘〉言：

> 能秀二師，俱傳達摩之心，而頓漸殊稟。荷澤直指知見。江西一切皆真。天台專依三觀。牛頭無有一法。其他空有相破，真妄相收，反奪順取，密指顯說，故天竺中夏，其宗實繁。[65]

裴休以「牛頭無有一法」，此乃相較於不同宗派各有所依之理論或實踐方法而言之。牛頭法融其生平記述可見《傳燈錄》卷4。[66]牛頭宗於宗密禪三宗中判爲「泯絕無寄宗」，其義見於《禪源諸註集都序》卷上二：

> 說凡聖等法，皆如夢幻，都無所有，本來空寂，非今始無，即此達無之智，亦不可得。平等法界，無佛無眾生，法界

---

[64] 大正 48・412 下。
[65] 大正 48・398 中。
[66] 大正 51・226 下～228 中。

亦是假名。心既不有，誰言法界無修不修、無佛不佛，設
有一法勝過涅槃，我說亦如夢幻。無法可拘、無佛可作，
凡有所作，皆是迷妄，如此了達本來無事，心無所寄，方
免顛倒，始名解脫。[67]

牛頭禪法強調一「無」字，「心」亦「無所寄」，即於任何之
法上皆不可住，住即滯情。此宗之特點在「泯」、在「絕」，不承
認有一法、一事可為之。延壽於《宗鏡錄》卷 97，有引法融《絕
觀論》：

問云：何者是心？答：六根所觀，並悉是心。問：心若為？
答：心寂滅。問：何者為體？答：心為體。問：何者為宗？
答：心為宗。問：何者為本？答：心為本。問：若為是定
慧雙遊？云：心性寂滅為定，常解寂滅為慧。[68]

有關《絕觀論》之相關問題，據《佛光大辭典》「絕觀論」條
所述：「本論係闡說心境相融等禪之大要。內容記載弟子之發問與
師之作答，以論有心無心、凡聖、道本法用等，最後顯示畢竟至
理乃『絕言詮』之理。據推測，本論為唐代牛頭法融之作，然詳
情不明。」[69]《絕觀論》是否即為法融之作，尚無法確定之，惟
據「敦煌出土本中，本書之寫本有五種。」[70]而《宗鏡錄》卷 97

---

[67] 大正 48・402 下。
[68] 大正 48・941 上。
[69] 同注 19，頁 5193。
[70] 同前注。

所載是爲其中之一本，此內容首先肯定「心」之作用，如「六根所觀，並悉是心」，並以「心爲體」、「心爲宗」、「心爲本」來強調「心」是一切事物之主體或根本源頭，如是之論調，似與「泯絕無寄」之旨相背。且《絕觀論》若單以「絕觀」兩字視之，一切之「觀」皆悉要「絕」，若肯定有一主體之「心」，即與「心無所寄，方免顛倒，始名解脫」之意不符。然細觀文中，當問到：「心若爲？」時，所得之答又是：「心寂滅」，且以「心性寂滅爲定」，顯又不承認有一「心」之主體存在。若如「本論係闡說心境相融」，則攝境入心、即心即境、即境即佛，本又爲延壽所贊同之主張。延壽引用牛頭禪法，不論其內容是「心爲宗」或「心寂滅」，除可看出牛頭宗思想之發展變化外，延壽之真正關心處當在「心爲宗」上。延壽對於牛頭宗思想，尚有引用玄挺之同門牛頭慧忠（682～796）[71]之思想，如《宗鏡錄》卷98云：

> 牛頭山忠和尚。學人問：夫入道者如何用心？答曰：一切諸法，本自不生，今則無滅。汝但任心自在，不須制止，直見直聞，直來直去，須行即行，須住即住，此即是真道。又問：令欲修道，作何方便而得解脫？答曰：求佛之人不作方便，頓了心原，明見佛性，即心是佛，非妄非真故。[72]

有關牛頭宗之法嗣，牛頭法融爲四祖道信之旁出法嗣，今參考《傳燈錄》卷4「金陵牛頭山六世祖宗」[73]，與〈禪宗師資傳承

---

[71] 其生平見於《傳燈錄》卷4，（大正51・229上～中）。
[72] 大正48・945中。
[73] 大正51・226下～229中。

系統表之 2——牛頭宗〉[74]，將牛頭宗前六祖之法嗣列下：

> 法融→智巖→慧方→法持→智威→慧忠（與玄挺、玄素同師智威）

　　牛頭法融為牛頭宗之開創者，其《絕觀論》有「心爲宗」之語，至玄挺仍有「心爲宗」之主張，今再觀慧忠之思想，強調「頓了心原，明見佛性，即心是佛」顯然更接近洪州禪法。於《傳燈錄·慧忠傳》有一安心偈：「人法雙淨，善惡兩忘，真心真實，菩提道場。」[75]泯除對待，直論「真心」，是牛頭宗思想之發展變化，但亦更契近延壽力主「立心爲宗」之旨。

二、延壽以「一心」是「圓頓門」
——圓融頓與漸

　　代表禪宗（南宗）之正統地位，後雖以洪州宗屬之，然在南宗之傳法系統中，荷澤神會曾受到高度重視。據敦煌本《六祖壇經》載神會曾至曹溪山禮拜惠能，後即依止山中成為門人。[76]並載惠能於入寂前喚門人告別，眾僧聞之皆涕淚悲泣，唯有神會不動亦不悲泣，惠能言：「神會小僧卻得善等毀譽不動，餘者不得，數年山中更修何道？」[77]神會受惠能讚許於茲可見。惠能滅度後，

---

[74] 同注 56。
[75] 大正 51·229 中。
[76] 大正 48·343 上～中。
[77] 大正 48·343 下。

神會為顯南宗與北宗之不同，即以南能為頓宗，北秀為漸教，於是「南頓北漸」之名揚起。對於南北對立，印順導師以為：「不只是師承傍正的爭執，南頓北漸才是法門對立的實質。」[78]

對於「頓漸」之爭，敦煌本《六祖壇經》有載惠能之言：「法即一宗，人有南北，因此便立南北，何以漸頓？法即一種，見有遲疾，見遲即漸，見疾即頓。法無漸頓，人有利鈍，故名漸頓。」[79]至於神秀之言，敦煌本《六祖壇經》載：「神秀師常見人說，惠能法疾直旨路。」[80]至宗寶本《六祖壇經》所載是：「秀之徒眾，往往譏南宗祖師不識一字，有何所長：秀曰：他得無師之智，深悟上乘，吾不如也。」[81]不同版本之《六祖壇經》所載或有出入，但於惠能與神秀當是時，「頓漸」只是聞法者之差異，於「法」而言皆是一。然對於神會與北宗之關係，已不能再以《六祖壇經》以「一法」而可將兩者調合，但也「不能再以頓漸二分的方式來瞭解神會與北宗關係的異質性，但同是主張頓悟，神會與北宗之間仍然存在更深入的學理上的分歧。」[82]據宗密《中華傳心地禪門師資承襲圖》[83]所列，「神會」為禪宗之「第七祖」[84]，其對「荷澤宗」之述說如下：

謂諸法如夢，諸聖同說，故妄念本寂，塵境本空。空寂之

---

[78] 印順《中國禪宗史》，頁 311，1987 年 4 月 4 版，台北・正聞出版社。
[79] 大正 48・342 中。
[80] 同前注。
[81] 大正 48・358 中。
[82] 同注 20，第五章之四，「在神會與北宗之間」，頁 210。
[83] 共 1 卷，唐・裴休問，宗密答。收錄於《卍續藏經》第 110 冊。
[84] 卍續 110・434d～435b。

心，靈知不昧，即此空寂寂知，是前達摩所傳空寂心也。
任迷任悟，心本自知。不藉緣生，不因境起。迷時煩惱亦
知，非煩惱悟時神變亦知，知非神變，然知之一字，眾妙
之源。……[85]

　　荷澤宗強調在一「知」字，迷悟皆不離此一「知」，即是「空
寂之心，靈知不昧」，一切皆是「心本自知」。當論及荷澤與北宗
之差異時，則言：「北宗但是漸修，全無頓悟，無頓悟故修亦非真。
荷澤則必先頓悟，依悟而修。」[86]若以「學理」而論荷澤與北宗
之差異，宗密言北宗是：「朝暮分別動作一切皆妄」[87]故神秀呈五
祖之偈是：「時時勤拂拭，勿使惹塵埃。」[88]而與北宗正相反者是
洪州宗：「朝暮分別動作一切皆真」[89]故主張「道即是心」。宗密
以荷澤與北宗是「敵體相反（原為返）」[90]宗密為荷澤宗之第五祖
[91]，其護衛荷澤之心當可明見。於延壽之立場而言，其對荷澤之
引文如《宗鏡錄》卷34：

　　又云：知之一字，眾妙之門，如是開示靈知之心，即是真
　　性，與佛無異。[92]

---

[85] 卍續 110・436b。
[86] 卍續 110・438b。
[87] 卍續 110・436a。
[88] 宗寶本《六祖壇經》（大正 48・348 中）。
[89] 同注 87。
[90] 同前注。
[91] 同注 56，表九，〈禪宗師資傳承系統表之 4——南宗〉。
[92] 大正 48・615 中。

　　延壽所引用荷譯之文是來自宗密，並依宗密禪三宗教三種之判為：「故名顯示真心即性教，全同禪門第三直顯心性之宗。」[93] 延壽於《宗鏡錄》卷36再引有關荷澤之文云：

> 有云：頓悟頓修者，此說上上智，根性樂欲俱勝，一聞千悟得大總持。一念不生，前後際斷，若斷障說，如斬一䌽絲，萬條頓斷。若修德說，如染一䌽絲，萬條頓色。荷澤云：見無念體，不逐物生。又云：一念與本性相應，八萬波羅蜜行一時齊用。又頓悟者，不離此生即得解脫。[94]

　　印順導師曾對「頓與漸」提出至少要明白兩點：「一是理的頓悟漸悟，一是行的頓入漸入。」[95]荷澤之旨在「一念與本性相應」，此即「無念」，其中並無階漸，故云「頓悟」；「一念不生，前後際斷」此是「頓修」。頓漸之爭不論是師承傍正之問題或法門對立或學理之分歧，對於延壽而言，其目的是會歸合融，其對「頓漸」之看法，於《宗鏡錄》卷36云：

> 問：此《宗鏡錄》於頓漸兩教，真緣二修，云何悟入？如何修行？
> 答：今宗鏡中依無作三昧觀真如一心，念念冥真，念念圓滿。[96]

---

[93] 同前注。
[94] 大正48・627中。
[95] 同注78。
[96] 大正48・626上。

延壽雖云:「頓悟頓修,正當宗鏡」[97]但亦引《楞嚴經》[98]云:「理雖頓悟,承悟併消。事在漸修,依次第盡。如大海猛風頓息,波浪漸停。……」[99]延壽雖以「頓悟頓修」為「宗鏡」之境地,然延壽所引之《楞嚴經》:「理雖頓悟,事在漸修。」其有意融合頓與漸之用意當可明之,且其「宗鏡」之最終目標是「一心」,惟能達:「真修正用,真如一心為佛。」[100]才是延壽之所期。而如何才能「念念冥真,念念圓滿」則要依「無作三昧觀真如一心」,此即延壽於理論敘述上,終不離其「觀」真如一「心」之修行實踐法門。依延壽之立場是會融,而會融之關鍵在「直了自心」,惟能「真了自心」,才是「圓頓」,故延壽所欲強調在以「一心」才能「圓頓」諸宗派、諸經論,其於《宗鏡錄》卷36論述有關「圓頓門」之義:

> 若不直了自心,豈成圓頓,隨他妄學,終不成真。此《宗鏡錄》,是圓頓門,即之於心,了之無際,更無前後,萬法同時。所以《證道歌》云:是以禪門了卻心,頓入無生慈忍力。又若用悟而修,即是解悟。若因修而悟,即是證悟。又頓教初如華嚴海會,於逝多林中入師子嚬伸三昧,大眾皆頓證法界,無有別異。後乃至將欲滅度,在拘尸那城娑羅雙樹間,作大師子吼,顯常住法,決定說言:一切眾生

---

[97] 大正48・626下。
[98] 《楞嚴經》,共10卷,唐・般剌蜜帝譯,收錄於《大正藏》第19冊。
[99] 見於(大正48・626下)。又《楞嚴經》原文是:「生因識有,滅從色除。理則頓悟,乘悟併銷。事非頓除,因次第盡。」(大正19・155上)。
[100] 大正48・626中。

皆有佛性，凡是有心，定當作佛，究竟涅槃，常樂我淨，
皆令安住秘密藏中。以此教法，本從世尊一真心體流出，
亦只是凡聖所依一心真體隨緣流出，展轉遍一切處、一切
眾生身心之中，只各於自心靜念如理思惟，即如是如是顯
現。於宗鏡中了然明白，起此無涯之一照，遍法界無際之
虛空，無一塵而不被光明，凡一念而咸承照燭，斯乃般若
無知之照，照豈有邊，涅槃大寂之宗，宗何有盡。[101]

　　延壽立「一心」為宗，正是圓頓門所強調「直了自心」之旨。
「一切眾生皆有佛性」是「決定說」，此是世尊「一真心體」所悟
而暢說，由此而顯「一真心體」與「佛性」之義無異，世尊與凡
聖亦無異，故肯定佛性、肯定一真心體，且遍於一切眾生皆有之，
則「凡是有心，定當作佛」，此並非憫眾生而說，而是決然必如此。
「即心成佛」是禪門之論，實亦佛法之圓頓處。惟此「一真心體」
需於眾生「自心靜念」而悟得顯現，此即是「以心為宗、以宗為
鑑（鏡）」[102]之「宗鏡」要旨，此為肯定有一心體；而「自心靜念」
正是延壽所立之「觀心」修行法門。

---

[101] 大正 48・627 中～下。
[102] 大正 48・415 上。

第七章　永明延壽立「一心」為宗之理論建構 ──對唯識思想之評論與所採取 之立場

對中國佛學而言，天台、華嚴雖具有條分縷析之特色，然其思想中之「一念三千」與「圓融精神」大抵是中國人之心態。至禪宗興起後，講「頓悟成佛」，不特重經典文字，加之其活潑修行方式，終成為中國佛學之一枝獨秀。以中國佛學而相較於唯識宗，則唯識哲學可謂是純粹印度思想。有關唯識宗之立名，演培法師於〈略談唯識宗名的安立〉一文中有云：

> 唯識思想，在印度只有所謂瑜伽宗的這個名稱，很少有人叫做唯識宗或法相宗的。因為真正將這形成一完全的學派，並且有宗旨而成一家教學之面目的，實在我國的慈恩大師。[1]

在印度以「中觀與瑜伽為大乘兩大派」[2]，所謂「瑜伽」：「意譯作相應。依調息等方法，集中心念於一點，修止觀為主之觀行，而與正理相應冥合一致。」[3]印度所稱之「瑜伽宗」是以「提倡觀

---

[1] 見於演培《唯識法相及其思想演變》，頁 49，1990 年 2 月初版，台北・天華出版公司。
[2] 同前注。
[3] 同第二章注 81，《佛光大辭典》「瑜伽」條，頁 5529。

行萬法唯識之理，以悟入真如之性。其後此教派傳入我國，漸分
為地論宗、攝論宗、法相宗，而以法相宗為盛行。」[4]在印度稱「瑜
伽」，傳入吾國稱「唯識」或「法相」。此兩者於「理」與「行」
上是否有孰重孰輕之問題？法相宗所依據之重要論書之一《成唯
識論》[5]，唐・玄奘（602？～664）之弟子窺基（632～682）依之
而撰《成唯識論述記》[6]，於卷2本對「瑜伽」名為「相應」之義
有所論說：

> 述曰：言瑜伽者，名為相應，此有五義，故不別翻。一與
> 境相應，不違一切法自性故。二與行相應，謂定慧等行相
> 應也。三與理相應，安排安立二諦理也。四與果相應，能
> 得無上菩提果也。五得果既圓，利生救物，赴機應感，藥
> 病相應。[7]

此「相應」之五義，第四之「果相應」與第五之「機相應」
是修行圓滿之得果與化眾；而第一之「境相應」是一切修行之必
當要不離「法自性」；惟對於第二之「行相應」與第三之「理相應」，
窺基有特言：「此言瑜伽，法相應稱，取與理相應。多說唯以禪定

4　同前注，見「瑜伽宗」條。

5　同注 3，「瑜伽派」條：「玄奘譯出《瑜伽師地》、《顯揚聖教》、《辯中邊》等
　　諸論，又糅譯十大論師之《唯識三十頌》釋論，編成《成唯識論》等書，方
　　乃展開法相宗之教說。」頁 5530。又《成唯識論》共 10 卷，護法等菩薩造，
　　唐・玄奘譯，今收錄於《大正藏》第 31 冊；《成唯識論》雖為玄奘所譯，但
　　內容實有玄奘之所述。

6　共 20 卷，今收錄於《大正藏》第 43 冊。

7　大正 43・272 下。

為相應。」[8]理與行本應不離，惟就顯教而言，則是多重「理」；依密教而言，則是較重「行」，而一般所稱之「法相」、「唯識」顯以論述(理)為重。然稱「法相」或「唯識」之差異又何在？據演培法師之所論：

> 法相宗，本宗主要的立足點，在抉擇一切諸法的法相，因而產生了法相宗的這個名稱。
> 唯識宗，以觀心的方法，觀察諸法唯是吾人心識所現，絕對沒有離心而外在的實有諸法，這是本宗的根本立場，因此得名為唯識宗。[9]

稱「法相宗」是依「法相」而言，稱「唯識宗」是依「觀心」而言，不論是稱法相或唯識皆能表現此宗之特色。有關法相與唯識兩者之關係，印順導師主張：「凡唯識必是法相的，法相卻不必是唯識。」[10]本章將採「唯識宗」之名而總括論之。唯識宗之思想特點在對八識有細膩之分析，且本宗所依之《解深密經》[11]，更詳論「心、意、識」三者之密切關係，強調心、識、法相、修行方法、邏輯論理方式等，皆是本宗之所長。唯識宗由玄奘開創立宗後，傳至窺基是最顯揚之時，惟本宗之思想模式較不符中國人之心態，在教理上、在修行上，且在當時之各宗派各擅其場之

---

[8] 同前注。

[9] 同注1，頁50~55。

[10] 印順《華雨集》(四)〈辨法相與唯識〉，於本文中尚趨出：「歐陽漸主張法相與唯識分宗，太虛大師主張法相、唯識不可分。」頁237~243，1998年12月初版，新竹‧正聞出版社。

[11] 共5卷，唐‧玄奘譯，今收錄於《大正藏》第16冊。

下，此宗已漸為人所忽視。延壽處於唐末五代，是禪宗獨秀時，其「宗即達摩，教即華嚴」之立場，實已表明其對各宗派所持之心態，在以會歸合融之精神下，其對「唯識宗」當有其個人之見地。有關《宗鏡錄》中引用闡述法相宗之思想部份，有梅光羲先生所編之《宗鏡錄法相義節要》一書，[12]可為參考，唯本書只是「摘錄」，並無再進一步就法相之義論述。欲探究延壽對於法相宗思想之引用與評論，首先宜就唯識思想之起源與發展做一了解，印順導師將大乘唯識思想，概要歸納為五類：

一、《華嚴經·十地品》第六地說：三界虛妄，但是一心作。[13]……這可以稱為「由心所造」的唯識。

二、《解深密經》卷3說：我說識所緣，唯識所現故，……此中無有少法能見少法，然即此心如是生時，即有如是影像顯現。[14]……這可以稱為「即心所現」的唯識。

三、《解深密經》卷1說：於六趣生死，彼彼有情墮彼彼有情眾中。……於中最初一切種子心識，成熟展轉和合、增長、廣大。[15]……這可以稱為「因心所生」的唯識。

四、《楞伽經》卷4：如來之藏，是善不善因。……為無始虛偽惡習所熏，名為藏識，生無明住地與七識俱。[16]……這可以稱為「映心所顯」的唯識。

---

[12] 1987 年 6 月初版，台北·新文豐出版公司。
[13] 見於六十《華嚴經》，（大正 9·55 下）。另八十《華嚴經》：「三界所有，唯是一心。」「十二有支，皆依一心。」（大正 10·194 上）。
[14] 見於大正 16·698 中。
[15] 見於大正 16·692 中。
[16] 見於大正 16·510 中。

五、《阿毗達磨大乘經》：菩薩成就四法，能隨悟入一切唯識，都無有義。[17]……可以稱為「隨心所變」的唯識。[18]

此唯識思想之五類，是各以某一經品為定義，以是而形成不同學派之唯識思想，對於此種現象，印順導師稱之為：「都是唯識學，是唯識學的多方面的開展；唯識學，也可說是幾個思潮的合流。」[19]此五種唯識思想，其內容之要是「由心所造」、「即心所現」、「因心所生」、「映心所顯」與「隨心所變」，此五種思想皆有重「心」之傾向；且就「唯識」之定義而言，印順導師釋為：「即是識、不離識」[20]則心與識之定義、關係究該如何看待？對於唯識思想而言，主要之探討內容是八識、阿賴耶識或有關真心之問題，不同之唯識學派其偏重是各有不同，然誠如印順導師對此五種唯識思想之發展，認為「後代的唯識學派，雖然都在融貫這五項思想，但不無偏重的發揮。」[21]在一方面又是融貫，一方面又是偏重之下，以延壽之會歸合融心態，其對法相唯識思想之引用，勢必然將法相之一切法（不特指唯識之某學派），一一皆融入其「宗鏡」中。以下即論述延壽對「法相」思想之評論，以見延壽「宗鏡」之旨。

---

[17] 同第二章注 81，《佛光大辭典》「阿毗達磨大乘經」條：「本經之梵本、藏譯本、漢譯本俱不存，僅於瑜伽派之論書中，曾被援引或述說。」頁 3642。

[18] 印順《性空學源探》，頁 28~32，1988 年 5 月 8 版，台北·正聞出版社。

[19] 同前注，頁 28。

[20] 同前注。

[21] 同注 18，頁 32。

第一節　法相與法性

一、延壽對法相宗與破相宗之批判

延壽之《宗鏡錄》雖言是會歸融合各經論而成，是具有「百科全書」之特色，然延壽在引用各家思想時實有其取捨之判斷，換言之，延壽「立一心爲宗」是有其依據之標準。對於大乘經教之分宗，其取捨之見可於《宗鏡錄》卷5明之：

> 宗密禪師釋云：大乘經教，統唯三宗。一法相宗，二破相宗，三法性宗。[22]

延壽於大乘分宗所採用之依據是來自於宗密之《禪源諸詮集都序》卷上二：「禪三宗者，一息妄修心宗，二泯絕無寄宗，三直顯心性宗。教三種者，一密意依性說相教，二密意破相顯性教，三顯示真心即性教。」[23]宗密並以禪三宗與教三種依次而相對證之，惟宗密之用意最終是「然後總會爲一味」。宗密以「分宗」可見各法門之「異」，但「一味」是爲顯其「同」，惟宗密之「一味」是何所指？而延壽之「宗鏡」之所宗又是三宗何宗呢？此於《宗鏡錄》卷5有云：

---

[22] 大正 48・440 中。
[23] 大正 48・402 中。

問：若言有真有妄，是法相宗。若言無真無妄，是破相宗。
今論法性宗，云何立真立妄，又說非真非妄？

答：今宗鏡所論非是法相立有，亦非破相歸空。但約性宗
圓教以明正理，即以真如不變，不礙隨緣是其圓義。[24]

延壽之「宗鏡」於三宗中是捨法相、破相，而取法性宗，對
於三宗之「真妄」問題延壽皆各有其看法。首言延壽對「法性」、
「破相」之總評：「若法相宗一向說有真有妄，若破相宗一向說
非真非妄，此二門各着一邊，俱可思議。」[25]此為大要而言，延
壽再引宗密對於「法相宗」之釋義，見於《宗鏡錄》卷5：

若法相宗所說一切，有漏妄法，無漏淨法，無始時來各有
種子，在阿賴耶識中，遇緣熏習即各從自性起，都不關真
如，誰言從真生妄也？彼說真如一向無為寂滅，無起無止，
不可難他從真有妄生也。[26]

法相宗「有真」（即無漏淨法）「有妄」（有漏妄法），此無漏、
有漏之兩種子，同在阿賴耶識中，且各遇緣熏習而依其無漏、
有漏之種子自性而生起，換言之，當無漏種子生起即成佛道，若有
漏種子生起則輪轉六道。真與妄之間並無彼此「緣起」之關係，
其理在於「都不關真如」，妄法、淨法各有其種子，且真如是「無
為寂滅，無起無止」，故不可能有「從真生妄」之事。宗密於「教

---

[24] 大正 48・440 上。
[25] 同前註。
[26] 大正 48・440 中。

三種」第一「密意依性說相教」，其下再分三類：「人天因果教、斷惑滅苦教、將識破境教。」[27]宗密並論說唯「將識破境教」才是「唯識」之理：「說上生滅等法，不關真如，但各是眾生無始已來，法爾有八種識，於中等八藏識是其根本，頓變根身器界種子，轉生七識，各能變現自分所緣（眼緣色，乃至七緣八見分，八緣根種器界），此八識外都無實法。問：如何變耶？答：我法分別熏習力故。諸識生時變似我法，六七二識無明覆故，緣此執為實我實法。……我此身相及於外境，唯識所變。迷故執有我及諸境，既悟本無我法，唯有心識。」[28]「將識破境教」是主「識有境無」，一切「唯有心識」，生滅等法之一切外境，皆唯識所變，此唯識之理即法相宗之義。宗密且以「將識破境教」與禪門「息妄修心宗」相扶會，故其修持方法是：「以知外境皆空，故不修外境事相，唯息妄修心也。息妄者，息我法之妄。修心者，修唯識之心，故同唯識之教。」[29]宗密以禪之「息妄修心」相對於教之密意依性說相中之「將識破境」，此亦即延壽所評論之法相宗是「有真有妄」，惟因「有妄」故需「息妄」、「破境」，而「真」即是「心」、「識」。延壽欲以「一心」思想而融合各宗各派，其對「外境」之觀點，並非走「息妄」、「破境」之途徑，延壽是主「心境為一」、「即境即佛」，故其對法相宗之「有真有妄」評論為「着一邊」，實是批判「法相」思想並未達究竟之地。

同理，延壽對於破相宗泯絕一切而「非真非妄」，認為亦是「着一邊」，此法相與破相皆因各着一邊，故「俱可思議」，即可

---

[27] 見於《禪源諸詮集都序》卷上二，（大正 48・403 上～下）。
[28] 同前注，大正 48・403 中～下。
[29] 同注 27，大正 48・403 下。

「思議」則無法超越而圓融一切法，延壽對「破相」亦以不究竟視之。延壽再引宗密對於「破相宗」之釋義，見於《宗鏡錄》卷5：

> 若破相宗一向說凡聖染淨一切皆空，本無所有。設見一法過涅槃者，亦如幻夢。彼且本不立真，何況於妄，故不難云從真有妄也。[30]

宗密以禪之「泯絕無寄」相對於教之「密意破相顯性」，此亦即延壽所評論之破相宗是「非真非妄」，以一切法皆從因緣生，故一切法皆是虛妄。宗密立禪三宗相對教三種，其目的是為斥破各宗之偏執，若於「佛意」皆不相違，故於「密意破相顯性教」之下有注曰：「據真實了義，即妄執本空，更無可破，無漏諸法本是真性，隨緣妙用永不斷絕，又不應破，但為一類眾生執虛妄相，障真實性，難得玄悟，故佛且不揀善惡垢淨性相一切呵破，以真性及妙用不無，而且云無，故云密意，又意在顯性，語乃破相，意不形於言中，故云密也。」[31]宗密「教禪一致」之用意是合會，而延壽「立一心為宗」亦是合融之心態，依於「佛意」之下，各宗派之義理思想皆在展顯佛意之某一層面，而眾生之弊惟在偏執妄相，故而障真實性。

---

[30] 大正 48‧440 中。
[31] 大正 48‧404 上。

二、延壽以「法性宗」為「圓宗」
——所謂之「宗鏡」即依「性宗圓教」

延壽對法相、破相之評論，以為法相言「有」，破相言「無」，就某一角度而言，皆可謂是佛意之一；惟「宗鏡」當是圓融而又不執，故以「宗鏡」之立場其對法相、破相當採「俱存又不違礙」，此即「法性宗」，如《宗鏡錄》卷5所言：

> 今此圓宗，前空有二門俱存，又不違礙，此乃不可思議。
> 若定說有無二門皆可思議，今以不染而染，則不變隨緣；
> 染而不染，則隨緣不變，實不可以有無思，亦不可為真妄
> 惑，斯乃不思議之宗趣，非情識之所知。[32]

延壽之宗鏡是「約性宗圓教以明正理」，是真如隨緣不礙，是空有可相融，此是不可思議法門，故非情識可得測知。延壽之立場已甚明白，其對法相之「立有」，與破相之「歸空」皆以為是偏執，其「宗鏡」是依「法性宗」，然對於法相與法性兩者之差異又當如何分別？於《宗鏡錄》卷5有云：

> 問：法相法性二宗，如何辯別？
> 答：法相多說事相，法性唯談理性。如法相宗，離第八識，無眼等識。若法性宗，離如來藏，無有八識。若真如不守自性變識之時，此八識即是真性上隨緣之義。或分宗辯相，

事則兩分。若性相相成，理歸一義。以不變隨緣，隨緣不
變故。如全波之水，全水之波，動靜似分，濕性無異。[33]

法相與法性之差異約可分為如下三點：

1. 法相重在「事相」之「有」之區別上。法性唯論「理性」，
   惟此「理性」不可言有、無或真、妄，前已言法性是「立
   真立妄」，又是「非真非妄」。
2. 法相以「第八識」為最高，諸識皆依此而起。法性宗以
   「如來藏」為最高，八識是依如來藏而有。
3. 法相惟是「真性隨緣」。法性是「真性隨緣」又能「隨緣
   不變」。

惟法相與法性在「相」與「性」之「分宗辯相」上，當有其
區別，然「性」與「相」是相依相成，「相」依「性」有，「性」
由「相」顯，故言兩者是「理歸一義」。若以「不變」與「隨緣」
觀照之，此法相與法性則似波與水之關係，動（隨緣）靜（不變）
雖有不同，但濕性（皆依真如之性）無異。延壽雖對法相批判其
有不足處，但其欲會歸合融之心態亦處處可見之。

延壽以宗鏡是約「性宗圓教」，所謂「性宗」，延壽於《宗鏡
錄》卷5引宗密對於「真妄」之釋文以明「性宗」之義：

唯疑法性宗……今宗密試答曰：本淨本不覺，由斯妄念起。
知真妄即空，知空妄即止。止處名有終，迷時號無始。因
緣如幻夢，何終復何始？此是眾生原，窮之出生死。又人

---

[33] 大正48・441上。

> 多謂真能生妄，故疑妄不窮盡。為決此理，重答前偈：不
> 是真生妄，妄迷真而起。知妄本自真，知真妄即止。妄止
> 似終末，悟來似初始。迷悟性皆空，性空無終始。生死由
> 此迷，達此出生死。[34]

　　就真妄而言，皆由妄念而起，有妄念則有真妄之差別，真妄
唯在迷悟之間。悟則真，迷則妄，故非「由真生妄」。由真妄可明
法性，故曰法性是「立真立妄」；然真妄是依迷悟而有，實非有真
妄之存在，故又曰法性是「非真非妄」。此「法性」即是宗密禪三
宗之「直顯心性」：「說一切諸法，若有若空，皆唯真性。真性無
相無為，體非一切，謂非凡非聖、非因非果、非善非惡等。」[35]約
「法性」，或約「心性」，其所言之「心性」又約有二類：「一云：
即今能語言動作、貪瞋慈忍、造善惡、受苦樂等，即汝佛性。即
此本來是佛。二云：諸法如夢，諸聖同說，故妄念本寂，塵境本
空。空寂之心，靈知不昧。即此空寂之知，是汝真性。」[36]延壽
所宗之「法性」，其「性」即是自我本來之佛性、真性，故不可有
「修心」之念，因心即道，不可將心覓心。此「法性」若相對於
宗密教三種即是「顯示真心即性」：「直示自心即是真性。不約事
相而示，亦不約破相而示，故云即性。不是方便隱密之意，故云
示也。此教說，一切眾生皆有空寂真心，無始本來性自清淨，明
明不昧，了了常知，盡未來際，常住不滅，名為佛性，亦名如來

---

[34] 大正 48・440 中～下。
[35] 參見《禪源諸詮集都序》卷上二，（大正 48・402 下）。
[36] 同前注。又延壽於《宗鏡錄》卷 34 有引宗密三宗三教之文，見於（大正 48・
　　614 上～615 上）。

藏，亦名心地，達摩所傳，是此心也。」[37]在大乘統唯三宗中，法相、破相是各有所執，惟「法性」才能符合延壽「宗鏡」立一心為宗之圓頓之旨。故當問到《宗鏡錄》之「宗鏡」，是約法相宗或法性宗而立之問題，於延壽之心態終究是會歸合融，見《宗鏡錄》卷10云：

> 問：今《宗鏡錄》以鏡為義者，是約法相宗立？約法性宗立？
>
> 答：若約因緣對待門，以法相宗，即本識為鏡。如《楞伽經》云：譬如明鏡現眾色像。現識處現亦復如是，現識即第八識。以法性宗，即如來藏為鏡。如《起信論》云：復次覺體相者，有四種大義與虛空等，猶如淨鏡。又《占察善惡經》立二種觀門：為鈍根人立唯心識觀；為利根人立真如實觀。又《起信論》云：心若馳散，即當攝來令住正念。其正念者，當知唯心，無外境界。即復此心，亦無自相，念念不可得故。若唯心識觀及正念，唯心當法相宗，若真如實觀與其心念念不可得，即法性宗。若約法性融通門，皆歸一旨，無復分別。今論正宗，取勝而言，約法性宗說。若總包含如海納川，以本攝末，豈唯性相，無有一法而遺所照。[38]

此一問答，表面是在分別法相宗與法性宗之差異。以「因緣

對待」而言，有此故有彼，法相宗以第八識為鏡，眾像依鏡而現。法性宗是「即如來藏為鏡」，如來藏是眾生本具之性體、真如，是隨緣不變，故如「淨鏡」般，言如來藏自性永清淨。若以修持而言。法相宗強調攝住正念，唯此心識，並無諸外境界。法性宗依真如實觀，念念本不可得，亦本無所住。如是可見法相與法性之不同處。然若約「法性融通門」而論，則法相與法性「皆歸一旨」，此乃依「法性宗」是超越有無、真妄之相對，是不可思議，故能以本攝末，不僅性、相可融為一體，實無有一法不納涵入此法性圓宗中。法相與法性之最大差異在「真妄二心」上，此真妄二心又如何能融會入法性圓宗中，於《宗鏡錄》卷5有云：

> 問：真妄二心，行相各異，如何融會得入法性之圓宗？
> 答：但了妄念無生，即是真心不動，此不動之外，更無毫釐法可得。[39]

　　真心、妄心本有不同，又如何才能捨妄歸真而融於法性？於此問題，重點在「妄」念既是虛幻，本不可得，故實未有「捨妄歸真」之事，惟在「真心不動」上。對於「真妄」之觀照，延壽於《宗鏡錄》卷5再引古師廣釋「真妄交徹」之義云：

> 夫真妄者，若約三性：圓成是真，遍計為妄，依他起性，通真通妄。淨分同真，染分為妄。……真妄皆真，則本來一味。故知真妄常交徹，亦不壞真妄之相。……則不存不

泯，性相歷然。一一融通，重重交徹，無障無礙，體用相
收，入宗鏡中，自然法爾。故先德云：然其真妄所以交徹
者，不離一心。[40]

　　真妄二法（實代表一切法）皆不離「三性」[41]，遍計所執即
是妄心（依妄念而生，是無中生有）；依他起性可真可妄，（依因
緣法而生，故依妄則妄，離妄則真）；圓成實性即是真心（不生妄
心，但了妄念無生）。由此三性而知真妄二法：妄心本無，若不生
妄心，則全體是真，本來是一味。真心雖常淨不染，但不壞現染
相，此即不染而染；雖能現染相，但其真心本體不變，此即染而
不染，故言「真妄常交徹，不壞真妄之相。」此亦說明真妄、性
相、體用本是相融相通，而「真妄所以交徹者，不離一心」，延壽
縱使對法相、破相有所批判，但其真正目的仍在將一一法門皆融
通入宗鏡中，而宗鏡之旨即是「一心」，真妄二心之行相雖有不同，
但以「法性」則可融通之，皆可入「一心」耳！
　　「一心」是延壽之立宗，不論是真如隨緣，或法相法性，或
真妄二心，皆可相融為「一心」，此即延壽所謂之「性宗圓教」，
性宗圓教之見，即是佛之知見，延壽於《宗鏡錄》卷35有云：

　　佛知見者，所謂平等真心諸法無二，無二之法即是實性，
　　實性之體，離有離無，不生不滅，理自恆真，不由觀智所
　　顯，道常顯露，實無翳障。平等真心者，若法相宗，真即

---

[40] 大正 48・442 中～下。
[41] 據《解深密經・一切法相品》卷 2 云：「諸法相略有三種，何等為三？一者遍計所執相，二者依他起相，三者圓成實相。」（大正 16・693 上）。

是智，將智證真，三乘無別，即是真家之心，依主釋也。
若法性宗，真即是心，體同名別，真心即平等，持業釋也。[42]

延壽已明言其「宗鏡」之義，並非是採「法相立有」，亦非是「破相歸空」，而是約「性宗圓教」，依「圓教」而言，當是超越相對而一切無礙，故依圓教而言佛之知見，必是「平等真心，諸法無二」。以佛知見而觀法相宗，是以心之主宰義而論證「將智證真」，此真乃由智而得證，非由觀智所顯，於此之「智」是心王本所具有之智，智既是「真家之心」（即「主」義），故依智而待證者亦必一切皆「真」。法性宗者本全體皆真，故「真心」與「平等」實體同而名別，實「真心即平等也」。依延壽之意，言法相、破相、法性皆是善權方便，實一切法皆可入宗鏡圓教中，其之所以立一心為宗實為相應於佛之知見。《法華經・方便品》有云：「唯佛與佛乃能究盡諸法實相，所謂諸法如是相、如是性、如是體、如是力、如是作、如是因、如是緣、如是果、如是報、如是本末究竟等。」[43]一切法各有其不同之屬性，此為「異」，然一切法皆由心生，皆有其不可盡述之實相義，則此為「同」。延壽立「一心」在唯識法相上主「法性宗」，實為將法相導入其「性宗圓教」中而能「以明正理」。

---

[42] 大正 48・617~618 上。
[43] 大正 9・5 下。

第二節　唯識與唯心

一、延壽所言之「心」是「唯一真心」
──所言之「識」是「唯識真如之性」

　　延壽之立意是以心為宗，其判「法相」雖有不足處，但入於「法性」中，則皆是「一心」，足見其所重者當是「一心」之論述，其有關「心」之定義，可於《宗鏡錄》卷3見之：

> 問：以心為宗，理須究竟。約有情界，真妄似分，不可雷同，有濫圓覺。未審以何心為宗？
> 答：誠如所問，須細識心，此妙難知，唯佛能辯。……當知一切眾生，從無始來生死相續，皆由不知常住真心，性淨明體，用諸妄想，此想不真，故有輪轉。以不了不動真心，而隨輪迴妄識，此識無體，不離真心。……唯一真心，周遍法界。又此心不從前際生，不居中際住，不向後際滅，昇降不動，性相一如。則從上稟受，以此真心為宗。[44]

　　延壽所立之心當是「真心」，是「唯一真心」，而真心與識之關係是：真心是不動真如，而輪迴之因乃源於「妄識」，既是妄識，則此「妄識」本無體，故實不離「唯一真心」。延壽所立是「真心為宗」，此立旨實應於一切諸佛諸祖之教說，眾生依「真心」而修

───────────────

[44] 大正48·430上～下。

則得成菩提佛果，若依「妄心」則生死相續，換言之，延壽立「真心」是爲指向成佛之途，故言「離此（真心）修行，盡縈魔羂，別有所得，悉陷邪林。」[45]「心」雖有真妄之別，惟妄心本不可得，此亦禪宗二祖慧可乞師（達摩）安心，所言之「覓心了不可得」[46]能推求、思慮之不安之心，皆是妄心，此實不可得，故雖言真妄二心，實僅有「唯一真心」，以是而知真心遍一切處。

言「真」或言「妄」，實皆「唯一真心」，然真、妄二心各是依何而起？兩者之終究歸趣又爲何？於《宗鏡錄》卷3將真妄二心之差異處有甚是明白之論說：

> 問：真妄二心，各以何義名心？以何爲體？以何爲相？
> 答：真心以靈知寂照爲心，不空無住爲體，實相爲相。妄心以六塵緣影爲心，無性爲體，攀緣思慮爲相。此緣慮覺了能知之妄心而無自體，但是前塵隨境有無。境來即生，境去即滅。因境而起，全境是心。又因心照境，全心是境，各無自性，唯是因緣。[47]

此段將真、妄二心之義、體、相分別甚明。真心之特點是「靈知寂照」；言「不空無住」，正應合真空妙有之境，真空者是爲不空，妙有者非執有，即是無住；「實相」是唯諸佛之所能盡之，由是得知「真心」是終究成佛之所依。反之，妄心是「六塵緣影」，是一時幻化之相；既是幻相則無自體，故以「無性爲體」；既無自

---

[45] 大正 48．430 下。
[46] 《傳燈錄》卷3，（大正 51．219 中）。
[47] 大正 48．431 中。

體，則所見之相當是攀緣思慮而得，全因隨境而生滅，故曰「全境是心」、「全心是鏡」，以是而知妄心實由「因緣」而起。惟真妄二心是「約義似分，歸宗匪別。何者？真心約理體，妄心據相用。今以理恆是心，不得心相；心恆是理，不動心相。」[48]真妄二心猶如水與波，水是理體，波是相用，兩者實同一根源，故曰「動靜無際，性相一原。」[49]總論真妄二心即是「若攝境為心，是世俗勝義；心之自性即是真如，是勝義勝義。」[50]

　　對於「心」，大約可分為真心與妄心，若依究竟而說，實一法不立，本無可分，然延壽仍依古釋，例舉心有四義，即「肉團心、緣慮心、集起心、真實心」[51]，對此「四心」之分別，總說是「且約一心」，又「然雖四心同體，真妄義別。本末亦殊，前三是相，後一是性，性相無礙，都是一心。即第四真心以為宗旨。」[52]以「真心」為體，論述「唯一真心」是延壽之立旨，實已無可疑慮。然對於「識」，又將如何區分其類？此於《宗鏡錄》卷4有云：

　　問：識之名義，約有幾何？
　　答：若約同門自相，不可分別。若約異門共相，隨義似分。
　　名約性相有九，義包內外具五。[53]

　　以識之「名」有九：即前八識，再加上第九識（淨識）。識

---

[48] 大正 48・433 下。
[49] 同前注。
[50] 同注 48。
[51] 可參考《宗鏡錄》卷4，（大正 48・434 下）。
[52] 同前注。
[53] 大正 48・436 下。

之「義」有五：即「一識自相，謂識自證分。二識所變故，一切
境界，從心現起。三識相應故，同時受想等心法。四識分位故，
識上四相等。五識實相故，謂二空真如，是識實性。」[54]識之名、
義各有其分類，然此是「約異門」而分，實則不可分，故曰「若
約同門自相，不可分別」。對於「識」之分類詳說後，則總說是：
「自上諸法，皆不離識，總名唯識。故知若相若性，若境若心，
乃至差別分位，皆是唯識。」[55]就唯識之理而言，一切「但唯是
識」[56]。延壽對於「心」，終究論證「唯一真心」；對於「識」，總
說「皆唯是識」，就延壽而言，其立旨在明萬法皆空，唯此心識為
真實耳！

二、延壽主張「真識、真智與一心」是一非三
——真識、真智由「一心」而證得

依唯識宗之修證而論，其最終目標在「轉識成智」，能得證大
圓鏡智才是最重要。對於識相與智之彼此關連性，延壽於《宗鏡
錄》卷 45 有云：

> 若不證唯識之性，不成根本智，無成佛之期。若不了唯識
> 之相百法明門，不成後得智，闕化他之行，此唯識百法者，
> 乃是有為無為真俗一切法之性相根本。所以經云：若不證
> 真如，焉能了諸行，若不證唯識真如之性，焉能了唯識百

---

[54] 同前注。
[55] 同注 53。
[56] 大正 48・438 下。

　　法之行相，故云根本智證百法性，後得智緣百法相。[57]

　　唯識宗雖言是純粹印度佛學，然其特點即在對百法之相有詳
細之說明，且在修證之歷程中有層層之轉捨與證得，正因歷程論
述細膩，更能彰顯成佛之尊貴性與修證之可待性。於唯識宗之得
證是唯識真如之性，此即根本智，亦是佛性，所謂根本智：「相對
於後得智。乃諸智之根本，以其能契證真如之妙理，平等如實，
無有差別，故亦稱無分別智。」[58]根本智是直契真如妙理，故已
遠離分別一切之行解，惟此根本智將可引出後得智，後得智是緣
於百法之相而證得，在「萬法唯識」之下，於百法之觀察，當知
一切法皆如幻如化，由之而建立「唯識觀」。能了唯識百法之行相，
才能得證唯識真如之性，由相而證性，由識而轉智，正是「唯識
行」。百卷之《宗鏡錄》有關「唯識」之理，所佔篇幅不小，據梅
光羲《宗鏡錄法相義節要》所選，其主要部份集中在《宗鏡錄》
卷 48～90，約佔全書三分之一，[59]延壽顯然對於法相唯識之思想
甚是看重，其立一心為宗雖言是會歸融合而成之「宗旨」，惟其一
心與唯識之理實不可相分割，延壽於《宗鏡錄・序》中有言：

　　　　此識此心，唯尊唯勝。此識者，十方諸佛之所證。此心者，
　　　　一代時教之所詮。唯尊者，教理行果之所歸，唯勝者，信
　　　　解證入之所趣。……或離此別修，隨他妄解，如穀角取乳，

---

[57] 大正 48・683 上。
[58] 同注 3，「根本智」條，頁 4135。
[59] 同注 12，其中不錄者有卷 56、65、66、77、80~86。

緣木求魚，徒歷三祇，終無一得。[60]

延壽所欲論證是「唯一真心」，有言「鋪舒於百卷之中，卷攝在一心之內」，[61]百卷之《宗鏡錄》唯論「一心」。而所言之「此識」當是「唯識真如之性」、「根本智」、「佛性」，亦即是「唯一真心」，故總言「此識此心」，此心識是一切修行之所證、所詮、所歸與所趣，離此心識，則一切皆罔然。延壽論證「心識」之關係，尚可見於《宗鏡錄》卷2：

> 生法本無，一切唯識。識如幻夢，但是一心。心寂而知，目之圓覺。彌滿清淨，中不容他。故德用無邊，皆同一性。[62]

依「唯識」之理而觀一切法，則一切法必不可離識而獨立存在，換言之，能感外物之存在，必依「識」才能感之。感外物之存在，必然依「識」，故一切外物（法）本如幻如化，識亦如幻如化。延壽論證「識如幻夢，但是一心」，且又言：「從心所生，一切皆空。」[63]延壽所欲強調是法雖千差萬別，但皆是幻化，惟能入於唯一真心（唯心）、唯識真如之性（唯識），則一切「皆同一性」，此即圓覺、清淨。

延壽論述真妄二心，但取唯一真心；論述諸識，總說唯此識，

---

[60] 大正 48・416 下～417 上。
[61] 大正 48・416 下。
[62] 大正 48・425 中。
[63] 大正 48・425 下。

並言「唯此真實，萬法皆空，以此標宗，更無等等。」[64]而論述
「唯識」之意，其究竟所為何事？於《宗鏡錄》卷 2 有云：

> 今諸大菩薩所集唯識論等，大意有其二種：一為達萬法之
> 正宗，破二空之邪執。二為斷煩惱所知之障，證解脫菩提
> 之門。斯則自證法原本覺真地，不在文字句義數揚。[65]

　　論述唯識是為破邪執、斷知障而達正宗以證菩提。唯識之理
是依三性而論述遍計所執、依他起皆是虛妄，其終究是為圓成實
有。由於對「百法」之詳述。故向以法相唯識宗為「有」宗；其
與代表中觀思想之「空」宗，是佛學中最具代表性之空、有兩大
派。有關法相唯識論述「有」義，今舉法舫法師之見解：

> 用「有」的見解去觀察佛教各宗各派的普遍性、共同性，
> 大略有二種：
> (一)是「業有」、「果有」；或者說是因果性的不壞和存在，
> 　即是「因果有」，是「如幻有」。
> (二)是對於「真如」、「涅槃」等超時間的真理、妙法，也
> 　主張是「有」的；而且是「真實有」。[66]

　　對於「有」之觀察，客觀之現象界是已然存在的，雖言此「有」

---

[64] 《宗鏡錄》卷 4，（大正 48・438 上）。
[65] 大正 48・421 中～下。
[66] 法舫《唯識史觀及其哲學》，頁 168~169，1998 年 9 月 2 版，台北・天華出版
　　公司。

是在時、空間之生滅中，故不能常存，但不廢其之「暫有」存在過。故由「有」而「空」似乎是必然之觀照。但佛法力求中道，暢言「真空妙有」，惟由「真空」（非滅盡空）之觀照中，知有真如、涅槃可證，始能於暫時之現象世界間，興起追求永恆之存在，此即依「真空」才能產生之「妙有」，惟「妙有」（非執有）既稱「妙」，故當「不可思議」之，亦非爲但求一可見、可求之事物，唯有不執，才有「真空妙有」之境。故知「唯識」與「中觀」皆爲破偏執而設，而「唯識」所暢言之「唯此識」，亦正爲「執空者」而立。

唯識之「有」是爲破執空者，但對於唯識宗「三界唯心，萬法唯識」之思路，有以三界、萬法爲「有爲」，故是否應於「唯識」之外，再另立一「真如」，於此問題，延壽於《宗鏡錄》卷2有云：

> 問：三界唯心，萬法唯識者，此該萬法，應別立真如爲宗？
> 答：真如是識性，識既該萬法，即是有爲無爲諸法平等之性。故經云：未曾有一法而出於法性……。故古師云：唯識論是十支中高建法幢支，何法而不收？何宗而不立？「唯」以簡爲義，「識」以了爲義。離識之外無別，唯體即識。有遮心外之用，故名爲唯。唯之名獨性相俱收。真如是識性，依他相分色等是識相，心所以識爲主，皆不離識故，總名唯識。[67]

「真如是識性」，故立「唯識」即已總該一切法，所言之三界、

萬法，實亦已涵蓋一切有為、無為法之平等法性。延壽所立之一心是「唯一真心」，所言之唯識，是「唯識真如之性」，於延壽之意，其對「唯識」之論證，究其極是：「是知唯識之理，成佛正宗，但以理該羅，無法不收，故云萬法唯識，述宗鏡之正意，窮祖佛之本懷，唯以一法逗一機，更無別旨。」[68]唯識與唯心皆是一法一機，於「宗鏡」而言皆是正意。延壽雖對「法相」有所批判，但在入於「法性」中，則兩者實然無差。依延壽之立場，其論述「唯識」，是為以真識而證真智，而此皆可在其立「一心」之宗旨中而完成。由上已知，延壽之「一心」是「真心」，真心則遍一切處皆真，惟因真心，故唯識亦不虛妄，且由此真心識自可得證佛智。在此真識、真智之下，自可將一切虛妄而返歸真如，故延壽之「一心」可謂融一切之性相、理事、體用為一爐。

---

68 《宗鏡錄》卷2，（大正48‧426上～中）。

宗鏡錄卷第一

標宗章第一

詳夫。祖標禪理。傳默契之正宗。佛演教門。立
詮下之大旨。則前賢所稟後學有歸。是以先
列標宗章。爲有疑故問。以決疑故答。因問而
疑情得啓。因答而妙解潛生。謂此圓宗難信
難解。是第一之說。備最上之機。若不立言
詮。無以蕩其情執。因指得月。不無方便之門。
獲兔忘蹄。自合天真之道。次立問答章。但以
時當末代罕遇大機。觀淺心浮根微智劣。雖
知宗旨的有所歸。問答決疑漸消惑障。欲堅
信力須假證明。廣引祖佛之誠言。密契圓常
之大道。遍探經論之要旨。圓成決定之真心。
後陳引證章。以此三章通爲一觀。搜羅該括
備盡於玆矣。問。先德云。若教我立宗定旨如
龜上覓毛兔邊求角。楞伽經偈云。一切法不
生。不應立是宗。何故標此章名。答。斯言遣
滯。若無宗之宗則宗說兼暢。古佛皆垂方便

結　論
——總論延壽永明立一心為宗之意義與所可能引發之問題

　　佛學就義理思想而言，可稱之爲「哲學」，但佛學畢竟是伴隨宗教而起，而宗教之所以異於哲學，在於「宗教」有其「宗旨在教」，以是除義理思想外，尚肩負教化之責，故宗教往往有較嚴格之戒律規範，佛教中之「律學」，與經、論並列爲「三藏」，亦足見佛門重戒之特色。翻閱有關高僧之傳記，皆是「學」與「行」具佳，且往往由其深重持戒中，所省思而得之佛理闡發更見精闢，亦因修持精進反更令人敬重其「學」。延壽一生之歷程，「持經念佛」是其行持特色，而所謂之「日課一百八事」是在強調其重踐履之行甚於佛理闡述。延壽雖重「行」，但更是一位勤學之僧人，此由其著作之豐富可窺見之，於閱經論之心得中，知諸佛諸祖之示語教化雖有不同，但同爲得證阿耨多羅三藐三菩提心則是一致，以是自釋迦佛於靈山會上之拈花示眾所言之「正法眼藏」，至達摩之「安心法門」，甚且至惠能之「菩提自性，本來清淨，但用此心，直了成佛」，如是歷代相傳皆是一意。無論辭彙縱有「即心即佛」或「非心非佛」之截然相反之語外，但同指「心」則爲一致。延壽所處之唐末五代間，正是佛教傳入中國後，歷經唐朝之興盛發展，各宗派各依據不同經論而立宗，又因不同之詮釋方式而形成各宗門間之差異漸大，宗派間之較量責難已成風氣，此雖可看出佛理之發展多樣化，但亦因彼此相互批評，佛教內部已現分裂，於是宗密之「教禪一致」說於焉出現。「教禪一致」尚分禪

三宗、教三種,雖力主彼此互爲相應相對,但此「一致」說仍無法解決佛教於思想上之歧見。

　　爲求個己之宗派發展,爲廣納眾生入其法門修證,各宗派各強調其宗之長、之優,此當可理解,惟在各擅揚各宗之長、之優之當下,於他宗將如何安頓之,則成爲一重要之課題,「判教論」正是如是之產物。「判教」是自印度即有,如何將佛之各種不同教義予與歸納判攝,顯然是爲將「法」做一分類,此於教化眾生之方便上,當是可行之行,亦可謂是必然之行。佛開示八萬四千法門,是爲治眾生八萬四千煩惱,「法」喻如藥,病若除,則藥(法)亦當捨之,此即所謂「法尚應捨,何況非法。」[1]足見分判教義(法)之高下,本非應於各宗之高低而予與判斷,法義之分判純爲眾生之煩惱而設,能除眾生之苦,而獲安然之樂,是爲「佛」之真正目的,故釋迦牟尼佛曾有明示,如與「解苦」無關之問題,其將不予回答,此即有所謂之「十四無記」,[2]故能解眾生之苦業,以達涅槃之樂,是整個佛教教義之最高宗旨,於此,佛法可謂是解脫之法。釋尊當年即是在「感苦」、「知苦」之當下,而毅然決然捨家出家,只爲尋「解苦」之道,此是釋尊之心志。惟能解自己之「苦」疾,才能解眾生之「苦」疾,此亦是爲僧學道者之終極目標,此一大方向,則決定佛教是宗教,非僅是佛學而已。且依釋尊之開示,一切本「無法」,[3]「法」皆依眾生而有,正所謂「心

---

[1] 《金剛般若波羅蜜經》:「如來常說,汝等比丘知我說法,如筏喻者,法尚應捨,何況非法。」(大正 8・749 中)

[2] 對於所問之事,若無益於解答,則佛一概置不答。

[3] 《傳燈錄》卷 2:「釋迦牟尼佛之偈言:法本法無法,無法法亦法,今付無法時,法法何曾法。」(大正 51・205 中～下)

生即法生」，故依釋尊之明示，「四十九年住世未曾說一字」，[4]實已代表釋尊一生之心力，本非在「法」之闡述上而已，其志懷是為治眾生之「心」，故其於菩提樹下之證悟，實已明言：大地眾生皆有如來之智慧德相，只為妄想執着而不能證了。一切眾生皆可修證成佛，其主因即在一切眾生皆有本具之智慧德相，故一切眾生皆是未來佛，而釋尊四十九年之轉法輪，實要眾生皆能找回本自具足之「智慧德相」，此即惠能所言之「性王心地」，[5]顯然，「心性」才是「本」，「法、文字」僅是「末」而已。[6]

　　自印度之判教論，至天台、華嚴之圓教之所判，與教禪一致說，雖各有其產生之背景，在為解決佛教內部之分歧上，皆有注入心力，雖終究無法達成圓滿之局，但為標舉佛之「宗」，其用心則為一致。為標舉佛之「宗」，此即延壽一生之主要心力與着眼處，其一生力主「立一心為宗」，即深刻觀照到：釋尊以至諸佛諸祖之一切言教或默示，一皆不離此一「真心」，換言之，唯此一「真心」，實別無他法，故其立「心」為「宗」，而「心之宗」即「佛之宗」，延壽擎起「一心」之大旗，在佛教宗派發展紛繁之局勢下，其真正目的與意義有：

一、以「一心」而衡平各宗派

　　佛教之各宗派，雖言各自所「宗」之經論有所不同，然其總

---

[4] 見於《五燈會元》卷1，（卍續138·4a）。
[5] 見於宗寶本《六祖壇經·疑問品》，（大正48·352中）。
[6] 同前注〈般若品〉：「本性自有般若之智，自用智慧常觀照，故不假文字。」（大正48·350下）。

根源皆來自釋尊所開創之佛教，於追本溯源上，則無有差異。佛教源於印度，其後開展至各國，其中又以在中國之發展最具規模與興盛，於「中國思想史」之發展而言，論及「隋唐」，則以「佛學」為代表，「隋唐佛學」在中國思想史上所擁有之地位，是等同於「先秦諸子學」、「兩漢思想」、「魏晉玄學」與「宋明新儒學」，皆是一大時代之思想主要潮流。惟「隋唐佛學」在中國所代表之意義是：宗派越分越多；經論闡述更具義理之再發展，已非僅循印度之軌轍；學行兼佳之僧人輩出，深受朝野敬重；信佛學佛之風氣可謂上自天子、下至庶民，有文人學士、有目不識丁者，皆可在各宗派中覓一安身立命之法門，佛學代表可高深可普及；各宗派為吸納更多信眾，彼此間有較量法門高下之意味甚濃等。以上如是之現象，亦可謂是中國「隋唐佛學」之特色，其中對佛教較具傷害力的，即是各宗派間之互相責難，如是只會耗損佛教內部之和諧，且對佛教整體之發展亦將帶來負面之影響。佛教自釋尊創教以來，向以證悟三法印、四聖諦、八正道為核心，其法門在觀照無常、無我、苦、空之當下，終可令學人解粘縛而逍遙自在，故依佛學之義理中心所營造之境地，當是充滿着清淨心之人與居於莊嚴之淨土樂園上。而各宗派之內耗現象，似乎將使佛教所要呈現之核心價值消失，而此種現象將最令佛教內部之有識者所擔憂的。延壽身負使命，面對各宗派之義理發展不同，除知其彼此間之法門本互有同異，此為延壽之智慧觀照；然又將如何裁判之？則是延壽一生之用心着力處。於「異」而言，各宗派確有所據經論與闡述之不同，此甚是明白，亦是各宗派互不相讓之地方，惟僅言「異」，將無法使佛教有和諧之期。而要言「同」，惟依大方向之「同」，即一皆不離「心」，以一切法門皆源於「心」，

則不論是天台之一念三千、一心三觀，或華嚴之法界觀、圓融無礙精神，或禪宗之直顯眾生心，即心即佛，或唯識宗之唯識真如之性等，皆在「一心」中而可呈現，如是則所見之佛法是和諧的、廣納的，是具有「同」之特點的。延壽以「一心」之理而裁判各宗派，是為展現佛教內部之和諧，此或是延壽身為僧人本應奉獻努力處，實亦可謂是延壽為佛教再發展所開出之良方。

二、以「一心」而將各宗派返歸入於諸佛諸祖之境地中

想爭高下是人之特性，釋尊雖已明言，「是法平等，無分高下」，然「法」本為治疾，因病之不同，則「法」確有不同。惟「不同」並不等於「高下」，尤其以「法」而分高下，更是不恰當。設「法」之目的，是為治病，病能癒，則「法」才具效用；若無法治疾，「法」再玄妙高深，於治病則將無有任何助益。「法」之應用主要在依病況之不同而施之有別，能觀病源再對症下藥，才是良醫。釋尊是大醫王，其所開示之法門甚多，即喻如「藥草」很多，而各宗派即各自取其某些「藥草」而開舖治病，然患者之病痛有千萬種，各宗派之「法」只能治癒某病況之人，實無法全面「普治」，惟於各自能療病治癒而言，則各宗派各有其功、其效，此當不可被抹煞。惟當各宗派在彼此責難中，是否能見己之所短乎？則相互之排擠、質責之現象將降低。延壽以「一心」而將各宗派置於一「衡平」狀態中，實要各宗派明釋尊示語之用意，惟在「治」耳！釋尊與諸佛諸祖之示語，即是所開之「藥草」（法）方子，眾生各依不同病況而服之，自可痊癒。能癒，是「藥草」之價值展現，而藥草之貴賤價格是無法代表是否可痊癒之保證，

換言之，並非高價之藥即可治癒一切病，此理實已甚是明白。延壽處於各宗派彼此互爭高下之環境中，其「立一心爲宗」，此「宗」即代表釋尊及諸佛諸祖之「宗旨」、「立宗」；釋尊是「以一大事因緣而出現於世」，此一大事因緣即是爲令一切眾生能「開示悟入佛之知見」，[7]而入佛之知見其所證悟者即是「真心」，在「心真則一切真」之證悟下，釋尊以其示語與諸佛諸祖之示語則一皆無有差異，皆是「真心」之呈現。延壽立一心爲宗，其思想即是「全體是心」，惟在「真心」中，將可化各宗派之差異返歸入於佛之真心境地中，而爲展顯「全體是真心」可謂是延壽立一心爲宗之目的與意義。

三、以「一心」爲會歸一致之心態、是圓融無礙之精神

佛教由釋尊所創，其後有遠源流長之發展，而各宗派之成立，正代表佛教之發展力；而義理之再闡微，正予佛教注入生生不息之源動力，此皆帶給佛教有無限之未來性。惟就佛教內部而言，在各宗派各自獨立之下，如何使佛教之創教精神永續？如何使各宗派之發展能不彼此互爭而造成互有消長？如何使各宗派在各自爲「一宗」之下，能不忘懷「自宗」僅是佛教之一部份而已？如何使各宗派皆能了悟惟有佛教之整體發展，才能有各自宗派之未來願景？如是之思慮，終有「圓教」之所判，然「圓教」之判，若以各宗派所宗之經論判爲「圓」，此即入於天台、華嚴之圓教判教之網裡，終因是各宗派之私見，實無法予佛教有真正之和諧產

---

[7] 見於《法華經・方便品》卷1，（大正9・7上）。

生。而延壽立一心為宗，正是不以一宗或一經論為所宗，而是以
「心」為宗，唯有以「心」才能統整全體佛教與佛法，此是延壽
之見地，其心態是「會歸一致」；其精神是「圓融無礙」，其帶給
佛教之願景是一「和」字。延壽對於「和」，特別有心得，曾言：
「是以內外指歸，須冥符心體，則洞照無遺矣。逐能和光萬有，
體納十方。」[8]能「冥符心體」才能內外和諧無遺，故延壽所謂「和」
是：「非有能所二法相順名和」，[9]有對待則不得言「和」，在延壽
之觀照下，所謂「和」必是：「法界即我，我即法界名和」，[10]同
理，若言「凡聖各別，不得名和」，[11]有別有異有對待，皆與「和」
相背離，而與「和」最相契者即是「心」，故云：「但了心無自他，
萬法自然一體。」[12]與「和」相契之「心」，必是「心無自他」之
「心」，此即是「真心」；惟有「真心」才能達至「心和即言和」、
「既與萬法體和，則不共物諍。」[13]延壽所要營造之境界是圓融
的、一致的、和諧的，其「立一心為宗」之目的與意義，實欲以
「一心」，於內，是將個己之「身心言行」合一；於外，將佛教各
宗派普會和融之。

　　延壽力主立一心為宗，其目的與意義實甚明顯，其用心之苦
亦為人所贊嘆！惟其立一心為宗，雖有其不可抹滅之意義與價
值，但不可諱言的，其立一心為宗，亦有其缺憾與所引發之問題：

---

[8] 《宗鏡錄》卷30，（大正48‧594上）。
[9] 同前註。
[10] 同註8。
[11] 同註8。
[12] 同註8。
[13] 同註8。

一、過份強調立「一心」為宗，則極易引發對現象世界不欲客觀探究之問題

　　延壽以一心而攝萬法，而「萬善」皆可「同歸」，會歸一致是延壽所採之方法，然立心為宗，雖可使各宗派於經論釋義之不同所產生教義分歧上，在尋其源頭──「真心」之上而統合為一。然立「真心」，其最大之困難點在：「心」是什麼？「真心」又是什麼？依各經論所欲證之「心」，當是無上正等正覺之心，此理、此義清楚易明，惟「真心」之得成證悟，此乃攸關最後印證之問題，故延壽除立一心為宗外，必有修證之工夫提出，即「觀心」法門之實踐。於「心」之剖析上，「心」具多義，除開「肉團心」是有關生理之部份，其他所謂之緣慮心、集起心皆以「妄心」統稱之，而「妄心」即與「真心」相對，在如何轉妄心為真心上，延壽所提之觀心法門有「無觀之觀」，此即「直觀心性」，是應於上上根人而設；至於「有觀之觀」是為一般凡夫「權立假相」，表面似在觀一「境相」，實則一切悉從心變。足見依延壽而言，即便是實踐之觀心法門，其所重者亦在「修一心而成道」。惟有「心」，惟確立「真心」，於「心」之外之「法」、「世間」將僅以「心變」而統言之，於此，但注重主觀之「心」，則極易走入對「心」外之一切存在較漠然之心態。

二、但見各法義混融為一體，將帶來客觀法義分析被泯沒之問題

　　延壽「立一心為宗」，標舉「真心」而統合各宗派分歧之教義，

其用意是為使佛教內部能和諧、能會歸一致，使佛教能達成其圓融無礙之精神境地。「真心」是修證之終極目標，此一崇高目標為各宗派所當追隨得悟，此亦無有甚大之問題。惟宗派之不同，皆與其修證之歷程不同有關，而修證歷程之不同，則與其對法義分析釋義之不同有關，此即各宗派所產生之因。今延壽以「真心」而混融各宗派，則各宗派之宗旨、宗風之特色，則極易被泯沒，在一切皆以「真心」為一之下，是否即不需有各宗派之存在？前已言，「心」具多重義。且所謂之「真心」，亦甚抽象；且得證「真心」與否之檢驗，又實非常人可驗之、證之，而各宗派之存在，正可展現修證之不同歷程，此亦是各宗派存在之可貴處。吾人試且觀照：體育之競技，雖言頒獎台上萬眾矚目，喝采連連，然爭競之過程，往往更引人入勝，吸引全部之目光。若以此為喻，則得證「真心」當是最高榮譽，然培訓方法、競賽過程，則在展現其興旺之企圖心與奔向明確之方向。而修證歷程之展現，正是彰顯宗風之特色，亦是各宗派所將呈現成就之歷程，其殊勝寶貴處實不下於得證真心。且法義之分析，正代表各宗派之用心處，雖言客觀之法義分析，並不代表終究能得證「真心」，但積極努力於法義之客觀分析，則恍若選手慎重積極於培訓過程中，此在培養選手之實力；於宗門修證而言，則正在累積修證之資糧。延壽立一心為宗是有其目的與意義的，而標舉「真心」，更是殊勝可貴；但逐步且踏實的依法修證，實亦不可缺乏，當過度強調混融於「真心」為一之下，則往往容易產生法義分析亦被混沒之問題出現，此又不可諱言也。

三、終究無法徹底解決佛教教義分歧之問題

　　佛教有各宗派，此為代表佛教之多樣化，而「教義分歧」實源於對「經論」之釋義不同所造成之現象，實非關釋尊真正創教示法之用意。佛教內部之分歧，表面似乎是為爭「法義」，實則與各宗派欲求廣納眾生亦有相當程度之關係，此則攸關各宗派生存發展之重要關鍵之一。佛教各宗派之爭，若僅僅是法義之爭，那所爭只是何宗派之釋義較能貼近原始之法義與契合當世之眾生罷了，此皆是佛教內部之爭。然佛教除內部有彼此互爭之事實外，其外尚需面對儒、道兩家之批判，此是中國特有之問題。「佛教」於中國而言，是外來之思想，雖已漸受中國思想之影響，然歸其源則不得不言是「印度」，而中國向以包容心態面對各種不同思想與文化，其對佛教之吸收與接納、發展與再創，皆可看出中國民族性之心態特點。佛教進入中國後，傳播普及甚快，然如何面對內部各宗派不同之發展與分歧之教義？與如何面對中國本有之儒、道思想？此兩大課題，實則考驗著中國之高僧們。於此，智顗、法藏之貢獻，是將佛教各宗派予與某一位置安頓之。宗密之貢獻，是將佛教內部之教家與禪家會歸為一致，並有意融合儒、道入佛。至延壽提出「立一心為宗」，其著重點即在「法義」上，以「真心」而將各宗派分歧之教義會歸為一，此「一」即是「心」，此是延壽之貢獻，他深知惟有佛教內部先和諧，才有可能再融合其他思想。而佛教各宗派之教義分歧，此為既有之事實，以「真心」統一分歧之教義，實於分歧之教義上返歸溯源至一「源頭」，即「真心」之上，然此但見各宗派混融為一體，於分歧之教義亦如同天台、華嚴之判教與宗密「教禪一致」說，終究是無法徹底

解決佛教教義分歧之問題。

　　雖言延壽之「一心」思想，有其重要目的與意義，然不可諱言是其所引發之問題，亦將引人深思之。惟延壽立一心為宗之用心在於欲求佛教內部之和諧，不但提出普會、圓融精神，更在法義上下甚多工夫，即以「一心」、「真心」而會整各宗派經論為一爐，在法源上尋依據，在義理中求統合，惟能在此之觀照下，才能予延壽大師有恰當之了解。

●永明智覺禪師唯心訣

詳夫心者，非真妄有無之所辨，豈文言句義之能詮乎。然諸聖歌詠，往哲詮量，非不洞明，為物故耳。是以于途異說，隨順機宜，無不指歸一法而已。故般若唯言無二。法華但說一乘。思益平等如如。華嚴純真法界。圓覺建立一切。楞嚴含裹十方。大集染淨融通。寶積印定於一。塵混合、溷殺咸安秘藏、淨名無非道場。統攝包含事無不盡。籠羅該括理無不歸。是以一法千名。應緣立號。不可滯方便之說。迷隨事之名。謂眾生非真。諸佛是實。若悟一法。萬法圓通。應劫凝滯。當下氷消。無邊妙義。一時通盡。深徹法源之底。洞探諸佛之機。不動微毫之功。匪移絲髮之步。優游沙界。遍歷道場。何佛剎而不登。何法會而不涉。無一相而非實相。無一因而非圓因。恆沙如來。煥若目前。十方佛法。皎然掌內。高低岳瀆共轉根本

（摘錄自《大正藏》第48冊）

參考書目

壹、《大正新脩大藏經》1996 年，台北・新文豐出版公司。

《大般若波羅蜜多經》	唐・玄奘譯	第 5,6,7 冊
《金剛般若波羅蜜經》	後秦・鳩摩羅什譯	第 8 冊
《佛說仁王般若波羅蜜經》	後秦・鳩摩羅什譯	第 8 冊
《般若波羅蜜多心經》	唐・玄奘譯	第 8 冊
《妙法蓮華經》	後秦・鳩摩羅什譯	第 9 冊
《大方廣佛華嚴經》	東晉・佛馱跋陀羅譯	第 9 冊
《大方廣佛華嚴經》	唐・實叉難陀譯	第 10 冊
《大般涅槃經》	北涼・曇無讖譯	第 12 冊
《佛說無量壽經》	曹魏・康僧鎧譯	第 12 冊
《佛說觀無量壽佛經》	劉宋・畺良耶舍譯	第 12 冊
《佛說阿彌陀經》	後秦・鳩摩羅什譯	第 12 冊
《佛說月上女經》	隋・闍那崛多譯	第 14 冊
《維摩詰所說經》	後秦・鳩摩羅什譯	第 14 冊
《持世經》	後秦・鳩摩羅什譯	第 14 冊
《楞伽阿跋多羅寶經》	劉宋・求那跋陀羅譯	第 16 冊
《入楞伽經》	元魏・菩提流支譯	第 16 冊
《大乘入楞伽經》	唐・實叉難陀譯	第 16 冊
《解深密經》	唐・玄奘譯	第 16 冊
《楞嚴經》	唐・般剌蜜帝譯	第 19 冊
《菩薩瓔珞本業經》	後秦・竺佛念譯	第 24 冊

《大智度論》龍樹菩薩造　　後秦‧鳩摩羅什譯　　第 25 冊

《佛地經論》親光菩薩等造　唐‧玄奘譯　　第 26 冊

《阿毘達磨大毗婆沙論》　　唐‧玄奘譯　　第 27 冊

《中論》龍樹菩薩造，梵志青目釋　後秦‧鳩摩羅什譯　第 30 冊

《瑜伽師地論》彌勒菩薩說　唐‧玄奘譯　　第 30 冊

《成唯識論》護法等菩薩造　唐‧玄奘譯　　第 31 冊

《唯識三十論頌》世親菩薩造，唐‧玄奘譯　　第 31 冊

《攝大乘論》無著菩薩造　　唐‧玄奘譯　　第 31 冊

《攝大乘論釋》世親菩薩釋，梁‧真諦譯　　第 31 冊

《辯中邊論》世親菩薩說，唐‧玄奘譯　　第 31 冊

《辯中邊論頌》彌勒菩薩說，唐‧玄奘譯　　第 31 冊

《顯揚聖教論》無著菩薩造，唐‧玄奘譯　　第 31 冊

《大乘起信論》馬鳴菩薩造，梁‧真諦譯　　第 32 冊

《妙法蓮華經玄義》　　隋‧智顗　　第 33 冊

《法華玄義釋籤》　　唐‧湛然　　第 33 冊

《妙法蓮華經文句》　　隋‧智顗　　第 34 冊

《法華文句記》　　唐‧湛然　　第 34 冊

《大方廣佛華嚴經疏》　　唐‧澄觀　　第 35 冊

《大方廣佛華嚴經隨疏演義鈔》唐‧澄觀　　第 36 冊

《維摩經玄疏》　　隋‧智顗　　第 38 冊

《金光明經玄義》　　隋‧智顗說，灌頂錄　第 39 冊

《金光明經文句》　　隋‧智顗說，灌頂錄　第 39 冊

《成唯識論述記》　　唐‧窺基　　第 43 冊

《大乘義章》　　隋‧慧遠　　第 44 冊

《大乘法苑義林章》　　唐‧窺基　　第 45 冊

《華嚴一乘教義分齊章》	唐‧法藏	第 45 冊
《華嚴五教止觀》	隋‧杜順	第 45 冊
《華嚴一乘十玄門》	隋‧杜順說，唐智儼撰	第 45 冊
《華嚴五十要問答》	唐‧智儼	第 45 冊
《華嚴經內章門等雜孔目章》	唐‧智儼	第 45 冊
《華嚴經旨歸》	唐‧法藏	第 45 冊
《華嚴經問答》	唐‧法藏	第 45 冊
《華嚴經義海百門》	唐‧法藏	第 45 冊
《修華嚴奧旨妄盡還源觀》	唐‧法藏	第 45 冊
《華嚴遊心法界說》	唐‧法藏	第 45 冊
《註華嚴法界觀門》	唐‧宗密	第 45 冊
《原人論》	唐‧宗密	第 45 冊
《摩訶止觀》	隋‧智顗	第 46 冊
《止觀輔行傳弘決》	唐‧湛然	第 46 冊
《止觀大意》	唐‧湛然	第 46 冊
《修習止觀坐禪法要》	隋‧智顗	第 46 冊
《四念處》	隋‧智顗	第 46 冊
《觀心論》（亦名煎乳論）	隋‧智顗	第 46 冊
《觀心論疏》	隋‧灌頂	第 46 冊
《四教義》	隋‧智顗	第 46 冊
《天台四教儀》	高麗‧諦觀	第 46 冊
《樂邦文類》	宋‧宗曉	第 47 冊
《龍舒增廣淨土文》	宋‧王日休	第 47 冊
《廬山蓮宗寶鑑》	元‧普渡	第 47 冊

《南宗頓教最上大乘摩訶般若波羅蜜經六祖惠能大師於韶州大梵

寺施法壇經》	唐・法海	第 48 冊
《六祖大師法寶壇經》	元・宗寶	第 48 冊
《禪源諸詮集都序》	唐・宗密	第 48 冊
《無門關》	宋・宗紹	第 48 冊
《宗鏡錄》	宋・延壽	第 48 冊
《萬善同歸集》	宋・延壽	第 48 冊
《永明智覺禪師唯心訣》	宋・延壽	第 48 冊
《佛祖統紀》	宋・志磐	第 49 冊
《佛祖歷代通載》	元・念常	第 49 冊
《高僧傳》	梁・慧皎	第 50 冊
《續高僧傳》	唐・道宣	第 50 冊
《宋高僧傳》	宋・贊寧	第 50 冊
《景德傳燈錄》	宋・道原	第 51 冊
《楞伽師資記》	唐・淨覺	第 85 冊

貳、《卍續藏經》1967，台北・中國佛教會（影印《卍續藏經》委員會）印行。

《華嚴經普賢行願疏鈔》	唐・宗密	第 7 冊
《圓覺經大疏釋義鈔》	唐・宗密	第 14,15 冊
《三觀義》	唐・智顗	第 99 冊
《淨土晨鐘》	清・周克復	第 109 冊
《受菩薩戒法》	宋・延壽	第 105 冊
《菩提達摩大師略辨大乘入道四行觀》	唐・宗密	第 110 冊
《中華傳心地禪門師資承襲圖》	唐・裴休問，宗密答	第 110 冊

《智覺禪師自行錄》	宋・文沖	第 111 冊
《註心賦》	宋・延壽	第 111 冊
《觀心玄樞》	宋・延壽	第 114 冊
《馬祖道一禪師廣錄》		第 119 冊
《百丈懷海禪師語錄》		第 119 冊
《百丈懷海禪師廣錄》		第 119 冊
《淨土聖賢錄》	清・彭希涑	第 135 冊
《聯燈會要》	宋・悟明	第 136 冊
《禪林僧寶傳》	宋・惠洪	第 137 冊
《五燈會元》	宋・普濟	第 138 冊
《指月錄》	明・瞿汝稷	第 143 冊
《永明道跡》	明・大壑	第 146 冊
《人天寶鑑》	宋・曇秀	第 148 冊

參、近人研究（依作者姓氏筆劃排列）

方東美，1981 年，《華嚴宗哲學》，台北・黎明文化公司。

尤惠貞，1993 年，《天台宗性具圓教之研究》，台北・文津出版社。

孔維勤，1983 年，《永明延壽宗教論》，台北・新文豐出版公司。

冉雲華，1988 年，《宗密》，台北・東大圖書公司。

　　　　1999 年，《永明延壽》，台北・東大圖書公司。

印　順，1981 年，《如來藏之研究》，台北・正聞出版社。

　　　　1983 年，《中國禪宗史》，台北・正聞出版社。

　　　　1986 年，《初期大乘佛教之起源與發展》，台北・正聞出
　　　　版社。

　　　　　1986 年，《無諍之辯》，台北・正聞出版社。

　　　　　1987 年，《空之探究》，台北・正聞出版社

　　　　　1987 年，《成佛之道》，台北・正聞出版社。

　　　　　1988 年，《印度佛教思想史》，台北・正聞出版社。

　　　　　1988 年，《唯識學探源》，台北・正聞出版社。

　　　　　1988 年，《性空學探源》，台北・正聞出版社。

　　　　　1992 年，《佛法概論》，台北・正聞出版社。

　　　　　1998 年，《華雨集》，新竹，正聞出版社。

如　覺，1997 年，《唯識思想入門》，台北・圓明出版社。

牟宗三，2003 年，《佛性與般若(上)》（收錄於《牟宗三先生全集
　　　　　　　　　3)），台北・聯經出版公司。

　　　　　2003 年，《佛性與般若(下)》（收錄於《全集 4》）。

　　　　　2003 年，《智的直覺與中國哲學》（收錄於《全集 20》）。

　　　　　2003 年，《現象與物自身》（收錄於《全集 21》）。

　　　　　2003 年，《圓善論》（收錄於《全集 22》）。

　　　　　2003 年，《中國哲學十九講》（收錄於《全集 29》）。

何國銓，1987 年，《中國禪學思想研究》，台北・文津出版社。

呂　澂，1982 年，《印度佛學思想概論》，台北・新文豐出版公司。

　　　　　1983 年，《印度佛教史略》，台北・新文豐出版公司。

　　　　　1985 年，《中國佛學源流略講》，台北・里仁書局。

李世傑，1982 年，《印度大乘佛教哲學史》，台北・新文豐出版公
　　　　　　　　　司。

杜松柏，2002 年，《佛學思想綜述》，台北・新文豐出版公司。

法　舫，1998 年，《唯識史觀及其哲學》，台北・天華出版公司。

韋政通，2004 年，《中國思想史》，台北・水牛出版社。

高柏園，2001 年，《禪學與中國佛學》，台北·里仁書局。

高振農釋譯，2002 年，《華嚴經》，高雄·佛光出版社。

梅光羲注，1987 年，《宗鏡錄法相義節要》，台北·新文豐出版公司。

郭　朋，1993 年，《中國佛教史》，台北·文津出版社。

曾嵩山，2000 年，《大乘唯心佛法》，台北·文津出版社。

陳立中，2001 年，《宗鏡錄大綱筆記》，台北·佛陀教育基金會。

張國一，2004 年，《唐代禪宗心性思想》，台北·法鼓文化公司。

張曼濤主編，1976 年，《六祖壇經研究論集》（收錄於《現代佛教學術叢刊 1》），台北·大乘文化出版社。

　　　　1976 年，《禪學論文集》（收錄於《叢刊 2》）。

　　　　1976 年，《禪學論文集》（收錄於《叢刊 3》）。

　　　　1977 年，《禪宗史實考辨》（收錄於《叢刊 4》）。

　　　　1977 年，《禪宗典籍研究》（收錄於《叢刊 12》）。

　　　　1978 年，《唯識學概論》(收錄於《叢刊 23》)。

　　　　1978 年，《唯識思想論集一》（收錄於《叢刊 25》）。

　　　　1978 年，《唯識思想論集二》（收錄於《叢刊 26》）。

　　　　1978 年，《中國佛教的特質與宗派》（收錄於《叢刊 31》）。

　　　　1978 年，《華嚴學概論》（收錄於《叢刊 32》）。

　　　　1978 年，《華嚴思想論集》（收錄於《叢刊 33》）。

　　　　1978 年，《華嚴宗之判教及其發展》(收錄於《叢刊 34》)。

　　　　1978 年，《大乘起信論與楞嚴經考辨》（收錄於《叢刊 35》）。

　　　　　1978 年，《佛教哲學思想論集一》（收錄於《叢刊
　　　　　　　36》）。

　　　　　1978 年，《佛教哲學思想論集二》（收錄於《叢刊
　　　　　　　37》）。

　　　　　1979 年，《般若思想研究》（收錄於《叢刊 45》）。

　　　　　1979 年，《禪宗思想與歷史》（收錄於《叢刊 52》）。

　　　　　1979 年，《天臺學概論》(收錄於《叢刊 55》)。

　　　　　1979 年，《天臺宗之判教與發展》(收錄於《叢刊
　　　　　　　56》)。

　　　　　1979 年，《天臺思想論集》(收錄於《叢刊 57》)。

　　　　　1979 年，《佛教各宗比較研究》（收錄於《叢刊 70》)。

　　　　　1979 年，《佛教與中國思想及社會》（收錄於《叢刊
　　　　　　　90》)。

　　　　　1979 年，《大乘佛教之發展》（收錄於《叢刊 98》)。

　　　　　1979 年，《大乘佛教的問題研究》（收錄於《叢刊
　　　　　　　99》)。

湯用彤，1979 年，《漢魏兩晉南北朝佛教史》，台北‧台灣商務印
　　　　書館。

　　　　1983 年，《隋唐佛教史稿》，台北‧木鐸出版社。

黃懺華，1979 年，《魏晉南北朝佛教小史》，台北‧大乘文化出版
　　　　社。

　　　　1996 年，《佛教各宗大綱》，台北‧天華出版公司。

褚柏思，1981 年，《中國禪宗史話》，台北‧新文豐出版公司。

　　　　1981 年，《禪宗學與禪學》，台北‧新文豐出版公司。

楊惠南，1982 年，《佛教思想新論》，台北‧東大圖書公司。

1993 年，《佛教思想發展史論》，台北・東大圖書公司。

聖　嚴，2000 年，《神會禪師的悟境》，台北・法鼓文化公司。

熊　琬，1985 年，《宋代理學與佛學之探討》，台北・文津出版社。

演　培，1990 年，《唯識法相及其思想演變》，台北・天華出版公司。

劉貴傑，2002 年，《華嚴宗入門》，台北・東大圖書公司。

鎌田茂雄著，轉瑜譯，1989 年，《天台思想入門》，高雄・佛光出版社。

顏尚文，1980 年，《隋唐佛教宗派研究》，台北・新文豐出版公司。

藍吉富，1993 年，《隋代佛教史述論》，台北・台灣商務印書館。

釋慧嶽，1983 年，《天台教學史》，台北・彌勒出版社。

龔　雋，2002 年，《禪學發微－以問題為中心的禪思想史研究》，台北・新文豐出版公司。

肆、碩博士論文（依作者姓氏筆劃排列）

參見《法藏文庫——中國佛教學術論典》，2001～2004，高雄・佛光出版社。

戈國龍，1996 年，《摩訶止觀之圓頓義》，北京大學哲學系碩士論文。（收錄於《論典 4》）。

何　雲，1988 年，《馬祖道一與洪州宗評傳》，中國社會科學院世界宗教系碩士論文。（收錄於《論典 25》）。

宋玉波，2000 年，《唯識學在中國的理論發展》，西北大學碩士論文。（收錄於《論典 32》）。

邢東風，1990 年，《南宗禪學研究》，中國人民大學哲學系博士論

文。（收錄於《論典 27》）。

阮忠仁，1995 年，《唐初法相宗思想之轉變》，台灣師範大學歷史
　　　　學研究所博士論文。（收錄於《論典 94》）。

邱高興，1990 年，《華嚴宗祖法藏及其思想》，中國社會科學院研
　　　　究生院碩士論文。（收錄於《論典 18》）。

俞學明，1994 年，《智顗觀心論思想述評》，中國人民大學哲學系
　　　　碩士論文。（收錄於《論典 14》）。

恆　毓，2000 年，《佛道儒心性論比較研究》，南京大學哲學系博
　　　　士論文。（收錄於《論典 36》）。

施東穎，1997 年，《宗鏡錄的法相唯識思想》，四川聯合大學宗教
　　　　學研究所碩士論文。（收錄於《論典 30》）。

胡順萍，1996 年，《宗密教禪一致思想之形成與影響》，輔仁大學
　　　　中國文學系博士論文。（收錄於《論典 96》）。

凌　慧，1999 年，《宋代佛學心論初探》，安徽大學哲學系碩士論
　　　　文。（收錄於《論典 35》）。

徐文明，1994 年，《中土前期禪學思想研究》，北京大學哲學系博
　　　　士論文。（收錄於《論典 6》）。

徐紹強，1989 年，《華嚴五教章哲學思想述評》，中國人民大學哲
　　　　學系碩士論文。（收錄於《論典 18》）。

　　　　1995 年，《唯識思想及其發展》，中國社會科學院世界宗
　　　　教系博士論文。（收錄於《論典 30》）。

袁家耀，1986 年，《論神會的人生哲學》，安徽大學哲學系碩士論
　　　　文。（收錄於《論典 26》）。

張志強，1997 年，《唯識思想與晚明唯識學研究》，北京大學哲學
　　　　系博士論文。（收錄於《論典 7》）。

許　寧，2000 年，《論隋唐佛教中的圓融思維》，雲南師範大學哲學系碩士論文。（收錄於《論典 16》）。

郭　泉，1999 年，《隋唐佛學圓融思想研究》，雲南師範大學哲學系碩士論文。（收錄於《論典 16》）。

陳利權，1997 年，《禪宗與心學》，南京大學哲學系博士論文。（收錄於《論典 26》）。

黃　磊，1994 年，《宗密禪教一致論與三教一致論探析》，南京大學哲學系碩士論文。（收錄於《論典 18》）。

黃俊威，1993 年，《華嚴「法界緣起觀」的思想探源》，台灣大學哲學研究所博士論文。（收錄於《論典 93》）。

黃燕生，1988 年，《唐劍南保唐禪派及其禪法思想》，中國社會科學院世界宗教系碩士論文。（收錄於《論典 26》）。

楊維中，1998 年，《心性與佛性》，南京大學哲學系博士論文。（收錄於《論典 12》）。

董　群，1988 年，《宗密的華嚴禪》，安徽大學哲學系碩士論文。（收錄於《論典 18》）。

　　　　1993 年，《宗密的融合論思想研究》，中國人民大學哲學系博士論文。（收錄於《論典 17》）

裴　勇，1995 年，《宗密判宗說研究》，北京大學哲學系碩士論文。（收錄於《論典 18》）。

黎耀祖，1998 年，《玄奘唯識思想之研究》，中山大學哲學系碩士論文。（收錄於《論典 30》）。

賴永海，1985 年，《中國佛性論》，中國社會科學院研究生院博士論文。（收錄於《論典 1》）。

賴永海，1985 年，《中國佛性論》，中國社會科學院研究生院博士
　　　　論文。（收錄於《論典 1》）。

聶　清，2000 年，《荷澤宗研究》，北京大學哲學系博士論文。（收
　　　　錄於《論典 35》）。

魏道儒，1990 年，《宋代禪宗史論》，中國社會科學院研究生院博
　　　　士論文。（收錄於《論典 3》）。

魏德東，1997 年，《佛教唯識哲學要義》，中國人民大學哲學系博
　　　　士論文。（收錄於《論典 31》）。

釋覺泰，2001 年，《天台「性惡」思想之義涵與辨正》，南華大學
　　　　佛學研究所碩士論文。（收錄於《論典 91》）。

釋覺華，1993 年，《性具與性起思想之比較研究》，香港能仁學院
　　　　哲學研究所碩士論文。（收錄於《論典 97》）。

國家圖書館出版品預行編目資料

永明延壽「一心」思想之內涵要義與理論建構 ／

胡順萍著. -- 初版. -- 臺北市：萬卷樓，

2004[民 93]

面；　　公分

參考書目：面

ISBN 957－739－511－2 (平裝)

1.（宋）釋延壽－學術思想　2.（宋）釋延壽－

傳記

220.9205　　　　　　　　　　93022068

永明延壽「一心」思想之內涵要義與理論建構

著　　　者：胡順萍

發 行 人：許素真

出 版 者：萬卷樓圖書股份有限公司

　　　　　　臺北市羅斯福路二段 41 號 6 樓之 3

　　　　　　電話(02)23216565・23952992

　　　　　　傳真(02)23944113

　　　　　　劃撥帳號 15624015

出版登記證：新聞局局版臺業字第 5655 號

網　　　址：http://www.wanjuan.com.tw

E－mail　：wanjuan@tpts5.seed.net.tw

承 印 廠 商：晟齊實業有限公司

定　　　價：260 元

出 版 日 期：2004 年 12 月初版

ISBN 957－739－511－2